台灣理論關鍵詞 II

史書美、梅家玲、廖朝陽、陳東升
——主編

序言

　　2019年出版的《台灣理論關鍵詞》（第一冊）是「知識／台灣研究學群」繼《知識臺灣：臺灣理論的可能性》之後的另一研究成果。自那年3月出版以來，即深受海內外學界重視，不僅各理論詞條頻頻被相關研究論文引用，並且成為UCLA「台灣研究英譯選書」之一，即將以英譯本問世。當然，更重要的是，由它所帶動的「自撰理論關鍵詞」一事，對台灣學界產生極大的激勵作用，不少學者都有意一起加入撰寫行列，為台灣理論自主權的追求挹注活水。因此，臺大文學院臺灣研究中心與臺師大臺灣語文學系共同合作，遂於2020年9月舉行「2020台灣理論關鍵詞會議」，本書所收錄的詞條，大多是由此一會議論文成果結集而成，為《台灣理論關鍵詞II》。

　　延伸第一冊《台灣理論關鍵詞》的理念與做法，本冊各詞條一方面相當程度地援引了若干先前即已提出的關鍵詞，與之進行對話，促進台灣的理論家族的形成；另一方面也多所開展。首先，在理論操作的層次，我們的關鍵詞徵集原本就偏向創造性建構，不希望落入常見的、理論與應用二分的習慣。本系列第一冊的原始構想就是透過關鍵詞的創造發明，突顯台灣文化特別熟悉的概念知識的可攜帶性，藉此尋找新的方向，在知識與情感、特殊性與普遍性之間尋求變異或混雜的可能。這樣的關鍵詞思維偏離了「重要詞彙」（keyword）的一般含義，回歸到「鑰匙」

（key）也就是解鎖的本義，轉向觀念的串連、替換，也呼應了資料庫檢索的關聯式資訊調取。第二冊所收的許多關鍵詞與跨、漂、流和渡有關，也有許多關鍵詞聚焦在中間狀態、中介關係（乩、巫、縫、動力學、死學），或者標舉未完成、不確定狀態（罔兩、繞射、混沌）或多重關聯的複雜性（無意識、鋩角、少女、生態）。這樣的結果，除了反映台灣特殊的文化環境之外，應該也有受到當代技術文化的影響。也就是說，關鍵詞的解鎖義背後是多變化、由下而上的即時檢索關係。我們的編輯發想以此為切入點，雖然也有許多關鍵詞引用了相關的西方理論，但其意義已經不是統合性理論框架的實例「應用」，而是指向在地通連外部的穿越性連結。

其次，本冊關鍵詞最大的特點，是對原住民和定居殖民議題更為普遍的關注和深化。23個關鍵詞當中大約有一半與之相關。這個關注，一方面指涉台灣原住民意識的崛起和原住民知識在台灣越來越重要的歷史現況；一方面也指涉台灣漢人對身為定居殖民者的自省，不諱言將已經發生和正在進行的定居殖民主義的歷史的包袱和當今的責任，當作理論思維的出發點。在西方理論霸權、中國強權和政治威脅下，身為在定居殖民地生活的台灣知識分子們，如何以這樣的台灣為基進的據點，發展出一個特殊性和普遍性結合的台灣理論，就是這些作者的企圖和願景。而這也許正是台灣理論創造的倫理準則。不管是原住民、（所謂的）本省人或外省人或其他少數民族，在這一點上是可以建立一個共同的目標。誠然，對於原住民來說，本省人和外省人都是外來的漢人，因此，去殖民的最終目標，應該是指向定居殖民主義。

最後，有些關鍵詞的作者觸及到空間、生態與土地，逐漸地

從「把人當成主體」與「把物當成客體」的二元對立中開拓可能出路，企圖破除人類中心主義的思考模式，並且將空間或是土地等物質條件的能動性和作用性展現出來。例如，「流動群聚」、「生態瞬間」與「土地無意識」等三個詞條，都指出理論二元對立架構的侷限性，強調行動者之間、行動者與環境交互關聯的變動性與含混性。這樣的取徑不但可以彰顯台灣生態環境與歷史、社會組織與政治制度交互纏繞的獨特性，也可以讓我們有足夠的理論工具，更為積極地去面對人類社會所發生的重大環境生態議題。

目次

序言 　　3
作者簡介 　　353

一、筆畫順序

3
土地無意識　　13

4
少女學　　27
巴拉冠　　39

5
生態瞬間　　49
去殖民　　63

6
同志／跨性別漂浪（飄浪）　　79
死學　　103

7
巫藝　　113
抒情置換　　129

8
知識殖民地　　141
罔兩　　151

9
流動群聚　　167
研究倫理　　185

10
原住民族主義　　203
笑詼　　215

11
混沌　　231
渡來遺民　　245

13
跨托邦　　259
跨物種繞射　　273

15
價值動力學　　289
影像乩身　　305
銌角　　315

17
縫　　329

二、注音

ㄅ
巴拉冠　　　　　　　　　39

ㄇ
鋩角　　　　　　　　　　315

ㄈ
縫　　　　　　　　　　　329

ㄉ
渡來遺民　　　　　　　　245

ㄊ
土地無意識　　　　　　　13
同志／跨性別漂浪（飄浪）　79

ㄌ
流動群聚　　　　　　　　167

ㄎ
跨物種繞射　　　　　　　273
跨托邦　　　　　　　　　259

ㄏ
混沌　　　　　　　　　　231

ㄐ
價值動力學　　　　　　　289

ㄑ
去殖民　　　　　　　　　63

ㄒ
笑詼　　　　　　　　　　215

ㄓ
知識殖民地　　　　　　　141

ㄕ
生態瞬間　　　　　　　　49
抒情置換　　　　　　　　129
少女學　　　　　　　　　27

ㄙ
死學　　　　　　　　　　103

ㄧ
影像占身　　　　　　　　305
研究倫理　　　　　　　　185

ㄨ
巫藝　　　　　　　　　　113
罔兩　　　　　　　　　　151

ㄩ
原住民族主義　　　　　　203

三、漢語拼音

B
巴拉冠　39

D
渡來遺民　245

F
縫　329

H
混沌　231

J
價值動力學　289

K
跨托邦　259
跨物種繞射　273

L
流動群聚　167

M
銛角　315

Q
去殖民　63

S
少女學　27
生態瞬間　49
死學　103
抒情置換　129

T
土地無意識　13
同志／跨性別漂浪（飄浪）　79

W
罔兩　151
巫藝　113

X
笑詼　215

Y
研究倫理　185
原住民族主義　203
影像乩身　305

Z
知識殖民地　141

四、英華雙語目次

B
Balaguwan (man's house)
　巴拉冠　39

C
Chaos 混沌　231
Coloniality of Knowledge
　知識殖民地　141

D
Death-ology 死學　103
Decolonization 去殖民　63

E
Ecological Moment 生態瞬間　49

G
Girl studies 少女學　27

I
Indigenism 原住民族主義　203

L
Land Unconscious 土地無意識　13
Lyrical Displacement 抒情置換　129

M
Mê-kak 鋩角　315
Mob-ility 流動群聚　167

P
Penumbra 罔兩　151

R
Research Ethics 研究倫理　185

S
Seam 縫　329
Shaman Techne 巫藝　113

T
Tongzhi/Transgender Drifting
　同志／跨性別漂浪（飄浪）　79
Torai-loyalist 渡來遺民　245
Trans-species Diffraction
　跨物種繞射　273
Transtopia 跨托邦　259
Tshiò-khue 笑詼　215
Tâng ki-mage 影像乩身　305

V
Value Dynamics 價值動力學　289

KEYWORDS
TAIWAN THEORY II

土地無意識
(Land Unconscious)

蔡志彥

前言

「土地無意識」意圖突顯文化、文學所隱含之「土地」。「土地無意識」關注「應用」與「生產」，關注「如何運作」。「無意識」有潛藏之意；「無」並非不具意識，而是欲指語言結構所掩蓋的各處「土地」之原創設定。[1]掌握馬克思主義思想及原則的詹明信（Fredric Jameson），在其《政治無意識》曾深刻點出，「無意識」的「政治」理念總顯見於作家作品中，而文學創作正是作家感受自身個體或集體「無意識」願望之具體行動。循此，「土地無意識」盼可提供讓「土地」再政治化的文本詮釋方式。

每當某處仍在談「人與土地」的關係，實隱示人與土地依舊疏離。[2]「土地無意識」作為認識台灣的關鍵詞，除企圖彰顯台灣土地，更將回應近四十年來台灣受跨國流動所形成的內在混雜異

---

1 所謂掩蓋各處「土地」的語言結構，係意指「精神分析」的「象徵界」無意識地影響了文化規則形塑及主體行動。
2 當科幻小說的「未來土地」與「元宇宙」的「虛擬土地」被創生，「人與土地」的關係將更疏離抑或緊密？

質性悖論。[3]台灣「新」文學旅程若自1920年算起,至今已過百年。多重殖民移民的台灣文學發展,曾走過一段依附文化中國、日本殖民地文化的舊三角實體概念,並重複操演反霸權、反壓迫、反殖民、反帝國、反封建與反中心的反覆加強。舊三角實體框架滾動,實難處理離後殖民較遠的台灣當代文學諸多豐富主題,例如:性別、同志、情欲、家庭、大眾文學或自然書寫。[4]

　　台灣獨特文化主體的物質性基礎必須不斷透過歷史化過程形成論述脈絡,再從脈絡拉回現實,方可反射並連結台灣的政治、經濟與社會,進而產出新的「台灣文學」論述。「土地無意識」企圖透過文化與文學而將土地再政治化,在這身體移動與訊息傳遞已大加速的當前現代性世界,但願也可適用於世界各地;然在此僅略述台灣文學脈絡,期望藉由「土地無意識」關鍵詞的拋磚引玉,能讓文學與土地的連結更相緊密照應。由於篇幅限制,此處並無意鋪敘比較「台灣文學史」,主要用意僅在提出某種文學研究視域,並嘗試提出一種文本優先的研究方向,盼可共思「土地無意識」物質性歸類的文本意義。

---

[3] 關於「台灣」的想像,實已形成某種沒有定論、反對二元對立的時空混雜性。參林芳玫,《永遠在他方:施叔青的「台灣三部曲」》(台北:開學文化,2017)。

[4] 針對台灣文學諸多豐富主題,范銘如曾提出「後鄉土文學」一詞,為台灣新一代小說部分品種進行定義。參范銘如,〈後鄉土小說初探〉,《台灣文學學報》11期(2007),頁21-49。

台灣文化主體的混雜多樣性

　　台灣文學所顯現的複雜歷史脈絡，可從海洋殖民史看起。在王家祥《倒風內海》所講述四百年前台灣西南海岸故事中，已能看見由西拉雅人、荷蘭人與漢人間所揭開的殖民移民序幕。而後，明鄭時期有沈光文輾轉來台定居今台南善化，並留下漢語古典文學篇章；之後的台灣南部風土書寫，則先有清代採礦探險家郁永河《裨海紀遊》文獻著作，及清代巡台御史黃叔璥《台海使槎錄》，[5] 與清帝國台灣方志所留下與打狗或鳳山的文本關係。而當進入19世紀中葉，因大清開放港口，曾出現大批英美旅者來到台灣，行筆留下眾多自然見聞足跡。[6] 隨後乙未割台，「垂直台灣」的真正價值繼續吸引著眾多治台日本人目光，並留下許多紀行著作。[7] 當然，日治殖民者的文學脈絡不僅書寫自然，日本大文豪佐藤春夫關於台南府城的奇幻短篇愛情小說〈女誡扇綺譚〉[8]，或日

5　在黃叔璥與平埔族互動中，早留下對鳳山縣的許多地景觀察與人文關懷紀錄，參林淑慧，〈黃叔璥《台海使槎錄》的人文關懷探析〉，《國立中央圖書館臺灣分館館刊》6卷3期（2000），頁77-91。

6　本段關於大清開放港口與歐美人陸續來台之說明，主參盧莉茹，〈風土自然與環境再現：十九世紀中葉兩位英美旅者筆下的打狗見聞〉，《高醫通識教育學報》11期（2016），頁101-125；而關於19世紀歐美人的台灣探訪，亦可參費德廉（Douglas L. Fix）、羅效德（Charlotte Lo）編譯，《看見十九世紀台灣：十四位西方旅行者的福爾摩沙故事》（台北：如果，2006）。

7　「垂直台灣」出自青木繁筆下對台灣高山的推崇，詳參趙偵宇的極佳論述：趙偵宇，〈青木繁的臺灣山林隨筆〉，《觀念、分類與文類源流：日治時期的臺灣現代散文》（台北：秀威資訊，2016）；事實上，日治台灣自然書寫尚有許多作品，如：《台灣踏查日記》、《山、雲與蕃人》等皆為此例。

8　佐藤春夫著，詹慕如譯，〈女誡扇綺譚〉，《帝國旅人佐藤春夫行腳台灣》（台

本人創作描述灣生的文本,[9]皆是台灣文化混雜性所需關注之作品。

除前述「異國樣貌」文學外,台灣文學在歷經反共戰鬥文藝、現代主義及回歸現實的鄉土文學發展後,更有原住民、新移民、後遺民、[10]馬華文學與跨國移工等文學主體及多樣語言需釐清。此外,面對現已逐漸增多的旅外作家,或離鄉移居至世界各地的學人異鄉異地文學;甚或面對網路科技已全面佔領的生活型態,新興傳播媒介或外國人作家創作關於台灣土地的文學出現,也會是課題。[11]或許正因台灣文化主體的混雜多樣,解嚴後的1990年代台灣「後學」林立,成為顯學。當時以外文界為主之後殖民理論辯論,是繼王文興、白先勇等人於1960年代引介現代主義文學理論至台灣後,外文學界再次介入本土文化論戰。當時學者間

北:紅通通文化,2016);日本殖民者的台灣紀事,亦可參王德威、黃英哲主編,涂翠花、蔡建鑫譯,《華麗島的冒險》(台北:麥田,2010)。

9 例如這本講述在台灣出生的日本少女怜子,於日本戰敗後的人生故事:見鈴木怜子著,邱慎譯,《南風如歌:一位日本阿嬤的臺灣鄉愁》(台北:蔚藍文化,2014)。

10 此指王德威類調侃式的後遺民論述,參王德威,《後遺民寫作》(台北:麥田,2007)。

11 例如劉克襄因旅外而寫的《四分之三的香港:行山・穿村・遇見風水林》(台北:遠流,2014)。該書曾獲台灣許多文學大獎;但該書充滿香港本色,是否曾被納入「台灣的」文學範疇?若跳脫旅外而再追問:姜貴描寫共產黨在大陸土地流竄的《旋風》;張貴興獲聯合報文學大獎描寫婆羅洲砂拉越的《野豬渡河》中,巴代以涉及琉球與宮古島的八瑤灣事件為題材的《暗礁》,及白先勇筆下吳漢魂的〈芝加哥之死〉,當以「台灣土地」看待文本中的移動與離返心境,又將可詮釋出哪些眷戀、關懷、掙扎或排序?

論戰文章之多，足可稱為知識界論戰黃金時期。[12]

依此，我以當時廖朝陽空白主體論述，及邱貴芬尋找台灣文學的台灣性，淺介「土地無意識」的理念。

「本『土』」與「在『地』」的「土地共同感」

廖朝陽的〈再談空白主體〉，是以紀傑克（Slavoj Zizek）及拉康（Jacque Lacan）為基礎的精神分析論述，至少有兩層意思：第一，主體須以自主與自律概念的自由為基礎；但此一自由不能授以實質內容，因為有內容將表示自由在特殊層次會受到具體條件限制；第二，空白並非虛無，主體空白亦非代表主體死亡。自由雖超越實質內容，但卻必須依附有具體內容的實體秩序，方可進入理性層次，進而發展創造之可能。因此空白主體於內在自觀上具有絕對性，對客體卻不能形成絕對命令，反而必須不斷藉移入客體來調整內外部關係，方可在具體歷史經驗中維持空白效力。[13]

---

[12] 此指學界於1995年2月至1996年10月間，在《中外文學》針對後殖民理論與台灣國族論述的18篇論辯論文。

[13] 詳參廖朝陽，〈中國人的悲情：回應陳昭瑛並論文化建構與民族認同〉，《中外文學》23卷10期（1995），頁102-126；〈再談空白主體〉，《中外文學》23卷12期（1995），頁104-109。關於廖、邱、陳三人相互回應之論點，亦可參游勝冠〈國家認同與九〇年代的台灣文學論戰〉之論述；游文點出廖朝陽認為陳昭瑛未能抓住「現實條件的變化及個人行動與意志的選擇」這前提，是本文採納的重要觀點。簡言之，**作者寫不寫入土地，從來都不是被動的**。游勝冠，〈國家認同與九〇年代的台灣文學論戰〉，《國家認同之文化論述》（台北：台灣國際研究學會，2006）。

廖朝陽空白主體說，以主體自由性來為不同歷史階段台灣人轉化的認同做註解，其必須藉不斷移入客體，調整內外關係，方可在具體歷史維持空白效力之觀點，實在精闢。然時至今日，面對現已超過原住民人口數，且並無與台灣經歷共同殖民經驗的外籍移工（及文學），該如何適用空白主體說？這群獨立存在的離鄉者實體，他們所能依附具體內容的實體秩序又該是什麼？面對離鄉的現實矛盾，而將其心中所願投射創作的異鄉文學，如何才能進入空白主體式台灣文學理性層次思考？依此思索，空白主體是否已不足以解釋全球化下資本主義與跨國分工的台灣集體認同？莫非這群離鄉者之於台灣，就僅有依附資本主義社會的單一意義？

如同邱貴芬〈「後殖民」的台灣演繹〉一文所提問，殖民結構下的「本土」實質內涵究竟為何？[14] 首先必須面對後殖民論述橫向移植的殖民架構，挪用過程本身就需注意。此外，台灣文化面對日殖及國民黨再殖的殖民欲望與殖民政策，其企圖主導文本中關於空間的話語權，也必涉及「土地」之詮釋。[15] 但若先僅回到

---

[14] 詳參邱貴芬，〈「後殖民」的台灣演繹〉，《後殖民及其外》（台北：麥田，2003），頁85-99。

[15] 在殖民過程中，涉及文化層面的殖民行動並不只企圖操作論述，亦常涉及空間的話語權奪取，讓台灣土地成為某種地方特色或控制領域。而所謂空間話語權內涵，主要指涉自然、地景、場所、家園及關於土地的物理性挪用與藝術文化定位。在台灣受殖歷程中，曾出現清帝國（如地方誌）、日本帝國及「中國」企圖將台灣土地納入帝國視域文化詮釋與空間改造。在廖新田的〈美好的自然與悲慘的自然：殖民台灣風景的人文閱讀——美術與文學的比較〉可看見日殖藝術層面的辯證；而在戰後台灣的空間改造方面，范銘如的《空間/文本/政治》有極佳論述；至於將原住民族原有土地區隔成特殊統治的「蕃地」過程，

台灣文學來看，廖朝陽〈再談空白主體〉強調的主體不穩定性，主體內容自由移出、移入的說法，勢必得更加具體，方可因應現今多重移民殖民及全球化下的台灣文學主體。而具體的物質性土地，因同時具有「本『土』」與「在『地』」意涵，因而幫助筆者思考一種因地制宜的「土地視域」，一種「土地共同感」的文學界義。

　　無意識的物質土地，若作為台灣文學詮釋主體，並無應當怎麼寫的實質內容。土地具空白效力，且此空白並非虛無。土地在自觀層次具絕對性，對文本創作者卻不能形成是否必須寫入土地的絕對命令，而是任由自由（自主、自律）的創作主體發展創造可能，亦可在具體歷史經驗裡繼續維持可供移入移出的空白效力。有感於此，筆者循廖朝陽再談空白主體的精神，考察台灣文學發展脈絡，提出一種不涉及認同、民族、血緣、性別、身分、語言、風格、媒介、文學形式、新舊流派及在何地創作的空白主體觀，本文稱其為「土地共同感」的文學界義；讓文本中的「土地」與現實生活的「土地」據以聯結共思，進而得以承載台灣文學豐富語意。此界義訴求，舉凡世界各地涉及貼近台灣土地的文學作品，皆可被納入台灣文學範疇，是企圖收集對台灣土地共同

巴克萊的《帝國棄民》論述極具說服力。見廖新田，〈美好的自然與悲慘的自然：殖民台灣風景的人文閱讀——美術與文學的比較〉，《「帝國」在台灣：殖民地台灣的時空、知識與情感》（台北：臺大出版中心，2015），頁201-236；范銘如，《空間／文本／政治》（台北：聯經，2015）；巴克萊（Paul D. Barclay）著，堯嘉寧譯，《帝國棄民：日本在台灣「蕃界」內的統治（1874-1945）》（台北：臺大出版中心，2020）。

感受的文學作品歸納，也是以「台灣土地做為方法」的觀點。[16] 如此一來，前述各類文學都可納入台灣文學範疇中；於此同時，定居者（settler）與原住民間的土地關係，及過往不論受殖與否卻已共存的台灣文本脈絡，皆將可再次詮釋新土地意義。[17]

台灣文學的台灣性

所謂「土地共同感」的文學界義，除了以「台灣土地做為方法」將前述各類文學都納入台灣文學範疇外，可否詮釋前文提及離後殖民較遠的台灣當代文學諸多豐富主題？

邱貴芬〈後殖民之外：尋找台灣文學的「台灣性」〉中有著這樣的觀察：她認為早期後殖民文學敘述，傾向以負面角度評估非本土文學傳承，且較不知如何處理離殖民較遠的創作。此外，

---

[16] 以「台灣土地做為方法」的發想主要來自李育霖，〈台灣作為方法：重讀吳濁流《亞細亞的孤兒》〉，《翻譯閾境：主體、倫理、美學》（台北：書林，2009），頁116-210。

[17] 本文雖無意比敘「台灣文學史」，但應於此表明：本文並不滿足於黃得時為對抗島田而以作者出身或居留台灣的文學活動與否，從而界定台灣文學範疇之觀點。「土地無意識」係持「文本中心」立場，強調依「文本」中的「土地」而論述文學「主體性」。不優先著眼作者而改以「土地」為視域界義；除了要讓文學與土地的連結更緊密外，亦盼能藉此跳脫某種殖民地慣有的反抗對立文化僵型。而此期待跳脫二元意識形態的思考，受李育霖〈帝國與殖民地的間隙：黃得時與島田謹二文學理論的對位閱讀〉不少的影響。見李著，〈帝國與殖民地的間隙：黃得時與島田謹二文學理論的對位閱讀〉，《「帝國」在臺灣：殖民地臺灣的時空、知識與情感》（台北：國立臺灣大學出版中心，2015），頁277-300。簡言之，**本文企圖在曾為主流的「身分政治」思想之外，另尋台灣文學「主體性」的思考方式**。

邱貴芬為因應全球化趨勢探求在地化意義而提出的「台灣性」，是種並無單一或固定內容的相對性概念。台灣性在不同脈絡會展現不同面貌，端看它被策略性地放在什麼樣的位置來呈現。[18]

　　台灣受西方理論介入的後殖民論述，曾讓本土的概念相對不再那麼穩定。除了陳光興提出的後殖民、後國家論述，已隱然企圖瓦解本土符號，[19]若連同樣身為本土派學者如邱貴芬與廖朝陽等，也會因論點上的歧異而必須辯論的話，本土論述穩定性必然受到挑戰。筆者認為，邱貴芬提出台灣性，正是出於這種焦慮，盼為本土論述的動搖，及早做出補位的準備。

台灣性與「土地無意識」

　　「土地共同感」文學界義的提出，事實上也同樣是建立在本土論似乎已經無法充分解釋近四十年來，台灣在跨國流動與全球化影響下，所形成的多元混雜異質性悖論所對台灣文學之觀察。「土地共同感」的台灣文學將不急著斷代分期，因為此歷史主體就是在「土地共同感」下繼續生活，繼續挖掘歷史、迎接未來的所有的我們，是種希冀「求同」的文學界義。但論述至此，對「土地共同感」文學界義應如何解釋台灣文學的豐富語意，的確需要引介一種文學批評方法，一種有別於邱貴芬以相對性比較位

---

18 詳參邱貴芬，〈後殖民之外：尋找台灣文學的「台灣性」〉，《後殖民及其外》，頁111-145。

19 參陳光興，〈去殖民的文化研究〉，《台灣社會研究季刊》21期（1996），頁73-139。

置看待台灣文學台灣性的詮釋視域。[20]

　　《政治無意識》篇首第一句說：「一定要歷史化。」對詹明信來說，整個文學史就是他所關心的對象，總體化的探討是他注重的方式。他認為文學就是所屬社會的某種象徵行為，作家創作文學就是階級潛意識或無意識的象徵式表達。回思台灣文學「歷史／社會」發展脈絡，極具物質性的土地概念在各個時期都極受注目。台灣作家面對多重殖民與觀察社會所感受現實矛盾，一種備受壓抑卻依舊企圖嘗試將矛盾解決的願望，總是持續透過創作婉轉展現於作品之中。詹明信的政治無意識文學批評理念，正是筆者引入於「土地共同感」文學界義的批評視域。

　　本文認為，透過此一唯物取向的「土地共同感」文學界義與政治無意識所進行的文學批評，台灣文學將能夠不再只是呈現反霸權、反壓迫、反殖民、反帝國、反封建與去中心，也不再只能繼續於舊三角實體框架下滾動。那些過往較不知如何處理離殖民較遠的文學主題，都將能被解釋與再被挖掘。文學作品在此成為物質性土地跨域擴張的成就，亦是作家具現化土地的成果。若文學創作涉及台灣土地，我們都能透過「政治無意識」獨特的批評視角，分析其歷史語境、階級層位、文化生產方式以及烏托邦深掘，[21] 揭示出文本賴以生成的意識型態基質，幫助我們以文本形式

---

20 對「土地無意識」而言，台灣文學台灣性將是種處於「動態生成」交疊共現的概念，是「精神分析式」之無意識產物；「土地」則將成為「無意識主體」的**「小對形」（Objet Petit a）**。

21 依《政治無意識》強調歷史、階級、生產方式與烏托邦的內涵，及土地的沉積、土層、墾殖與深掘特性，將可發展出「歷史語境」、「階級層位」、「文化生產方式」及「矛盾的烏托邦深掘」等四種向度形構「土地無意識」的視域，

來「接近台灣」。此一種「土地共同感」政治無意識文學批評，即為本文所稱之「土地無意識」。

結語

台灣曾在探尋主體過程時，受到各種企圖混淆之干擾；敘事的土地蹤跡，曾被迫壓抑於歷史過程，被迫掩沒於各種現世現實，[22] 這部分，從過往常被略過的原住民與台灣土地的深刻歷史關係便能得知。[23] 如同前文提及台灣歷史主體就是在「土地共同感」

這部分請參蔡志彥，〈全球化下「台灣民族」文學論述的裂解與「土地無意識」〉，《中國現代文學》41期（2022），頁119-145。詹明信（Fredric Jameson）著，王逢振、陳永國譯，《政治無意識》（北京：中國人民大學出版社，2018）。

22 或有識者認為，台灣文學早有深具土地意涵的鄉土文學發展及論戰，敘事土地蹤跡焉有被迫壓抑掩沒，「土地無意識」再探土地乃了無新意。筆者重新思考土地、民族主義與台灣文學的關係，受到汪俊彥「鄉歸鄉．土歸土」不少啟發。汪認為「鄉與土」得以共構，實是鄉土文學後期因「地方意識」的加入才成形；而本土「地方意識」加入，則與民族主義侷圍鄉土內涵高度相關，「鄉土」中「鄉與土」共構關係並不僅是個人層次，而是以民族主義的集體方式現身。參汪俊彥，〈翻譯中國：賴聲川的相聲劇〉，《中外文學》43卷3期（2014）：頁77-106。此外，范銘如對部分鄉土文學的看法亦值得共思：「鄉『土』小說，並非鄉土，而是鄉『人』的小說」，詳參范銘如，〈七〇年代鄉土小說的土生土長〉，《文學地理：台灣小說的空間閱讀》（台北：麥田，2008）。

23 例如漢人常用的「開發」兩字，實為原住民土地的「被佔領」，而這「開發」概念卻常被直接地「非以原住民觀點」來看待許多土地上的殖民或移民歷史。如馬來作家黃錦樹教授論述「無國籍華文文學」時，談及台灣或馬來半島開發史的歷史皺褶也有此現象。然，黃訴求應讓文學從「民族國家」中被拯救出來的「無國籍華文文學」脈絡，也實值得深思。參黃錦樹，〈無國籍華文文學：

繼續生活的我們；因此，原住民文學曾經銘刻台灣土地意義（如：「普通地―蕃地」、[24]山地、戰地、獵地、嶼地）的文本，亦是「土地無意識」認為應加關注的作品。

如同廖朝陽所謂須掌握「現實條件的變化及個人行動與意志選擇」的關鍵見解，本文認為若能讓土地自文本浮現，「土地無意識」的詮釋將會自然找到其功能及必然性。循此脈絡，「土地無意識」蒐羅台灣文化文學隱含之「台灣土地」，並透過「曾著陸台灣」的文本層面，而盼讓讀者們看見，除後現代、後殖民、後遺民、華文（人）及華語語系層位外的另一層實在，卻非以民族建構為出發的本土台灣。

參考書目

華文

巴克萊（Paul D. Barclay）著，堯嘉寧譯。2020。《帝國棄民：日本在台灣「蕃界」內的統治（1874-1945）》。台北：國立臺灣大學出版中心。

王家祥。1997。《倒風內海》。台北：玉山社。

王德威、黃英哲主編，涂翠花、蔡建鑫譯。2010。《華麗島的冒險》。台北：麥田。

王德威。2007。《後遺民寫作》。台北：麥田。

在台馬華文學的史前史，或台灣文學史上的非台灣文學一個文學史的比較綱領〉，收於張錦忠、黃錦樹編，《重寫‧臺灣‧文學史》（台北：麥田，2007）。

[24] 台灣作為某地理實體的土地意義，曾有全然不同現今論述的指稱出現過，「普通地／蕃地」即為此例，詳參巴克萊專書相關圖說，〈一個地理實體中的多個地理實體〉，收入《帝國棄民》。

巴代。2015。《暗礁》。新北：印刻。
白先勇。2000。〈芝加哥之死〉，《寂寞的十七歲》。台北：允晨。
伊能嘉矩著，楊南郡譯註。1996。《台灣踏查日記》。台北：遠流。
李育霖。2009。〈台灣作為方法：重讀吳濁流《亞細亞的孤兒》〉，《翻譯閾境：主體、倫理、美學》。台北：書林。
───。2015。〈帝國與殖民地的間隙：黃得時與島田謹二文學理論的對位閱讀〉，《「帝國」在台灣：殖民地台灣的時空、知識與情感》。台北：國立臺灣大學出版中心。
汪俊彥。2014。〈翻譯中國：賴聲川的相聲劇〉，《中外文學》43卷3期。
邱貴芬。2003。《後殖民及其外》。台北：麥田。
佐藤春夫著，詹慕如譯。2016。〈女誡扇綺譚〉，《帝國旅人佐藤春夫行腳台灣》。台北：紅通通文化。
林芳玫。2017。《永遠在他方：施叔青的「台灣三部曲」》。台北：開學文化。
林淑慧。2000。〈黃叔璥《台海使槎錄》的人文關懷探析〉，《國立中央圖書館台灣分館館刊》6卷3期。
姜貴。2016。《旋風》。台北：九歌。
范銘如。2007。〈後鄉土小說初探〉，《台灣文學學報》11期。
───。2008。〈七〇年代鄉土小說的土生土長〉，《文學地理：台灣小說的空間閱讀》。台北：麥田，頁153-178。
───。2015。《空間／文本／政治》。台北：聯經。
陳光興。1996。〈去殖民的文化研究〉，《台灣社會研究季刊》21期。
張貴興。2018。《野豬渡河》。台北：聯經。
游勝冠。2006。〈國家認同與九〇年代的台灣文學論戰〉，《國家認同之文化論述》。台北：台灣國際研究學會。
鹿野忠雄著，楊南郡譯。2000。《山、雲與蕃人：台灣高山紀行》。台北：玉山社。
黃錦樹。2007。〈無國籍華文文學：在台馬華文學的史前史，或台灣文學史上的非台灣文學──一個文學史的比較綱領〉，《重寫台灣文學史》。台北：麥田。

鈴木怜子著，邱慎譯。2014。《南風如歌：一位日本阿嬤的台灣鄉愁》。台北：蔚藍文化。

詹明信（Fredric Jameson）著，王逢振、陳永國譯。2018。《政治無意識》。北京：中國人民大學出版社。

費德廉（Douglas L. Fix）、羅效德（Charlotte Lo）編譯。2006。《看見十九世紀台灣：十四位西方旅行者的福爾摩沙故事》。台北：如果。

廖朝陽。1995。〈中國人的悲情：回應陳昭瑛並論文化建構與民族認同〉，《中外文學》23卷10期，頁102-126。

———。1995。〈再談空白主體〉。《中外文學》23卷12期，頁104-109。

廖新田。2015。〈美好的自然與悲慘的自然：殖民台灣風景的人文閱讀——美術與文學的比較〉，《「帝國」在臺灣：殖民地臺灣的時空、知識與情感》。台北：國立臺灣大學出版中心。

趙偵宇。2016。〈青木繁的臺灣山林隨筆〉，《觀念、分類與文類源流：日治時期的臺灣現代散文》。台北：秀威資訊，頁124-149。

劉克襄。2014。《四分之三的香港：行山・穿村・遇見風水林》。台北：遠流。

蔡志彥。2022。〈全球化下「台灣民族」文學論述的裂解與「土地無意識」〉，《中國現代文學》41期。

盧莉茹。2016。〈風土自然與環境再現：十九世紀中葉兩位英美旅者筆下的打狗見聞〉，《高醫通識教育學報》11期，頁101-125。

少女學
(Girl studies)

利文祺

「只有強烈的對愛之憧憬，才生出想要改變世界的力量，可以與宇宙為敵，正是少女的力量之所在。」

——李維菁

從女性主義說起

歐美的女性主義起源甚早。第一波為19世紀至二戰時期，為爭取選舉權奔走。1960年代後的第二波，擴及到性別、工作、家庭的平等。這樣的態勢發展至90年代，發生第三波的「女力」（girl power）就更加多元，擴展至女性對生態環境、時尚、文化、媒體、跨性別、性積極和雙重歧視（intersectionality）的關注；延伸至不同階級、種族、宗教與國籍，並形塑了所謂的「微觀政治」（micropolitics）或「個人政治」，以個人力量在生活展現政治姿態。反觀台灣，在日治時期及戰後，雖有零星的女性作家和倡議者，但通常皆以呂秀蓮於1974年出版的《新女性主義》作為台灣婦運的起始。在1980年代，國民黨執政鬆動的時刻，有李元貞創辦《婦女新知》雜誌，內容為譯介西方女性主義經典，

討論婦女相關法案之制定與修改和報導國內外婦運新聞。1987年解嚴前後，台灣的女性主義進入到另一個階段，該年關懷雛妓的遊行，因遊行人數眾多而被大幅報導和催生大量相關議題；同年，婦女新知基金會、進步婦女聯盟、婦女救援基金會與現代婦女基金會相繼成立。90年代百花齊放，如大量關於校園性暴力的座談、第一個女同性戀團體「我們之間」成立、兩性平等教科書的編寫與彭婉如、白曉燕命案對婦女安全的省思。也是在此時，台灣才大量引進歐美的第二波女性主義，連同第三波的後女性主義、酷兒理論，以及廣義的後現代主義理論。即便可能是西方理論強硬移植、去脈絡的結果，但不可否認這些理論正巧呼應台灣去中心，強調多元的欲求。[1] 西方理論成功地深根和本土化。

歐美的第四波女性主義，強調網路效應、性騷擾和性暴力，如#MeToo浪潮的席捲，不外乎透過YouTube、Facebook與Instagram等網路平台而蔓延展開。然而，不管是第二、第三，或第四波浪之中，卻有一種女性價值稱之為「後女性主義」。「後女性主義」的定義雖然眾說紛紜，但也可能如學者Rosalind Gill所言，是關照「情感」（sensibility）的一種方式，並表現在「電影、電視節目和廣告等其他傳播媒體」。[2] Gill認為「後女性主義媒體文化」（postfeminist media culture）受到結構主義和後現代主義的影響，並兼容了女性主義和反女性主義之間的矛盾和糾纏。這些女性強調主體性，看重個人主義，意識到規訓的存在；但同

---

[1] 劉亮雅，〈文化翻譯：後現代、後殖民與解嚴以來的台灣文學〉，《中外文學》34卷（2006），頁68。

[2] Rosalind Gill, "Postfeminist Media Culture: Elements of a Sensibility," *European Journal of Cultural Studies* 10, no. 2 (2007): 148.

時又認為苗條的身材才能稱之為性感。她們和傳統的女性主義者保持若即若離，時而贊同，時而否定，並展現另一種生活價值。她們或許被認為是擁抱父權，不夠激進，甚至是女性主義的反挫。然而，我們卻不能忽略確實有這種伏流，在影視、廣告、雜誌和網路媒體，是在亮眼的明星，也在街角、校園中的平凡女子之中。後女性主義伴隨著大眾文化，它並非女性主義的反挫，反而像是有條件地汲取了女性主義，並透過反思，找出非黑即白（支持女性主義，或者全盤否定）以外的第三地帶。

在台灣，也能找到類似的趨勢。以幾位先行研究為例，如王右君發現女性在交友平台的自我敘述中，體現了Butler的性別展演或是Hall所說的語意協商。[3]在交友自介中，女性常強調身為女兒、妻子、媳婦等依賴性角色，例如寫道：「渴望被在乎，被重視，被關心！⋯⋯做個大男人身旁永遠幸福的小女人」、「我想冠夫姓，這是女人的歸宿和歸屬」。但同時又看到某些敘述出現了女性主義的價值，如若干女性寫道：「學會一個人和孤單和平共處」、「專業使女人散發魅力⋯⋯喜歡充實自己⋯⋯不喜歡膚淺！有深度的女人⋯⋯是充滿智慧」。[4]如此的順從父權，卻又強調自身主體性的後女性主義媒體文化，在康庭瑜的研究也曾探討過。她注意到女性透過性感自拍的上傳，來分享自我性化的身體。這並非使男人愉悅，而是一種自我凝視，自我滿足，以此發展主體意識。[5]這些喜愛自拍的女性仍展現了一種「反抗的身體」，強調

---

3 王右君，〈網路交友平台上的女性自我敘事與性別展演〉，《女學學誌》27期（2010），頁205。

4 同註3，頁214-224。

5 康庭瑜，〈賦權及其極限？後女性主義、社群媒體與自拍〉，《新聞學研究》

自我氣質和選擇來抵抗主流的審美價值。[6]

　　同樣的，在女性媒體文化中，如最常見的「女人迷」網站，也能看到類似矛盾的論述。一方面重申了女性主義的價值，如在陳珊妮的專訪中，提到：「習慣自己的長相，會有好處，每個人的身形與輪廓都不一樣，當習慣自己的樣子，會開始累積喜好，進而建立屬於自己的美學標準與系統。」[7]但在另一份世紀奧美公關創辦人丁菱娟的訪談中，卻出現「誰說內在美比外在美重要」的反挫，並強調打扮的重要。[8]

　　「女人迷」或許是後女性主義媒體文化的代表。特別的是，在一些文章中，會出現「少女」、「女孩」或「公主」這類關鍵詞。這些文章所提到的「少女」、「女孩」或「公主」，目的不在於幼體化女性，卻可能是一種借用他者文化，並早已在地化的女力。如動漫《美少女戰士》，在「女人迷」的文章中被解讀為各種不同「少女」哲學的展現，月亮水手的「剛強，來自對世界的善良」；水星水手的「敏感，溫柔守望對方」。[9]又如關於《庫洛魔法使》的文章中提到閱讀該「少女」漫畫獲得的啟示，如「少

141期（2019），頁12。

[6] 參見康庭瑜，〈賦權及其極限？後女性主義、社群媒體與自拍〉，《新聞學研究》141期（2019），頁31。

[7] 〈專訪陳珊妮：花時間習慣自己的長相，你會成為自己的專家〉，女人迷，2019，https://womany.net/read/article/19522?ref=realbeauty。檢索日期：2024年8月30日。

[8] 〈【丁菱娟專欄】誰說內在美比外在美重要？〉，女人迷，2016，https://womany.net/read/article/9634。檢索日期：2024年8月30日。

[9] 〈少女啟蒙與變身！你是哪種美少女戰士：打擊壞人可以性感也剛強！〉，女人迷，2017，https://womany.net/read/article/14667。檢索日期：2024年8月30日。

女」能「從小處撼動世界」,「願意為了守護所愛,而溫柔地挺身而出」。[10] 網站企劃「每個人的童年,都有一部迪士尼」,以各種「公主」的故事作為女孩的人生準則。比如在其中一篇文章將「公主」和塔羅結合,讀者可能選中「堅持夢想」的睡美人(雖然睡美人會被如此定義實在令人費解)、「嚮往未知」的人魚公主與「優雅氣質」的白雪公主。[11] 在認同的同時,也間接接受了「女人迷」編輯所給的公主價值觀。這些從日本和美國而來的文化,已成為台灣的少女養成條件。

「少女學」中的少女

台灣對「少女」概念的推崇和認同,讓人不禁想到英語國家也有同樣因媒體文化推波所產生的「美眉文學」(chick lit)。「美眉文學」呈現當代的單身女性以及其經濟狀況,如何迎拒物質欲望,特別是美妝、衣飾;地點在大都會如倫敦、曼哈頓;娓娓道來女性在婚姻市場的際遇;評價當代男女交際、行為,掙扎於社會責任和私滿足的自我追求。小說的女主角大都是平凡女性,從事媒體工作,如《BJ的單身日記》和《慾望城市》。面對邊緣化和單身焦慮,不同於傳統第三人稱,而是以獨白方式,彷彿作家寫出的日記。以此,讀者能進入情境,並想像「我」就是「女主

---

[10] 〈《庫洛魔法使》的少女學:少女,可以為任何人心動〉,女人迷,2016,https://womany.net/read/article/11190。檢索日期:2024年8月30日。

[11] 〈神準塔羅:測驗你有哪種迪士尼公主魂?〉,女人迷,2015,https://womany.net/read/article/6742。檢索日期:2024年8月30日。

角」。[12]

　　雖然英美的「美眉文學」可延伸出我們對台灣「少女」的想像，但台灣現實和西方理論之間，存有大量扞格。在此，我想提出「少女學」，靈感來自於李維菁在2010年出版的《我是許涼涼》。她描繪那些長期在職場上，看盡資本主義和消費市場的少女。

　　台灣普遍蔓延的「少女」意象，主角大多為都會小資輕熟女。她們看台灣偶像劇，如《流星花園》、《花樣少男少女》、《小資女孩向前衝》與《我可能不會愛你》，看日本少女漫畫、BL小說，聽台灣流行樂，看迪士尼的公主系列電影長大，受到這些挾帶後女性主義的媒體文化之薰陶，而產生對物質的迷戀：粉妝、打扮與自拍。受到的「情感教育」既有中國和台灣的閨女傳統，又有西方當代女性的典範，因此稱自己為公主、為少女，渴望被寵愛的同時，卻又強調獨立自主；既迎合父權，卻又抗拒的矛盾情感。才華洋溢的她們所創造的文本獨樹一幟，彷彿「美眉文學」的變種，差別在於她們更善於內在探索，更文藝、善感、自傷與自溺，書寫對自身、家園和國家的感受，以手帕交的對話方式引起讀者共鳴。「少女文本」的敘事者以自嘲、獨白、懺悔、多情或善感的方式，記錄了自己的成長和夢想，以「我」作為抒情的人稱，訴說一種情境、故事。她們延續傳統的哀而不怨，怨而不傷；同時又與時俱進活出當代少女的典範。她們對愛情有一種泡泡般的幻想，對社會有一種單純的見解和盼望；卻又

12　Stephanie Harzewski, *Chick Lit and Postfeminism* (London: University of Virginia Press, 2011), 4–6.

對現實感到悲傷。她們彷彿仍活在自己的房間，尚不識洪水猛獸、人心險惡，然而她們有強大的自主性。

「少女文本」的族譜早已根生於台灣，並流傳許久，只是缺乏整理和析出。或許祖師奶奶是瓊瑤的《窗外》和《煙雨濛濛》，而後有朱天心的《擊壤歌》、席慕蓉的《七里香》、林婉瑜的《剛剛發生的事》、楊佳嫻的《屏息的文明》和《你的聲音充滿時間》，與李維菁的《我是許涼涼》。在2010年之後，出現大量的「少女文本」典範，原因在於媒體文化如臉書的使用、網路女性相關議題和資訊的發達。此外，不同於上一世代的詩人以大敘述將場景置於父權所規範的語言和歷史框架，這些當代女性另立旗幟，以陰性的語言，在太平盛世抒情小我，創造陰性的世界觀。如神小風的《少女核》和《百分之九十八的平庸少女》、陳又津的《少女忽必烈》、林奕含的《房思琪的初戀樂園》、湯舒雯的〈初經人事〉、崔舜華的《你是我背上最明亮的廢墟》與徐珮芬的詩集。

我想以李維菁為例，以她的作品驗證「少女」如何是台灣文學的重要支流，卻常被忽略。

李維菁的「少女學」

作為「少女學」的提議者，李維菁描寫了各式形色的少女。她寫出了少女的心情。少女知道自己愛單眼皮的男生；少女的肌膚特別敏感；珍藏著眾多悲傷的回憶，需要溫暖和擁抱；少女愛化妝打扮；少女注重美姿美儀；少女有生活的品味，懂得村上春樹和村上龍；可以談兩岸危機，美國和阿富汗的戰爭；少女對男

人有基本要求,不能接受沒有三百萬存款(她說:「我是對事不對人。」);少女知道女人之間的競爭,也看穿男人的手段。如同李維菁寫道:「那些看起來純真、沒有性威脅、善體人意的,其實多半是包裹著少女外表的成熟女性,她們清清楚楚地知道世界、現實的結構,因此可以純熟操作男女政治不著痕跡,才能談場戀愛仍舊風度優雅。」

在兩性關係,少女主動迎擊且有主見。在〈老派約會之必要〉,李維菁寫下大量的約會條件。這些條件呈現出的態度是曖昧的,彷彿接納了父權思維,其實,她們懂得父權運作的體系,也懂得如何在其中生存。因此,敘述者說道,男人見到少女之前:「不要MSN敲我」、「你要打電話給我,問我在三天之後的週末是否有約,是不是可以見面」、「你要像老派的紳士那樣,穿上襯衫,把鬍子刮乾淨。」少女主導整個約會過程:「如果你騎偉士牌,請載我去遊樂場,如果你開車來,停在路邊,我不愛」、「記得把你的哀鳳關掉,不要在我面前簡訊。」少女也主導了哪些問題可以問,該怎麼問,何時問:「你可以問我同樣的問題,但不能問我有沒有暗戀過誰,我會撒謊。這是禮儀。」男人該送少女回家:「送我回家。在家門口我們不想放開對方。」即便是分別時刻,她能選擇拒絕親密:「不,寶貝,我們今天不接吻。」

對於李維菁,大齡的女子也是少女,然而有時仍渴望著白馬王子,甘願低頭彎腰。在〈我是許涼涼〉,描寫了一位三十八歲的「少女」,她有了姐弟戀,編織著和男友修成正果的美好夢想:「我從小就想結婚,有安定的家庭與伴侶。」然而現實是,她常感受到自己的大齡讓男友尷尬,男友無法帶她出門見朋友,

無法帶她見未來的婆婆,即便她為了婆婆買昂貴的面膜天天敷。最終,男友甩了她,她仍哭喊著:「別離開我。」在另一篇〈永遠的少女〉,成為母親的女人仍視自己為少女,是個迪士尼的公主,但同時看破現實,看破那無法翻轉的階級、財富與權力。她自我嘲諷:「曾經自以為公主的,不過是人生的婢女而已。」這些傷心的大齡少女,生活在現實與夢幻之間。

女性主義的未來

強調心境上的「少女」,資本主義的結合,以及對於父權的迎合和解構,或許是未來女性主義所要面對以及思考的議題。女性主義不在是傳統的上街頭、辦雜誌,訴說宏大的思想,而是在渺小物質上的選擇,在個人主義,在心的力量。如同李維菁仍然能發現那些少女心,在時髦貴婦香奈兒包包上面的粉紅色Hello Kitty吊飾;在穿著俐落的女強人,露出小碎花的棉質胸罩;在挑菜的歐巴桑,大捲的頭髮上有水鑽蝴蝶夾;在帶著孩子的漂亮媽媽,迅速在書店的占星區抄下下半年運勢。李維菁說,她們知道彼此是隱身在塵世的美少女戰士們,正等待著少女革命的來臨。

楊澤在評論李維菁的少女學時,曾說那些女孩子是向外走,也是向內走:「向外走也正是一種向內走。向外,頭角崢嶸的城市少女經歷了,與世界的摩擦和碰撞,在校園與職場、家庭與百貨公司之間,發展出各式各樣的拉扯關係;向內,從集體過渡到個體,既純真且世故的城市少女反覆推敲思考,暗自演繹出一個又一個,既浮華且昇華、既保守且爆破的角色造型。」楊澤精準地描繪出在後女性主義媒體文化的時刻,少女如何在各種矛盾的

價值觀之間拉扯。未來，這將是許多女性文本常見的主題，我們將看到更多的少女參與其中，寫下更多的少女文本，理直氣壯地歌頌自己的小情小愛。讓我們期待少女學的誕生。

參考書目

西文

Gill, Rosalind. "Postfeminist Media Culture: Elements of a Sensibility." *European Journal of Cultural Studies* 10, no. 2 (2007): 147–166.

Harzewski, Stephanie. *Chick Lit and Postfeminism*. London: University of Virginia Press, 2011.

華文

女人迷。2015。〈神準塔羅：測驗你有哪種迪士尼公主魂？〉。https://womany.net/read/article/6742。檢索日期：2024年8月30日。

———。2016a。〈【丁菱娟專欄】誰說內在美比外在美重要？〉。https://womany.net/read/article/9634。檢索日期：2024年8月30日。

———。2016b。〈《庫洛魔法使》的少女學：少女，可以為任何人心動〉。https://womany.net/read/article/11190。檢索日期：2024年8月30日。

———。2017。〈少女啟蒙與變身！你是哪種美少女戰士：打擊壞人可以性感也剛強！〉。https://womany.net/read/article/14667。檢索日期：2024年8月30日。

———。2019。〈專訪陳珊妮：花時間習慣自己的長相，你會成為自己的專家〉。https://womany.net/read/article/19522?ref=realbeauty。檢索日期：2024年8月30日。

王右君。2010。〈網路交友平台上的女性自我敘事與性別展演〉，《女學學誌》27期。頁201-249。

李維菁。2010。《我是許涼涼》。新北：印刻。

———。2012。《老派約會之必要》。新北：印刻。

康庭瑜。2019。〈賦權及其極限？後女性主義、社群媒體與自拍〉,《新聞學研究》141期,頁1-38。

劉亮雅。2006。〈文化翻譯：後現代、後殖民與解嚴以來的台灣文學〉,《中外文學》34卷10期。頁61-84。

巴拉冠
(Balaguwan；man's house)

巴代

　　1887年4月間，著名的恆春鵝鑾鼻燈塔管理員，英國人喬治‧泰勒（George Taylor）在南台灣經歷一趟極具冒險的探險之旅，除了翔實記錄動物、植物、地形與地質的觀察紀錄；也探訪從恆春到台東平原地區的部落，並生動描繪其所見所聞之歷史、人文、語言與生態等等，成為近代研究南台灣地區民族分布、原住民部落型態與文化現象的珍貴參考資料。其中在台東平原的知本地區，[1]他記述了這麼一段：

　　……一位年輕頭目與我們在部落外會合，再帶領前往男子會所，巴拉冠（palangan）。在卑南附近，每個村子依據規模大小，各自擁有一到數個會所，會所係用來提供青春期至結婚前，年輕人吃飯睡覺用的大房子。他們得（的？）食物由

---

[1] 到了18世紀，卑南族大致發展成了八個部落，分別是katipul知本、kasavakan建和、Likavung呂嘉望、Tamalakaw大巴六九、'alipai阿里擺、pinaski下賓朗、Puyuma卑南與Mulivelivek初鹿，舊稱「八社番」；1930年前後又增加了papulu寶桑、Danananaw龍過脈部落。知本屬於最南邊的部落，也是17世紀中葉以前台東平原最強大的部落，擁有向平原各部落收稅賦的權力。

父母準備好,再送到會所來。這些年輕小夥子絕不被允許住在父親家裡,所有公共事務都在會所裡討論。……白天這間屋子由年輕人看守,……村子所有人都到田裡工作。每當要召開公共會議,或者收到任何重大消息,看守者會把掛在入口門邊的鐵製鈴片掛在腰上,開始在村子裡四處奔跑,奔跑的速度依據召喚大家的緊急性而定。[2]

這一段敘述,點出了一個關鍵詞——巴拉冠,[3]同時也概略卻精準的描寫其功能與狀態,彷若時光跨越一百三十餘年,在現在的時空下生動與無痕的疊影呈演。特別是泰勒關於夜宿知本巴拉冠硬板床與遭跳蚤攻擊的饒富趣味與無奈的描寫,並猜想:當昆蟲、跳蚤太多,而四處飛竄時,他們大概會放火燒了會所,然後重新蓋新的。文字畫面上彷彿清楚的浮掠出近幾年知本部落青年會長交接時,總是會拆了舊會所蓋新的巴拉冠的忙碌情景,那樣的現代與真實。

Balaguwan(巴拉冠)比較適切的中文意譯是「男子會所」,所指涉範圍包括一個可供部落族人慶典聚會的廣場空間,及一座可供常住有遮風避雨功能的建築。建築物是一座以常見的竹、木與茅草建材所搭建的平層建築。內設置有火塘、床鋪供部落單身男子聚集、生活與商議的空間。這裡所說的單身男子,包括未

---

2 杜德橋(George Taylor)編,謝世忠、劉瑞超譯,《1881年代南台灣的原住民族——南岬燈塔駐守員喬治・泰勒論述文集》(台北:順益台灣原住民博物館,2010),頁122。

3 卑南語對男子會所的唸法,中文以「巴拉冠」譯之;英語音譯則以英語通用拼音行之,此處以Balaguwan音譯之。

婚、失婚、喪偶的男性，外族男性經許可也可以臨時寄宿，女性則禁忌進入建築物範圍。往昔，卑南族的各個部落，男生經歷少年階段（通常是12歲），便要離家編入這個建築物所對應的男子階層——valisen（發力甚），成為部落的公共財提供勞役。平時接受年長者對體能、禮儀、膽識、戰技的訓練與教育；同時也提供部落勤務的差遣與調度，泰勒所述的「揹著鐵製鈴片四處奔跑通知」的看守者即是這個階層的青少年。當部落進入緊急狀況時，「巴拉冠」裡另一個以青年為主的階層vangsaran（萬沙浪）則作為救難、防災以及征戰與狩獵團的主要戰力。從valisen到vangsaran要經過進階儀式，而後擁有結婚的被選擇權，一直要等到結了婚才能脫離「巴拉冠」及其組織階層，回歸家庭生活。某個層面看來，巴拉冠可以說是傳統卑南族社會單身男性的學校、兵營以及收容所。

巴拉冠除了是商議部落內部事務的重要場所，同時也是與外人談判解決紛爭的地方。中央研究院院士宋龍生在卑南地區的調查紀錄中，曾紀述關於1638年荷蘭人初次造訪卑南地區時的情形：

> 當荷蘭人來時，卑南部落puyuma還有竹林為牆，整個部落都在竹林的包圍之中，四面僅有東、西、南與北門可進入到裡面。荷蘭人走入村中，先到Pasara' at家的成年會所，[4]即

---

4 卑南社（南王社）由六個氏族構成，概分成南北兩個三氏族形成的小集團，每個氏族各有一座巴拉冠。Pasara' at氏族為最早建立的氏族，享有優先發言權與領導權，其士卒首領往往被認可為整個部落的領導人。荷蘭地方議會形成後，雖享有優先權，但實際領導權已移向南邊ra' ra' 氏族。

> Patabang Parakuwan 去拜訪，看到 Pasara' at 之首領坐在那裡，以手按著刀柄並不起來迎接，好像有敵意的樣子，荷蘭人看到這個情形，內心產收了恐懼，不敢上前說話趕緊退了出來。[5]

這一段描寫的是卑南社初次遇見荷蘭人，Pasara' at 氏族首領並未善意接見，迫使荷蘭人放棄與之交流的情形。當荷蘭人轉向南邊的氏族而獲得善意接待，開啟了日後合作的契機，也進一步使卑南社內部影響力由傳統的北邊轉向南邊；對外，也給予卑南社善用荷蘭人「東部地方會議」機制，取得台東平原幾近「盟主」的地位，擁有對各部落更多的發言權。這是題外話，但也顯現出「巴拉冠」做為接待或接見外族的傳統功能。若說這是 Pasara' at 氏族揹失歷史機遇的令人惋惜的事，那麼宋龍生在記錄「竹林戰役」口傳歷史時，所提到的巴拉冠廣場的事就顯得悲壯與血腥了。

> ……卑南的人去打獵，列了不少的獵物，部落的長老依照慣例，派及的青年 bangsaran，把應繳給知本的稅金（賦）繳過去，但這些青年在半途把獵物吃了，因此知本在那一年沒有收到稅金（賦），因此派人到卑南來理論……知本人堅持要打仗……結果被殺了很多人，知本頭目（率隊打仗的指揮官）Karitak 被卑南的青年抓了起來帶到成人青年會所

---

[5] 宋龍生，《台灣原住民史・卑南族篇》（南投：台灣省文獻委員會，1998），頁179。

Parakuwan……

這一段故事的後來,卑南人不斷在言語上羞辱知本隊長,而後者堅持卑南人得依照規矩將稅賦繳送到知本。於是卑南人先割了他的左右大腿,又割了他的左胸右胸,一次次的塞進他嘴裡,直到他失血過多而死。儘管血腥,但也凸顯出「巴拉冠」在處理與部落有關事務,甚至是對外征戰、議和所提供的展演場域的不可或缺。放到21世紀的現在,傳統卑南族各部落在生活形式與部落運作方式已經有相當大的落差,但是「巴拉冠」以及圍繞其運作的階層組織,仍是作為部落事務運作的核心機制。然而,各部落的巴拉冠也幾乎遇到了相同的存在危機與文化復振的難度。曾建次主教在其著作《祖靈的腳步》第46節,曾以〈巴拉冠的始末〉為題,講述關於知本巴拉冠的前世今生。[6]

知本三大氏族原先各有一座巴拉冠,日治時期要求合併管理,改建成一座水泥建築物(位於知本農會的現址),作為部落統一的巴拉冠,國民政府來之後,行政區重新規劃,西部移民大增。1954年巴拉冠已經式微無人進駐看守,而後借給農會囤放肥料,農會順勢設立知本地區農會服務站。警覺到部落已經完全失去巴拉冠的族人們,發動青年們在農會旁用鐵皮與竹材,重新蓋起一座小型的巴拉冠作為教育訓練用;不多久卻因為管教問題,外省籍的警察介入,指責這是「野蠻風俗」,不容許類似的聚

---

6 曾建次1942年生,曾任羅馬天主教花蓮教區輔理主教、台東祝聖主教,著有《祖靈的腳步》。見曾建次,《祖靈的腳步》(台中:晨星,1998);其雙語版見,曾建次,《Inlrang za temuwamuwan》(台東:天主教台灣原住民牧靈委員會,2011)。

會。加上社會結構已變，教育制度、經濟活動、兵役制度以及「匪諜滲入」的種種因素，知本巴拉冠根本瓦解。即便在60年代，族人仍然企圖恢復巴拉冠的制度與功能，也因部落青少年已經無法適應傳統管教方式而掙扎幾年後草草收場。知本如此，另一個與之相對的大部落卑南社，也有不一樣的故事與相似的結果。

1860年卑南社為了增進農業技術，部落領導階層決定從屏東枋寮地區招募一批漢人移民卑南平原指導農作。1875年「牡丹社事件」結束後，沈葆楨開始實施「開山撫番」，於是較有規模的移民慢慢移向東部，到了1895年前後，已經在台東市形成的寶桑庄，因為人口增長而向現在的市區擴展成為新的聚落。其他平原以外的成功、池上與玉里等地，也定居了不少移自屏東的馬卡道人。1896年日本人完全接收台灣時，禁止西部居民向東部擴展，才減緩西部移民的勢頭。然而，多年累積的移民量已經造成卑南社不堪負荷，由於放款借貸的問題，卑南社的土地陸續落入漢民族手上。在1929年前後，卑南社主動要求日本台東廳協助遷村，而將擁有六個巴拉冠的卑南社「讓」給移民定居的漢民族，整個部落向西遷移3公里建設新的部落。除保留puyuma的名稱，也給新部落一個響亮的名字：「南王」，意喻著他們曾經是卑南平原之王，以彰顯卑南社於17、18世紀在台東平原締造的顯赫威名。即使這樣，「南王部落」也同樣沒辦法阻擋漢人移民的接觸與融合。國民政府領台並實施「公地放領政策」後，吸引了西部漢人的移民大潮，在土地調查與收歸國有的過程中，將沒有登記的土地，公告後收歸國有；於是台東平原中包括阿美族、卑南族與排灣族各族的獵場與旱地，變成了無主土地而收歸國有，然後部分

公告放領。南王部落的巴拉冠瞬間變成了台東市政府的財產,從此南王部落雖然可以繼續使用但已經無權私自處分;甚至在2019年,還因為選舉一些的不愉快,公部門在產權上做文章,噁心部落族人。

　　南王部落的例子不是個案。在失去土地權、巴拉冠的例子裡,大巴六九部落也頗有故事性。[7]1936年日本台東廳著眼於方便管理與行政區的重新規劃,將大巴六九部落集團移住到現址;舊部落則迅速被早期移居部落附近的漢人分割佔有。日本井字型的新社區規劃,以一戶一分地為範圍,由族人依遷徙的先後自行擇地建屋居住,另外在部落中心區蓋起了以竹、木與茅草為材料的巴拉冠。1945年國民黨70軍招募的部落青年,在這所新的巴拉冠報名與集合,經台東、花蓮輾轉到中國大陸作戰;二二八事件後,國軍派了一個排的士兵進住巴拉冠幾天,威懾部落不准作亂。民國56年前後,太平營區開始闢地設立,其汽車輜重野短暫進駐巴拉冠;幾年後,茅草建築的巴拉冠忽然著火損毀,旋即在一旁建起了鋼筋混凝土的天主教教堂;90年代教堂拆了,重新建起了新的鋼筋混凝土的平層建築,廣場鋪上了水泥,隨後產權也被證實明確屬於鄉公所,並委託由漢人為主的社區發展協會管理;2003年後,部落因為人口增長,也為了文化復振,重新向鄉公所申請一塊村子外的土地,召集族人以傳統建材與工法蓋起了

7　大巴六九部落(Damalagaw),即今之卑南鄉泰安村。歷史文獻上,曾於1641年殺害荷蘭傳教士衛瑟琳(Maarten Wesseling),而於1642年2月遭荷蘭報復屠村而後遷村;另1888年與呂嘉望部落聯手發動「呂嘉望事件」或稱「大庄事件」。有關的文學作品,可參考筆者的小說《笛鸛》、《馬鐵路》、《薑路》、《斯卡羅人》、《走過》、《白鹿之愛》、《野韻》、《巫旅》與《最後的女王》。

一座新的巴拉冠，作為辦理年祭活動，以及平日文化體驗與教育的場域。

　　找地、借地蓋巴拉冠的情況，不僅出現在大巴六九部落，其他部落也有這種情形。1992年以後，知本部落意識忽然高漲，直接在部落外所謂的公有土地圈出一塊地蓋起了傳統工法的巴拉冠建築；同時整理一大片廣場供部落辦理年祭活動，並召集青年開始嘗試恢復巴拉冠的階層制度，經數年的爭取與溝通，台東市公所也默許了那片土地供部落使用。另外，2019年下賓朗部落在持續多年的爭取土地使用後，終於收回部分被私人購去的土地；加上鄉公所協助部分土地，他們也蓋起了自己的巴拉冠。2020年阿里擺部落、建和部落也找到了適合的土地與協助，蓋起巴拉冠，安實了心理對祭典進行對文化復振的想望。

　　理論上已經在台東平原生存上千年的卑南族，卻在短短的一百多年先後失去了自己的土地處分權，失去了作為部落運作核心的巴拉冠。我們大可從上面幾段的敘述推說這是整個大社會環境的變遷所致；但這個大環境，卻是移民者，加上統治政權政策所帶來的，不是卑南族自己形成的大環境。

　　這一點，蔡林縉在《台灣理論關鍵詞》的文章〈定居者（Settler）〉有進一步的佐證。他對「移民者」的定位，更傾向以「定居者」解釋。他分別以辭典的意涵解釋定居者是：「從別的國土來到新的居所定居並使用土地的人。」特意強調了「定居」與「使用土地」，以區別「移民」那種詞意上看似移居某處的無害狀態。文章中提到：當定居者在人數上超過了在地原住民，原住民族不是被迫遷徙，就是在與定居者衝突的過程中遭到殲滅。似乎為卑南社遷村重建的歷史，提出理論的支持。然而，筆者認為，

卑南族所遇到的「移民者」、「定居者」固然在後來快速的形成人口優勢，也在與卑南族接觸的過程中，因手法高超而攫取了台東平原主要的肥沃土地，其本質卻未必是殖民政權帶來的所謂「定居殖民主義」，企圖根本「取代」原住民。只是，國民政府的政策制訂與推行，因為忽略台東地區原住民（或者縮小範圍談卑南族）的實際狀況與適應性，恰好提供了移民者、定居者有了較大的機會取得土地與人口的絕對優勢。移民者、定居者並未「殖民」卑南族，而是國家政策推行上，造成卑南族土地權大面積的喪失，造成巴拉冠組織及其教育、社會功能的瓦解。由此責備移民者、定居者善用法律制度的罅隙巧取利益，有意無意侵犯原住民的權益，其意義不大；如何糾正國家法律上的缺失，阻止或彌補原住民權益的繼續受侵害才是該加大力氣的方向。

謝若蘭在《台灣理論關鍵詞》的〈正義（Justice）〉一文，或許也看出國家政策的疏漏。她認為正義，還是必須針對「公平」（fairness）略述，畢竟這是一個常常被綁在一起討論的概念。公平有時會與一般所在意的「平等」（equality）交互使用，但無論如何，似乎都在指涉「你一個，我一個」的分配概念。這個概念所延伸的議題主要是「齊頭式公平／平等」以及「實質公平／平等」的辯證。她語帶諷刺地直指政客作為競選視覺口號的種種諸如「實踐世代正義」、「改革政府效能」、「啟動國會改革」、「落實轉型正義」及「終結政治惡鬥」等。光從字面上，就出現兩個「正義」（謎之音：沒有的事就要一直講）。今天講國家的轉型正義，也應該落實到原住民的身上，從法律與制度上改進並確實落實，多一點公平與正義。否則，落實了蔡林縉所指的「定居殖民」——那些移民自中國大陸的漢民族，正利用漢人政權

所訂的法律條文，對台灣原住民進行剝削，吃乾抹淨還自認為最具在地性。

卑南族的「巴拉冠」是卑南族社會最重要的機制，其設立、瓦解與再建立，有意無意地呈現台灣原住民在過去接觸現代文明的歷程、結果與掙扎。其具體的意象宛若夏曼・藍波安〈男人魚〉那條帶著傷又逐漸老去的魚，在獵殺與被獵殺之間奮力前行，無論環境如何險惡，總要試著找尋出路繼續生存。然而，我也得承認，巴拉冠的功能確實已經不是過往那樣，作為部落事務的決策與執行核心，其日常教育與防務也變得鬆散與隨機；但其依舊是部落凝聚共識，思及傳統文化復振的中心，更是遠遊他鄉的族人一個歸鄉的指引。或許，也是他族觀察卑南族的一個文化窗口吧。

參考書目

喬治・泰勒（George Taylor）著，杜德橋編，謝世忠、劉瑞超譯。2010。《1881年代南台灣的原住民族——南岬燈塔駐守員喬治・泰勒論述文集》。台北：順益台灣原住民博物館。
宋龍生。1998。《台灣原住民史・卑南族篇》。南投：台灣省文獻委員會。
曾建次。1998。《祖靈的腳步》。台中：晨星。
———。2011。《Inlrang za temuwamuwan》。台東：天主教台灣原住民牧靈委員會。

生態瞬間
（Ecological Moment）

方偉達

「生態瞬間」是一種空間和時間統合名詞，也就是在歷史長河下，對於住民生活的一種空間凝視（gaze）；這種凝視需要超過國族，從外頭來看台灣，進行空間的反身性（reflexivity，亦作「反思性」、「自反性」）觀察；或是進入到亙古蠻荒的世紀，或是進入到遙遠的未來，進行現代台灣的反身性觀察。在此，反身性觀察，需要超越自身的社會位置所預設的觀點，以更寬廣的視野來觀察整體視域。「生態瞬間」是一種態度，也就是在歷史長河中，運用客觀的現象學觀點，以渺小人類的謙卑凝視（humble gaze），觀察台灣住民的生存環境。在《台灣理論關鍵詞》的住民生存論述中，從人類中心主義觀點的定居者（Settler）（蔡林縉）、華身論（Sino-Corporeality）（林亞婷）的論述，可見空間中「表演者」的生態特性；這一種特性，非屬於大陸觀點，非屬於多數漢人觀點。那是什麼觀點呢？依據該書，史書美試圖發掘「華語語系和台灣研究」（Sinophone and Taiwan Studies）概念在台灣（或是台灣之外）成為一種系列論述的可行性，她認為台灣境內混成的各式各樣華語，是一個「眾聲喧嘩」的場景。如果將場景視為一種表演者的舞台，蔡林縉討論的「定居者」，屬於漢

人的居住身分的認同（或不認同）的場景價值；林亞婷討論的「華身論」，針對移民華人（或原住民）的特質，進行身分認同（或不認同）的脈絡剖釋，同時是一種場景、視域，或是表演舞台的分析。上述的文獻探討跳脫台灣島內，從更大範圍的世界觀展現出立基台灣的視角進行觀察，居住於台灣的原住民／住民／新住民，都是漫漫歷史長河中，不斷上台和下台的舞台上的「表演者」。如果說在台灣可見歷史中，展現一種莽莽時局浮動紛亂的無序感，「表演者」不知道何時要謝幕，也不知道什麼時候要上台。透過反身性觀察的方法，「導演們」如何處理幕前和幕後「生態」議題與民族發展的「場景」困境，值得台下「導演們」的關注。

　　因此，從「生態瞬間」的定義來說，「生態」做為一種名詞，或是一種形容詞，生態在導入空間的概念之後，本來在學界就是一種浮濫的現象，不管是自然科學還是社會科學。如果我們從現象學的角度來看，台灣自然生態的理論和保育，其實還有許多人文上而非科學上的關懷。因為台灣歷史和地理的特殊性，其實台灣人民對於社會變化政治觀點的熱情向來「澎派」，每位台灣人民都自認為自己是「導演」，都會對於在歷史中出現的「表演者」在舞台上舉手投足指指點點，說三道四。但是「導演們」對於自然生態，也就是「場景」的關注比較少；導致我們在歷史教科書之中，認知到1911年中國大陸發生的「辛亥革命」，但是絕少台灣人察覺到1911年事實上在台北曾經發生過驚濤駭浪的「辛亥大水」。[1] 這一種歷史的斷層，對於21世紀氣候變遷的永續發

---

[1] 1911年8月30日「辛亥水災」，對於台北民眾來說，是一種家破人亡的集體記

展，是一種台灣人對於氣候變遷減緩和調適作為的一種失憶、蔑視和不尊重。

所以，在這一個關鍵詞中，將台灣「M型歷史」說明得清楚，當然吃力；但是要論述現在對於近代的一種歷史記憶，確實是應該居於更多的閱讀和討論。也就是說，台灣自然生態存在的歷史縱軸，雖然很長久，但是對於台灣人文生態的歷史紀錄確是不足。亦即，對於「自然生態現象遺忘」的居多，對於「政治記憶傷痕」忘卻居少的一種現象進行討論。

當然，這一則台灣理論關鍵詞，不會記錄到所有的台灣自然生態現象；但是在有限字數的論述當中，也只能盡量描述這一種當下的社會現象，並且將眼前瞬間對於社會觀察的印象留存下來，以提供學界激烈的社會理論辯證。

台灣集體意義的留存和轉化

什麼是台灣的M型歷史？如果，台灣地名的起源傳說來自台南大灣（一稱大員、台員），或是李筱峰所說，16到17世紀外國船隻來台，多在大員，也就是台南安平等地一鯤鯓地區登陸，當

憶；但是在台灣十二年國民教育的歷史和地理教科書上，卻絕口不提。成田武司編纂的《辛亥文月台都風水害寫真集》說明了當時的狀況，包括淡水河水位高漲三丈，台北全塌房屋2672戶，半塌3283戶，浸水3萬戶，以當時8萬人口來說，可以說颱風過後，家家戶戶都浸泡在水裡；但是這一場驚天動地的歷史事件，好像是瞬間反應的事件，事過境遷，也都埋沒在文獻之中了。見成田武司，《辛亥文月台都風水害寫真集》（台北：成田寫真製版部，1911）。

船員上岸詢問：「這裡是什麼地方？」[2] 聽見當時住在海邊的西拉雅原住民驚恐的大喊「大員、大員」，經過荷蘭人發音的台窩灣；後來閩南入境的漢人，轉譯為大員、台員、大圓或大灣，最後變成台灣。

李筱峰認為，驚恐的西拉雅原住民喊出來的話不是好話，他認為「台灣」的原意，在西拉雅原住民話語的意思為「外來者」或「異形」。根據南部原住民發音的轉譯，由 Tai-owan 轉譯為 Pa-'lan，音似閩南語的「壞人」。當然，學者無法考證李筱峰論述的依據。另考據荷蘭古地圖 Tai-owan，則 tao 是人，wan 是部落；但這些都不是連橫〈台灣通史序〉對於台灣原意的說明，因為台灣絕不是連橫引用清領官員所說的「高聳若台，遼闊若灣」；或是「埋冤」這一種描述那麼簡單。如果以「台灣國」的含意來說，依據李筱峰所說原住民的原意，形成了諷刺的「外來者共和國」，或是「異型國」。當然，學界在研究之餘，產生一種調侃式的嬉戲怒罵，並且轉換意義之後，確實形成了一種原住民在居住小島之後，對於朝代更迭的驚恐；也就是說，在歷史中不斷湧入的移民，新的移民，不斷擠壓舊移民的居住空間。廖咸浩認為，這是一種人類進入到紛然雜陳的「平滑空間」（smooth space）。廖咸浩在《知識臺灣：臺灣理論的可能性》討論〈華人海洋與台灣：海盜、另類現代性、「後中國」動能〉，認為除了陳永華帶來了台灣的漢人儒學文化之外，還有一股海盜／海洋文化的精神。

---

2 在這裡李筱峰可能無法回答，這條戎克船上為什麼不是搭載說閩南語的漢民族？當然，李筱峰的論證，沒有史書記載；因為西拉雅的語言，沒有人會說，已經變成了死語。所以這個說法，無法考據，形成M型歷史不可考據的疑案。

從漢人（官員、海盜、移墾者）從大陸跋涉到了台灣之後，進入到了一種野地型的「平滑空間」（smooth space）。在從所謂早期的移民的概念，最早來的移民祖先，基本上都殘留了住民／流民，從自身出發思考的想法，也就是所謂東渡遺民／移民／新移民後代經過歷史翻滾之後，所交互混雜的「集體記憶」。蔡林縉在《台灣理論關鍵詞》中討論定居者（Settler）的概念，進行殖民主義（settler colonialism）的批判。如果定居者，也就是新移民以強勢武力對於原住民強加殖民主義，那麼台灣的文化中，就隱約夾雜一股外來者（1949年之前中國大陸渡台閩粵漢人、1949年之後中國大陸撤退外省族群）主導的文化，也就是大閩主義（綠營）／大漢主義（藍營）的主導者「交互施加」於當地原住民以及新移民的宰制的空間或文化記憶。這一股文化，融合了不受宰制的「逃逸文化」（海盜、移墾者）、「順民文化」（東渡遺民的官員、移墾者），還有一股桀驁不馴「反對文化」（原住民、海盜、移墾者、流亡者）。這是一種記憶中的交織下的集體感受，沒有一種特定的共同價值；但是擁有的為交互混雜、模糊晦暗的集體記憶。

以原住民為例，採用自己的歷史觀點，正是建立在氏族從創世以降的口傳氏族集體記憶上，透過時間脈絡中的空間實踐，例如透過移入、定居與移出而產生出意義，以地區景觀作為象徵符號，作為傳承氏族發生重大事件的媒介；最後串連各氏族的集體記憶，以構成更大的集體記憶，這就是台灣現有原住民用自己的觀點建構歷史。[3]不論考古發掘的人類遺跡是不是這些原住民族的

---

3 台灣從很早開始，就有原始人類；但是因為缺乏DNA的研究，我們不知道原

祖先，從生態環境面向依據地方（place）場域，或是舞台空間，以及集體記憶的關係，產生自身環境價值觀念的建構。但是，人類對於歷史的記憶，其實是不確實的。即令形成一種虛擬實境交錯幻影的虛假，就像是歷朝統治台灣的政治人物對於台灣的虛情假意，在政見中灌注的迷湯。這些都需要進行更具說服力的台灣歷史考據，在現實面「常構型模糊樣態」，或是歷史理論架構的再度維新。

始人類和現在存於台灣人類之間血統的關係，甚至有考古學者武斷的說沒有關係。所以我在這裡說明，舊移民觀念，可以從冰河時代就開始，或是稍晚一點。台灣早在史前時期就已經有了過著採集漁獵的原始人類。台東的長濱文化所發現的原始人所用的石器，讓我們得知這些原始人存在的事實。但是原始人的遺跡到了5000年前就消失了，和後來的人類文明沒有傳承的關係。在這個時期生活的原始人，維生的方式採取採集、狩獵、漁撈，那是藉由濕地提供魚類、貝類等蛋白質營養。到了新石器的早期（大坌坑文化，現存於新北市八里區），從大坌坑文化遺址的大小，當時在台灣定居的小型聚落，主要是分布在河邊或海邊、湖岸的階地，距離現在約7000-4700年之前。新石器時代中期發展出來的文化多元，包括訊塘埔文化（距今4500-3600年）等，已經有農業證據，但還是有狩獵、漁撈活動。新石器時代晚期的史前文化包括芝山岩文化（距今3600-3000年）、圓山文化（距今3000-2000年）、土地公山文化（距今2800-1800年）、植物園文化（距今2500-1800年）與十三行文化（距今1800-400年）等。圓山文化、芝山岩文化與植物園文化有中國大陸福建、浙江等地原始住民移民的文化特徵。由台北盆地鑽井資料顯示，海水在10000-8500年進入台北盆地，形成台北湖；距今6000年前，海水開始退出，這時候，訊塘埔文化、芝山岩文化、圓山文化開始登上台北史前文化的舞台。芝山岩文化早於圓山文化，是因為地勢比較高，海水退得早，而且周圍有淡鹹水混合的沼澤，方便取用魚貝類。

民族思維的傳遞和生態演繹

　　目前根據考古記載以及殘留的原住民部落，有20支的少數民族在新石器時代移進台灣，分別為平埔族（居住在平地的原住民）與高山族。有的平埔族部落由於受到漢人移民的衝擊，目前已經消失，或是融入漢人的血統中。現存於台灣的原住民族，分類相當多，稱為16族。根據訪談資料顯示，泰雅族是這16支原住民族最早來台的。較早進入台灣的原住民，大多數認為自己是土生土長的台灣原住民，包括泰雅、布農、鄒族、魯凱與排灣等族；祖先較晚進入台灣的原住民，有阿美、卑南、邵族與噶瑪蘭等。不管進入的時間早晚，各族多有洪水的傳說；尤其是從傳說可以知道，阿美族和卑南族的祖先因為洪水的關係，才在洪水蔓延的時候，逃到台灣來，可以說是台灣這座高山小島收容全世界第一批的洪水難民。又例如較早的泰雅族，祖先應該是在洪水之前就已經來到台灣，所以有遷到高山去的集體記憶。但是，有的民族集體記憶只是聯想，例如噶瑪蘭族認為他們和泰雅族有親戚關係。這些洪水傳說說明了族人是洪水過後殘留的人類。在族人的神話中，原住民運用想像力，說明洪水發生的原因。主要原因由泰雅族進行解釋，說明洪水是由於天神對於近親通婚的道德懲罰。在文本紀錄中，洪水代表人類「罪惡」的結果，或者天神要毀滅人類。訪問泰雅族的耆老，採集了下列的二篇故事：

　　古早古早，也就是很久之前，沒有深谷也沒有懸崖，地上沒有凹凹凸凸，只是平平的。後來有山，也是很小很小的山，也有小河，但河川的水，不知要流到哪裡去。有不守祖

先的遺訓，而敢做出亂倫行為的人，終於觸怒了祖靈。如此有一天，洪水來了，從小小的山澗或溪谷，湧出了很大的洪水，水愈來愈多了，終於變成海了。

——泰雅族達克蘭社 Atayal Daklan

我們泰雅族達克蘭社住民遭到洪水時，逃到大霸尖山跟野獸和蛇住在一起，其實相處得是很好的，為了求神息怒，我們祖先選了上等的狗獻神，投進水裡，但是沒有效啦。再送了優秀的泰雅族人投進水裡，水才消退了。因為在洪水之中，鰻魚亂鑽，土地才變成有高山溪谷。後來有個骯髒神，要求泰雅族人給他洗澡。族人不理他啦，神生氣了，就會不保護人了，孩子才容易病死，成人也會老而死掉了。我們的生命才像現在這麼短命。

——泰雅族達克蘭社 Atayal Daklan

從以上採集台灣的田野故事，觀察到了原住民族對於瞬息萬變的自然環境和人文環境的無奈。相對來說，這是在展現一種「非實證論」的謙卑和自我解釋，以及人類出現之後，相對於大自然變化無常，人類容易死亡的一種無奈的嘲弄；也是一種原住民在前科學階段，對於自然現象因果論證的素樸理論（Naive Theory）。

在素樸理論中，「生態」是一種名詞。原住民本身自己建構自己的論點，用以解釋生態科學概念所抱持的想法。原住民從日常生活經驗了解周遭，產生一些原始想法，並且用於人類物種和大自然物種之間的互動。但是，事實上生態的多變，「生態」一

詞是一種看似動態，但是卻無法捉摸的字眼。我們在解釋生態瞬間在台灣多變環境，「瞬間」一詞可以是一種動詞，甚至是一種名詞，甚至是一種形容詞。說明「此刻」和「彼刻」對於生命無常的短暫時間。瞬間用數學去計算是0.25秒，相機照相一閃的話；也可以用0.25秒去取一個景，鳥類飛翔的速度很快，如果取0.25秒，才可以拍到漂亮飛翔的身影。此外，「瞬間」是一種剎那的象徵，對於台灣山高水湍，在地質環境和人文社會變動極大。人類生活在台灣，好比是生活在一種倏忽即逝的萬花筒中。生態瞬間的命名是因為台灣民族的動盪，以民族歷史論及原住民、平埔族、閩粵漢人、荷蘭人、西班牙人、日本人、國民政府帶來的漢人軍民，以及新住民的集體意象。此外，在台灣生活的動盪條件，有颱風、洪水與地震。因為物質條件的缺乏，導致的一種不穩定感的動盪不安。事實上整個台灣歷史展現得波瀾壯闊，但是民族之間，還能融洽得恬淡自適。這一種恬淡自適，可以反映台灣民族在地理條件下的與大地共榮共存的彈性化觀點，也就是王驥懋、周素卿在《台灣理論關鍵詞》所說的韌性能力（Resilience）。這一種能力，產生出台灣民族在景觀分布的馬賽克鑲嵌方式的地域中，長保其文化適應和環境適應的調適觀點（a viewpoint adaptation）。

這代表說台灣文化都是一種過渡型自我調適的客氣文化。例如說，台灣人民經常會說「不好意思」，各種住民都是來自四面八方的過客心態。就台灣歷史的波瀾壯闊來說，近代台灣歷史歷經中日甲午戰爭，清朝將台灣割讓給日本統治；歷經中國抗日戰爭；後來到了二二八事件；後來又到台灣民主事件；再到二次政黨輪替、三次政黨輪替。事實上整個台灣歷史的波瀾壯闊，常常

因為一點點小事件，就變成燎原星火。從東亞歷史來講，一夕逆轉，在台灣都是常見的快速變遷的現象；但是台灣各民族在居住地域鑲嵌、混居、雜處和通婚之後，民族意識雖不相容，但也因為國家民主和住民自決的逐步實踐，而不會產生激烈的衝突。

如果說以人類壽命跟大自然相比，人類的生老病死真的一剎那，生老病死，譬如朝露，去日苦多；但對於大自然一百年也變化非常快。若把我們人類和大自然比較的話，我們知道說大自然事實上也是有變化，只是自然變化較長，人類變化較短。如果我們將人類百年的壽命，對照自然界的意義；我們會問，人類活在世上，好像是一剎那中的黃粱一夢。事實上如果說以人類壽命跟大自然相比起來，人類的生老病死真的一剎那，或是說生老病死的一瞬間。

生態瞬間原來是引用自蘇軾在〈前赤壁賦〉中所說「天地間曾不能以一瞬」，或是曹操〈短歌行〉所說的「譬如朝露，去日苦多」；但對於大自然，人世間的變化非常快。一「瞬間」用數學去計算，是 0.25 秒，運用相機以閃光燈一閃取景，也叫做「瞬間」。若以人類百年和大自然悠久的歷史比較起來，大自然的自然變化，需要長期計算；但是人類變化是以幾年、幾分和幾秒來計算，也就是人類自身的生老病死，甚至人類腸道中微生物群落變化的模式，如潮起潮落，非常的快速。

結語

「生態瞬間」（Ecological Moment），做為 2007 年在台灣最初出現在《人本教育札記》中的同名專欄的名詞，主要形成了一種

「互為主體性」（Intersubjectivity）的觀察現象。[4]有一種說法，「剎那間變成永恆」，但是這一種傳統東方思維的一種模糊和相對的概念，和黑格爾所提倡的絕對精神，尋求絕對真理的觀念，是衝突的；生態瞬間這一個關鍵詞，就是要試圖解決這個價值和觀感衝突背後的關鍵原因。生態瞬間相對於國外理論如胡塞爾的現象學，闡明的是一種從個人記憶到集體記憶的一種流水印象。這一種印象充滿了一種象徵主義，也就是說，象徵著對於快速飛過的場景，展現於在大腦的蒙太奇；如果我們以心理學的觀點來說，生態瞬間是一種有關於心理學中的相對主義，也就是愛因斯坦所說的相對論，漫長的歲月，短暫的人生。在人生取景來說，一剎那即是永恆；也是一種既定的印象，這是一種銘記，或是銘印。如果在網路上的象徵，也就是一種烙印在快速搜尋中，集結算式之下，最後所得到對於網頁中的搜尋中的瞬間結果，也是一種對於人類和生活空間中刻版印象的搜尋法紀錄。這些紀錄，既是存在，也是形成了一種生態；同樣可以說是一種在人世間留存短暫紀錄的網路生態「瞬間反應」。

---

[4] 「生態瞬間」（Ecological Moment）的架構就是在於強調我不管誰是主人，但是「你知道我在說什麼」。也就是台灣理論的共享認知，形塑了「我們之間」表面上談到自然科學的「表徵生態」，但卻是深入到社會科學所談「時間、空間和物質」之間的概念對話。詳細的理論，需要理解「語言是一種公共產物」，而且是瞬間的產物，也就是學者自己講的話，應該要是能夠立即讓人理解的大白話，否則就是白說了。這些互為主體性的概念，請參考胡塞爾、布伯、科耶夫、梅洛‧龐蒂、米德、維根斯坦等現象學學者之間的論述。

參考書目

西文

Connerton, Paul. *How Societies Remember*. Cambridge: Cambridge University Press, 1989.

Crossley, D. Nick. *Intersubjectivity: The Fabric of Social Becoming*. London: Sage, 1996.

Fang, Wei-Ta. *Tourism in Emerging Economies: The Way We Green, Sustainable, and Healthy*. Singapore: Springer, 2020a.

Fang, Wei-Ta. *Envisioning Environmental Literacy: Action and Outreach*. Singapore: Springer, 2020b.

Halbwachs, Maurice. *On Collective Memory*. Edited and translated by Lewis A. Coser. Chicago: The University of Chicago Press, 1992.

華文

中村孝志。1994。〈荷蘭時代的台灣番社戶口表〉,《台灣風物》44卷1期。頁197-234。

王驥懋、周素卿。2019。〈韌性能力（Resilience）〉,《台灣理論關鍵詞》。新北：聯經。

王存立、胡文青。2002。《台灣的古地圖：明清時期》。台北：遠足。

方偉達。2003。〈論證多元融合：談台灣埤塘〉,龍應台編著,《面對大海的時候》。台北：時報。頁226-231。

──。2005。〈水澤生態的易學初探〉,《道統之美》3期,頁74-83。

──。2009。〈濕地台灣：虛擬實境交錯的集體記憶〉,《人類文明中的秩序、公平公正與社會發展》。北京：北京大學出版社。頁294-308。

──。2010。《生態瞬間》。台北：前衛。

史書美。2016。〈何謂華語語系研究？〉,《文山評論》9卷2期,頁105-123。

──。2017。〈《反離散》:「華語語系研究」對台灣文學研究有哪些可能意義？〉,《關鍵評論網》。https://www.thenewslens.com/article/74762

成田武司。1911。《辛亥文月台都風水害寫真集》。台北：成田寫真製版部。

吳美雲。1997。《十七世紀荷蘭人繪製的台灣老地圖（上）（下）》。台北：英文漢聲。

呂理政、魏德文。2006。《經緯福爾摩沙：16-19世紀西方繪製臺灣相關地圖》。台北：南天書局。

李筱峰。2017。《以地名認識台灣》。台北：遠景。

宋文薰。1980。〈由考古學看台灣〉，陳奇祿等著，《中國的台灣》。台北：中央文物供應社。

林亞婷。2019。〈華身論（Sino-Corporeality）〉。《台灣理論關鍵詞》。新北：聯經。

周婉窈。2009。《臺灣歷史圖說》。台北：聯經。

夏春祥。1998。〈文化象徵與集體記憶競逐：從台北市的凱達格蘭大道談起〉，《台灣社會研究季刊》31期，頁57-96。

連橫。1920。《台灣通史》。台北：台灣通史社。

黃武達。2000。《追尋都市史之足跡：台北近代都市之構成》。台北：台北市文獻委員會。

陳冠學。2006。《老臺灣》。台北：東大圖書。

廖咸浩。2016。〈華人海洋與台灣：海盜、另類現代性、「後中國」動能〉，《知識臺灣：臺灣理論的可能性》。台北：麥田。

蔡林縉。2019。〈定居者（Settler）〉。《台灣理論關鍵詞》。新北：聯經。

劉益昌。1996。《台灣的史前文化與遺址》。南投：台灣省文獻委員會。

歐陽泰（Tonio Adam Andrade）。2007。《福爾摩沙如何變成台灣府》。台北：遠流。

鄭維中。2006。《製作福爾摩沙：追尋西洋古書中的台灣身影》。台北：大雁文化。

去殖民
(Decolonization)

史書美著，鄭惠雯譯

　　台灣是一個定居殖民地，島上的南島語族原住民族經歷數百年的殖民統治，而且目前仍處於殖民境況。此一先驗事實必須優先於認識台灣歷史的所有方法，包括意識形態、種族／族群、階級或性別的論述，也包括或從國家、區域與全球等不同規模的地緣政治框架來認識台灣。原住民族受制於殖民統治與壓迫的事實是學者對台灣提出任何論述之前，都必須去承認、面對與交涉的事實。在定居殖民主義（settler colonialism）長期持續的鯨吞蠶食之下，[1] 根據今日官方的統計數字，台灣的原住民族僅佔總人口的百分之二；儘管如此他們憑著強韌的對抗力、恢復力、生命力與創造力堅持下來，是台灣「韌性能力」最有力的體現。[2]

　　基於對上述先驗事實的認知，本文針對台灣研究去殖民提出兩個底線：一是將「原住民性」（Indigeneity）置於中心位置之必要；二是呼籲「定居殖民批判」（settler colonial critique）之必要。

1　對於「定居殖民主義」和「定居者」的定義，請參考蔡林縉，〈定居者〉，《台灣理論關鍵詞》（新北：聯經，2019），頁113-130。

2　有關「韌性能力」請參考王驥懋、周素卿，〈韌性能力〉，《台灣理論關鍵詞》（新北：聯經，2019），頁281-294。

誠如許多原住民族學者所指出的，定居殖民地的去殖民必須嚴格地定義為「原住民族的去殖民」（Indigenous decolonization），不宜寬鬆地將此概念沿用於其他訴求或抗爭；那將淡化、置換與否定原住民族遭受定居殖民壓迫的先驗事實。[3]

因此，關於「後殖民性」的諸多論述——指殖民政權結束後，殖民性的殘餘效果仍存的特殊境況——不適用於目前仍受定居殖民政權支配的原住民族。事實上，原住民族是一群「在世界上受到非官方殖民的民族」，因為去殖民運動在1950年代及後來的一段時間固然蓬勃發展；但去除外來政權殖民統治餘毒的運動並未將原住民族含括在內。[4] 對原住民族而言，定居殖民主義是現在仍持續進行的結構，並非遺緒；暫且不論如何定義後殖民性，對他們來說後殖民只是尚未企及的未來。隨著外來殖民者撤退或是歸回宗主國，多數現代西方殖民主義得以終結；然而定居殖民主義作為一種結構，卻預先終結了後殖民性產生的可能。自1980年代起，台灣的後殖民論述一直圍繞在舊定居者（1945年之前來台者）與新定居者（1945年之後來台者）之間的爭論。比起新定居者，舊定居者對原住民族的苦境或許有較多關懷；然而相對於

---

[3] 參考Eve Tuck與Wayne Yang二位學者的著名理論，他們認為去殖民並非暗喻（metaphor），亦無同義字（synonym），並呼籲原住民族去殖民與其他社會公義訴求不可混為一談。雖然開拓與其他訴求結盟的各種可能很重要；更重要的是，去殖民必須永遠「對原住民族之主權與未來性負責」。Eve Tuck and Wayne K. Wang, "Decolonization is Not a Metaphor," *Decolonization: Indigeneity, Education & Society* 1, no. 1 (2012): 35.

[4] M. Battiste and J. (Sa'ke'j) Y. Henderson, *Protecting Indigenous Knowledge and Heritage: A Global Challenge* (Saskatoon and Canada: Purich Publishing, 2000), 2.

日本殖民主義（1895-1945）以及新定居者的集權統治（1945-1987），舊定居者在80年代以後所持的後殖民論述仍不足以完成原住民族去殖民的工程，甚至我們還必須懷疑其論述是否服膺於定居者的未來——定居殖民結構不僅存在而且頑強的未來——而不是原住民族的未來。如台灣學者王槐仁認為，台灣不是一個漢人掌權的定居殖民地，而是一個移民國家。台灣漢人和原住民的關係已經不是統治者和被統治者，兩者種族差異較少，社會文化距離也較小，因此不構成遷來然後佔領的條件。這很明顯是給定居殖民者除罪的，以定居者為中心的論述。台灣是一個典型的定居殖民國，不論歷史情況有任何特殊性，佔領著原住民的土地和剝奪了原住民的主權的事實不容質疑。[5]

誠然，定居殖民研究在澳洲、美國與加拿大等的定居殖民地自一開始就有別於後殖民研究論述；今日的台灣研究更應該根據自身歷史與地緣政治的特殊性來釐清二者的差異。其中兩個主要差別是，定居者抵達後就此定居，並且成為定居殖民地的多數人口，明顯不同於後殖民研究；後者主要的檢視對象為19世紀西方殖民主義，外來的殖民者為少數人口，而且最終撤離殖民地。定居殖民研究的澳洲學者Patrick Wolfe認為在「殲滅邏輯」（logic of elimination）的運作之下，原住民族的去殖民幾乎無從開展，因為殖民者取代原住民族，成為主要人口，又透過種族滅絕（genocide）、異族通婚、優生學、同化與族群文化滅絕（ethnocide）等手段，導致定居殖民主義成為永久性的結

---

[5] 王槐仁，〈台灣是遷佔者國家，還是遷居者國家？Settler State一詞翻譯的商榷〉，《台灣社會研究》99期（2015），頁315-336。

構。⁶Wolfe的論述為定居殖民研究的創發定調,儘管與後殖民研究有著不可避免的交集,但彼此仍有區隔,而且也已成為一門獨立的研究領域。美國之於英國,或許可用「後殖民」描述之;美國之於美國的原住民則是典型的定居殖民。同樣地,台灣的舊定居者之於新定居者也許可以用後殖民描述,但是台灣的漢人政權之於原住民是典型的定居殖民。事實上,Eve Tuck和Wayne Yang更認為,使用後殖民論述探討美、加、紐、澳與台灣等定居殖民地,堪稱是給定居者「漂白」,以此掩蓋自己殖民者的身分。⁷在此強調,這並不是說某些族群的後殖民境況不會出現在定居殖民地,也不表示其他型態的殖民主義不會與定居殖民主義並存;只是就原住民族而言,定居殖民主義無法被轉換成其他的殖民型態,或以其他殖民型態定義之。

　　西方的原住民族學者一方面認可定居殖民主義的特殊性有理論化之必要,有助於辨識原住民族所受的壓迫和掠奪不同於其他殖民型態;另一方面,他們也對定居殖民主義的論述提出挑戰,認為在這樣的結構性批判當中,原住民族的能動性似乎被過度貶抑。原住民族學者指出,儘管面對壓倒性的多重殖民結構限制,原住民族及其社群總是主動對抗定居殖民主義。學者們堅定地認為,定居者的「殲滅邏輯」從來就沒有完全成功過,原住民性不僅得以存留,而且更是饒富能動力、生命力和創造力。⁸加拿大學

6　Patrick Wolfe, *Settler Colonialism and the Transformation of Anthropology: The Politics and Poetics of an Ethnographic Event* (London and New York: Cassell, 1999).

7　同註3。

8　詳見René Dietrich, ed., "Introduction: Settler Colonial Biopolitics and Indigenous

者Laurelyn Whitt因此強調有兩件事同等必要：一、必須認可原住民族在抵抗壓迫、制定執行公義的具體提案之時，其能動性在當中所生發的效果與潛力；二、批判「導致並繼續壓迫原住民族的多重權力關係與動態結構」的必要。[9]

身為來到台灣的定居殖民者，筆者非常清楚自己是定居殖民結構的共同推手，而我的發聲位置極可能冒著下列危險：「為了」和「代替」原住民族知識生產者發聲，闡述「關於」他們的敘事。筆者同意Wolfe所言：「沒有一種關於原住民性的論述是毫無偏頗的」，以及「定居殖民主義勢必使『位置性』（positionality）的問題浮現」，因此定居者必須批判地反思自身的位置性。[10]如果完全不介入原住民性，不聞不問，則其所造成的後果更加危險，因為沉默只會使今日的殖民狀態持續下去，默許逃避與無知，最終演變為牢不可破的共犯型態。相反地，或許台灣的漢人都應該自問，自己能在何種程度上質問自身的利益、脫離特權或坦承自己也是共犯結構的一環，並竭力追求去殖民的未來。[11]對我們來說，這還包括了嚴肅地看待研究倫理的問題，以此為起始點。誠如巴特勒（Judith Butler）在其他地方曾提到，我們

Lifeways," *American Indian Culture and Research Journal* 42, no. 2 (2018): 1–10. 尤其是J. Kehaulani Kauanui所著論文：Afterword: A Response Essay.

9 Laurelyn Whitt, *Science, Colonialism, and Indigenous Peoples: The Cultural Politics of Law and Knowledge* (Cambridge: Cambridge University Press, 2009), xiv.

10 同註6，頁4和213。

11 Clare Land在*Decolonizing Solidarity: Dilemmas and Directions for Supporters of Indigenous Struggles*一書中提到，這些都是至關重要的問題。

的工作必須從坦承自己「一犯再犯的重大錯誤」開始；同時將「平等」和「社會公義」重新概念化，不單只為了個人權利，更是為了建立根本且共構的相互依存關係。[12]因此，努力實現原住民族的去殖民未來，其實就是在相互依存的世界中締造共好的未來。

正如對種族問題的盲目不僅無法對付結構性的種族主義，反而鞏固強化它；對原住民性保持沉默，不願插手介入的盲目現象只是徒然壯大定居殖民主義。正如美國批判種族研究（critical race studies）的理論家所言，唯有當每一個人都「看見」種族，人們才能批判地去對抗結構性的種族主義，問題也才有可能解決；[13]雖然情況不盡然相同，同樣地，唯有當每一個人都「看見」原住民性，人們才能批判地對抗定居殖民主義，去殖民也才能成為可能。當然，「看見」只是去殖民的第一步，但是我們不妨從廣義的角度來理解何謂「看見」，它其實涵蓋「認識論」（epistemology，我們如何觀看並認識世界）以及「本體論」（ontology，我們如何存在於世界）兩個面向，這樣的「看見」確實有可能引導我們進一步顛覆定居殖民結構。

再者，身為生活在美國的有色人種定居者，在該地投身於種族批判理論，筆者也意識到這無損自己在此定居殖民結構中所獲之益處。在美國少數族裔受到多元文化主義保護，這樣的運作邏輯是白人為強勢族群的定居殖民政府所制定，因為少數族群權利

---

[12] Judith Butler, *The Force of Nonviolence: An Ethico-Political Bind* (London and New York: Verso, 2020), 1–25.

[13] Michael Omi, Howard Winant 以及其他學者於 1986 年出版的經典著作 *Racial Formation in the United States* 當中闡述此有力論點。

作為公民權利,其效力與範圍皆由定居者政府所管轄。然而多元文化主義卻與原住民族主權和土地權的重要原則有所牴觸。定居者來自各種不同背景,由於種族主義的各種表現形式和影響,使得當中的有色人種定居者難以完全「安然定居」,[14]但他們仍然是定居殖民結構的一環,因此也當一同響應挑戰定居者結構。我先後在台灣、美國成為定居者,這樣的個人經歷也顯示出,全球脈絡下的定居殖民主義是一種關係性的形構。一來所有定居殖民地的原住民族都有著類似的殖民歷史;二來各地的定居者政權一再且一貫地互助互惠,以穩固定居殖民結構。

台灣的定居者政權即是一例,尤其是在1945年之後,透過經濟援助、武器銷售、知識轉移和政治支持,持續得到美國定居者政權的扶植。近一步舉例說明,1950年代台灣進行所謂的土地改革,執行單位乃是美援體制下的中美聯合機構「中國農村復興聯合委員會」,據稱為人民成功「重新分配」土地,為日後台灣經濟起飛鋪路而博得讚賞。然而事實上,被拿來分配的土地乃屬原住民族,並未徵得其同意,亦未邀請他們參與其中。毋須援引國際法的「無主之地」原則(terra nullius)或是物權的「先占」原則(first possession),(前者是西方霸權合理化在各地掠奪原住民族土地時的理據;後者則是在美國確立定居者物權時根據的法理),在台灣的中華民國政府就能直接受益於此類國際法和國內法的保護,這些皆是西方定居殖民國家所認可,而後也成為全世

---

14 Melissa Phung, "Are People of Colour Settlers Too?" in *Cultivating Canada: Reconciliation Through the Lens of Cultural Diversity*, ed. Ashok Mathur, Jonathan Dewar, and Mike DeGagné (Ottawa: Aboriginal Healing Foundation, 2011), 291–298.

界普世通行的法則。在中華民國之前的荷蘭人、西班牙人、明鄭、滿清政府和日本政府,每一個殖民政權都制訂了複雜的土地法規,到頭來都是合理化侵佔原住民族土地的不同手段。歸根究柢,台灣人民與國家簽訂的社會契約,不論是在國民黨政府的高壓時代,或是在民進黨執政的民主時代,實際上皆無異於定居者之間簽署的契約,仍持續不斷地剝削原住民族。

Carole Pateman提出「定居者契約」(settler contract)的概念,[15]特別適合用以理解為何台灣新舊定居者之間的衝突非但沒有弱化定居殖民結構,反而繼續強化此結構。新舊定居者對於台灣複雜重層的殖民經驗固然各有論述,但在新舊之間的爭論中,原住民族卻被錯置、忽略與遺忘了。直到近幾十年來,原住民性才在台灣的公共論述裡受到關注,只是定居殖民主義作為一種持續的殖民結構,定居者對此等式的自我批判與省察仍然有限。今日世界各地對定居殖民政權的抗爭方興未艾,人們也積極合作傳播、實踐、重建與復振原住民族知識。近年來,台灣原住民族的去殖民抗爭運動在教育領域取得具體成果,使得原住民族知識能夠真正落實於應用,而世界各國的部落學校皆有類似經驗,如墨西哥的恰帕斯州、紐西蘭、加拿大與美國等地。知識與教育主權為台灣原住民族教育的根本方向,這是原住民族主權主體性的基礎。隨著政策的改變,才逐漸在原住民族居住地的實驗小學有了初步成果。而傳授原住民族知識的工程包括對此知識進行重建、調查、收集、組織、分類與系統化,然後再將這樣的工作轉化為

---

[15] Carole Pateman, "The Settler Contract," in *Contract and Domination*, ed. Carole Pateman and Charles W. Mills (Cambridge: Polity Press, 2007), 35–78.

課程和教學法。不難想像這是何等艱鉅的任務,而且需要大量的研究來支撐。

根據原住民族學者陳張培倫(Tunkan Tansikian)的說法,如是研究涉及三大面向:理論、應用(在許多學科和領域的應用,如天文學、海洋學、生物學、生態學、美學、醫學和農業等)與傳播。最重要的是,原住民族知識體系的核心精神,即所謂的「核心範疇知識」,乃是人類世界、自然世界以及精神世界的相互關連與相互依存。這三個世界之間相互依存的關係形成一種「關係性」,迥異於西方哲思所強調的「普遍主義」或「普遍性」。[16]「關係性」代表的是一種「多元宇宙」(multiverse)的概念,存在著一個以上的世界,而且人類世界並不佔主導地位,這也是世界各地許多原住民族所共同持有的本體論。例如,查巴達民族解放軍欲建立一個「各種世界互依共存的世界」,這樣的口號或許也說明了,我們所知道的人類世界不過是現存和可能存在的多重世界的其中之一。從美洲原住民族科學的視角來看,「多元宇宙」進一步指向諸多現實並存的潛在可能,這樣的觀點有點類似量子物理學的理論。[17]從「多元宇宙」的概念出發,亦有人稱為「多重宇宙」(pluriverse),能夠掌管支配一切的並非普遍主義或普遍性,而是「多元普遍性」(multiversality)或「多重普遍性」

---

[16] Tunkan Tansikian, "Indigenous Knowledge in Taiwan: A Case Study of the Education Sector," trans. Kun-xian Shen, in *Indigenous Knowledge in Taiwan and Beyond*, ed. Shu-mei Shih and Lin-chin Tsai (Singapore: Springer, 2021), 3–34.

[17] 關於原住民族科學和量子物理學的關係,詳見Gregory Cajete, *Native Science: Natural Laws of Interdependence* (Santa Fe, NM: Clear Light Publishers, 2000).

（pluriversality）。[18] 因此，我們需要將多元宇宙當中的「關係性」理解為一種廣大博遠的關係，超越人類和已知的世界。

依循原住民族知識的觀點，我們明白「關係性」不僅是這世界的存在境況，它本身就是一種本體論。換言之，這是存在於世的一種方式，人與非人——無論是生物體或是靈體——都互連互依。而「關係性」作為一種生活方式，連帶著也影響人們認識和觀看的方式，因此它也是一種認識論。也就是說，本體論與認識論之間是一種相互參照的遞迴結構，二者皆以「關係性」為參照：人們認識世界、觀看世界的方式反映在他們的生存境況當中。原住民族強調關係的認識論和本體論回過頭來成為教學的內容與方法，在台灣、墨西哥恰帕斯州等地導入原住民族知識的學校課程裡落實為具體的教學法。

各國原住民族學者都已注意到原住民族知識、本體論和方法論之間的遞迴結構。例如，加拿大學者 Eva Marie Carroutte 認為，當學者不再只是把原住民族知識視為研究對象，更視其為一種「智性取向，據此架構探索世界的方法」，那麼原住民族知識便可稱為「基進的原住民族主義」（radical Indigenism）。[19] 類似的例子像是紐西蘭毛利學者 Linda Tuhiwai Smith 提出的去殖民方法論，即是扎根於傳統毛利方式（Kaupapa Maori）以及美洲原住民族實踐的文化永續教學法（culturally sustaining pedagogy）。[20] 在教

---

18 詳見 Arturo Escobar 關於「多元性」的討論，啟發這些討論的包括上述查巴達民族解放軍的理念，以及原住民族的認識論和本體論等相關概念。

19 轉引自 Dale Turner, *This Is Not a Peace Pipe: Towards a Critical Indigenous Philosophy* (Toronto: University of Toronto Press, 2006), 115.

20 Linda Tuhiwai Smith, *Decolonizing Methodologies: Research and Indigenous*

育領域之外,我們也看到原住民族知識和本體論影響著生活的方方面面,如耕種、狩獵、捕魚與儀式等等,而這些實踐也體現了原住民族認識論與本體論的歷史和記憶。因此,深刻的原住民族批判闡述的是一種立足點,以原住民族認識論與本體論為內涵的立足點,這樣的原住民族主義乃是根據自身境況來定義,而我們學者的研究方法亦當以此遞迴結構為本。

此外,原住民族主義不僅具遞迴屬性,而且也有關係連結的特質。例如,台灣的原住民族學者和原運人士充分參與全球原住民族主義的發展,並從中獲得啟發。陳張培倫借鑑於美洲原住民族知識智慧,其他學者則取徑於澳洲原住民族、紐西蘭毛利民族與加拿大原住民族經驗。事實上,台灣的原住民族研究深受紐西蘭原住民族研究倫理啟發,也是因為毛利民族和台灣原住民族同屬南島語族之故,謝若蘭(Jolan Hsieh)等學者談論台灣研究倫理時,便常以毛利民族的經驗為例。[21] 汪明輝(tibusungu'e vayayana)除了參照毛利民族的去殖民歷史,也從美洲原住民族的文化回應教學(culturally responsive schooling)和文化永續教學法吸取經驗,最後提出結合「男子會所—大社—獵場」的「鄒族的宇宙觀」,他稱之為 kuba-hosa-hupa。[22] 思嘎亞・曦谷(Skaya

---

Peoples (London and New York: Zed Books, 1999).

21 例如:Jolan Hsieh (Bavaragh Dagalomai), Ena Ying-tzu Chang, and Sifo Lakaw, "From Collective Consent to Consultation Platform: An Experience of Indigenous Research Ethics in Makota'ay," in *Indigenous Knowledge in Taiwan and Beyond*, edited by Shu-mei Shih and Lin-chin Tsai, 77–94. Singapore: Springer, 2021.

22 Tibusungu'e Vayayana, "Kuba-hosa-hupa: A Preliminary Exploration of Taiwan Indigenous Cou Cosmology and Pedagogy," translated by Kun Xian Shen, in

Siku）借重美國納瓦荷族（Navajo）、澳洲原住民族和非洲原住民族之相關論述，藉此闡述全球去殖民論述，將台灣原住民族包含納入在內。[23] 台灣學者從互有連結的關係出發，將原住民族知識概念化，援引並汲取其他原住民族知識，因為台灣本身就在整個全球原住民族知識復振運動當中，同時扮演原住民族知識體系的與談人、參與者和生產者。原住民族知識在世界各地形成一種對照參考系統，不僅促成關係的接合，也在台灣有了具體成果，彰顯出原住民族知識既是屬於特定地理位置，亦能向外傳播，超越在地的限制。走筆至此，針對所謂的「拉丁美洲去殖民理論」（Latin American decolonial theory）稍作比較分析，有利於我們思索台灣研究的去殖民應該避開哪些問題。

　　拉丁美洲原住民族長期遭受壓迫和邊緣化，此地的去殖民理論主要由印歐混血的麥士蒂索（Mestizo）學者主導。然而這些論述對於麥士蒂索族群在拉丁美洲成為一方霸權支配原住民族的事實，卻毫無自覺，也未曾嚴肅地自我批判；反而藉著混血的身分試圖抹除混血族裔和原住民族之間的差異，甚至當他們佔著優勢治理原住民、自認為原住民，或取代原住民，其霸權運作模式與定居殖民主義在形式和實質上常常都相去無幾。顯然拉丁美洲去殖民理論存在著定居殖民的無意識，尚未被公開揭發和測底批

Indigenous Knowledge in Taiwan and Beyond, edited by Shu-mei Shih and Lin-chin Tsai, 35–54. Singapore: Springer, 2021.

[23] Skaya Siku, "The Making of Indigenous Knowledge in Contemporary Taiwan: A Case Study of Three Indigenous Documentary Filmmakers," in *Indigenous Knowledge in Taiwan and Beyond*, edited by Shu-mei Shih and Lin-chin Tsai, 55–76. Singapore: Springer, 2021.

判。而在台灣出現的是另一種反向的否認邏輯：台灣漢族多數為原漢混血，但定居者霸權建立在漢族的獨特性和優越感上，因此為了穩定霸權結構，漢人不願承認自身血統的混雜性。不論是拉丁美洲麥士蒂索族群挪用、強奪原住民族身分，或是原漢混血的台灣漢族不願認同自己的原住民族血統，二者殊途同歸：他們都是人口中的多數族群，也是霸權族群，各自在所處之地實行定居殖民統治。[24] 如果因為麥士蒂索族群否認涉及定居殖民暴力，而使定居殖民理論無法充分解釋拉丁美洲的殖民境況，那麼拉丁美洲的去殖民理論也不夠「去殖民」，因為它根本無法回應原住民性的議題。在此我們可以清楚地宣示，台灣研究去殖民的起點應採取一種雙管齊下的策略，一方面聚焦原住民族主權，一方面批判定居殖民主義。

參考書目

西文

Battiste, Marie, and James (Sa'ke'j) Youngblood Henderson. *Protecting Indigenous Knowledge and Heritage: A Global Challenge.* Saskatoon: Purich Publishing, 2000.

Butler, Judith. *The Force of Nonviolence: An Ethico-Political Bind.* London and New York: Verso, 2020.

Cajete, Gregory. *Native Science: Natural Laws of Interdependence.* Santa Fe, NM: Clear Light Publishers, 2000.

---

24 此處所說的拉丁美洲國家不包括秘魯與玻利維亞，此二國家原住民族為多數人口。

Dietrich, René, ed. *Settler Colonial Biopolitics and Indigenous Lifeways*. Special issue, *American Indian Culture and Research Journal* 42, no. 2 (2018).

Escobar, Arturo. *Designs for the Pluriverse: Radical Interdependence, Autonomy, and the Making of Worlds*. Durham and London: Duke University Press, 2018.

Land, Clare. *Decolonizing Solidarity: Dilemmas and Directions for Supporters of Indigenous Struggles*. London: Zed Books, 2015.

Omi, Michael, and Howard Winant. *Racial Formation in the United States*. 2nd ed. New York: Routledge, 1994.

Pateman, Carole. "The Settler Contract." In *Contract and Domination*, edited by Carole Pateman and Charles Mills, 35–78. Cambridge: Polity, 2007.

Phung, Malissa. "Are People of Color Settlers Too?" In *Cultivating Canada: Reconciliation through the Lens of Cultural Diversity*, edited by Ashok Mathur, Jonathan Dewar, and Mike DeGagné, 291–298. Ottawa, Ontario: Aboriginal Healing Foundation, 2011.

Shih, Shu-mei, and Lin-chin Tsai, eds. *Indigenous Knowledge in Taiwan and Beyond*. Singapore: Springer, 2021.

Smith, Linda Tuhiwai. *Decolonizing Methodologies: Research and Indigenous Peoples*. London and New York: Zed Books, 1999.

Tuck, Eve, and K. Wayne Wang. "Decolonization Is Not a Metaphor." *Decolonization: Indigeneity, Education & Society* 1, no. 1 (2012).

Turner, Dale. *This is Not a Piece Pipe: Towards a Critical Indigenous Philosophy*. Toronto: University of Toronto Press, 2006.

Whitt, Laurelyn. *Science, Colonialism, and Indigenous Peoples: The Cultural Politics of Law and Knowledge*. Cambridge: Cambridge University Press, 2009.

Wolfe, Patrick. *Settler Colonialism and the Transformation of Anthropology: The Politics and Poetics of an Ethnographic Event*. London and New York: Cassell, 1999.

華文

王槐仁。2015。〈台灣是遷佔者國家，還是遷居者國家？Settler State一詞翻譯的商榷〉，《台灣社會研究》99期，頁315-336。

史書美、梅家玲、廖朝陽、陳東升主編。2019。《台灣理論關鍵詞》。新北：聯經。

同志／跨性別漂浪（飄浪）
(Tongzhi/Transgender Drifting；
Tông-tsì/Hānn-sìng-piat Phiau-lōng)

曾秀萍

　　本文以「同志／跨性別漂浪」一詞來表述：因各種性／別相關因素（如指定性別、心理性別、性傾向／性相／性欲望等），逾越性別二元或異性戀常規的非主流族群，在原鄉、異鄉或異國的生存／倖存／不存等處境；包括個體身心層面的漂泊，也強調其於物質條件與家國體制層面多重弱勢的狀態。

　　本文之所以要看重「同志／跨性別漂浪」的處境，乃因台灣固然在2019年通過同志婚姻專法[1]，被視為同志運動的新里程碑，但台灣的性少數族群仍有諸多艱難的生存處遇需要關注。因此本文也重視對於負面情感、邊緣處境的重視，肯認各種（未必出櫃的）生存策略及負面情緒。本文將著重過去比較少出現在大眾視野的底層女同志「罔兩」[2]，以及近年來逐漸崛起、卻也常被汙名

---

[1] 正式名稱為《釋字第七四八號解釋施行法》。
[2] 「罔兩」的討論參見，本書王智明，〈罔兩〉，史書美、梅家玲、廖朝陽、陳東升主編，《台灣理論關鍵詞II》（新北：聯經，2024），頁151-166。丁乃非、劉人鵬、白瑞梅，《罔兩問景：酷兒閱讀攻略》（中壢：中英大學性／別研究室，2007）。曾秀萍，〈女女同盟：《失聲畫眉》（電影）的情欲再現與性別政

化的跨性別社群，關注其在性／別、國族、種族、階級因素交織下的飄浪處境，尤其看重其創傷與（未必能）修復、甚至難以倖存的狀況。此外，文中也試圖說明不同的性少數族群所面臨的課題也不盡相同，強調性少數社群間不只有共性，更存在諸多的差異性，值得更進一步討論。

再論「同志」

「同志」是華語世界中相當獨特地經過轉化、再生之詞，從志同道合的人（如「革命同志」）之意，經過眾人的使用，產生了「性」的轉向，進而有了同性戀、非異性戀等意涵，朱偉誠認為這堪稱是「現代中文在九〇年代最具創意的挪用與發明」，[3] 我更認為它串起了華語地區的性少數認同與結盟。

「同志」一詞有其源自日文、古今中文的傳統，但「同志」此詞在華語世界裡大興，並用以取代當時頗具汙名化性質的「同性戀」一詞，學者們普遍認為是在1989年藝術創作者林奕華在香港所主辦的「香港同志電影節」，及其在1992年為金馬國際影展策劃「新同志電影」單元之後。此後，「同志」一直產生「質」（內容、實質上）與「量」（使用、應用上）的改變，成為華語世界泛指同性戀及各種性少數的代名詞。有關「同志」一語的使用與轉變，在紀大偉、朱偉誠、黃家軒等學者的著作中有詳盡的考

治〉，《臺灣文學研究集刊》22期（2019），頁25-52。
3 朱偉誠，〈另類經典：台灣同志文學（小說）史論〉，朱偉誠主編，《台灣同志小說選》（台北：二魚文化，2005），頁9。

察,本文就不再贅述。[4]台語本來較常以同性戀（tông-sìng-luân/tông-sìng-luân）或「仝性戀」（kāng-sìng-luân）來指稱同性情慾實踐者,但現在也有以「同志」（Tông-tsì）稱之的用法,[5]顯見「同志」一詞在各界所掀起的性／別平權之風。

1990年代中期之後,「酷兒」（Queer）一詞也在幾位酷兒理論的翻譯者與創作者的使用下興起,紀大偉認為「酷兒」試圖擺脫「同志」的各種歷史、情感、文化、漢語上的包袱,[6]來指稱各種性別不馴者。關於「酷兒」在台灣的翻譯、發展與使用狀況,可以參見紀大偉、劉亮雅、陳佩甄等學者的研究。[7]

而本文之所以使用「同志」、「跨性別」而非「酷兒」一詞,

---

[4] 紀大偉,《同志文學史：台灣的發明》（台北：聯經,2017）,頁46-63,376-384。朱偉誠,〈另類經典：台灣同志文學（小說）史論〉,朱偉誠主編,《台灣同志小說選》（台北：二魚文化,2005）,頁9,註1。黃家軒,〈同志〉,朱耀偉編,《香港關鍵詞：想像新未來》（香港：2019）,頁275-286。

[5] 〈同志tông-tsì〉,《教育部台灣台語常用辭典》,https://sutian.moe.edu.tw/zh-hant/su/2171/。檢索日期：2024年9月10日。

[6] 用「酷兒」來翻譯Queer,始於1994年的《島嶼邊緣》10期「酷兒QUEER」專號,參見紀大偉,〈酷兒〉,史書美、梅家玲、廖朝陽、陳東升主編,《台灣理論關鍵詞》（新北：聯經,2019）,頁318。

[7] 參見紀大偉,〈酷兒〉,史書美、梅家玲、廖朝陽、陳東升主編,《台灣理論關鍵詞》（新北：聯經,2019）,頁317-326。劉亮雅,〈臺灣理論與知識生產：以一九九〇年代臺灣後殖民與酷兒論述為分析對象〉,《臺灣文學研究集刊》18期（2015年8月）,頁45-81。陳佩甄,〈Queer That Matters in Taiwan ——以翻譯造就的台灣酷兒〉,《文化研究月報》45期（2005）,網址：https://www.academia.edu/2438303/Queer_That_Matters_in_Taiwan_%E4%BB%A5%E7%BF%BB%E8%AD%AF%E9%80%A0%E5%B0%B1%E7%9A%84%E5%8F%B0%E7%81%A3%E9%85%B7%E5%85%92_Cultural_Translation_and_Queer_Discourses_in_1990s_Taiwan_。檢索日期：2011年12月27日。

乃有以下的考量：在當前社會體制、文化教養、權力關係中，兩性仍常處於二元分化的結構下，女同志與男同志、跨性別等性少數的處境仍有不同的差異，若同時收納在「酷兒」一詞的大傘之下，其彼此間的差異與面臨的困境不易被凸顯。趙彥寧曾極具洞見地指出，同志研究應注意：一、同志「有志一同」下的內在／身體矛盾；二、酷兒在歡慶差異性（卻又本質化顛覆的同一性）下，所忽視的社會既存差異。[8]陳昭如也指出，由於男、女同志所處的性別位置不同，其所遭受的性傾向壓迫、婚姻壓迫都不盡相同。[9]女同志在性別與性傾向上同時承受父權和異性戀霸權的壓迫，實有必要進一步區分與分析。[10]因而本文選擇使用「同志」一詞，欲強調男、女同志「同中有別」、「有志不同」的差異。另一方面也認為，「同志」一詞的使用，既能彰顯台灣所處的後殖民與多元文化混雜的狀態，又有串連起華語世界中性別弱勢連結的可能與潛力。換言之，「同志」並不是歷史幽靈下的包袱，而是我們可負重前行的重要資源與再出發的立基點。

8　趙彥寧，〈台灣同志研究的回顧與展望：一個關於文化生產的分析〉，趙彥寧，《戴著草帽到處旅行：性／別、權力、國家》（台北：巨流，2001），頁110，註22。

9　陳昭如，〈婚姻作為法律上的異性戀父權與特權〉，《女學學誌：婦女與性別研究》27期（2010），頁147。

10　例如：女同志同時承受性別（女性）、性向、父權、經濟、階級上的壓迫；而男同志則時常與愛滋汙名、傳染病連結，兩者的次文化也不盡相同。

跨性別

　　如果說，同志族群主要面對的是強迫異性戀機制，那麼跨性別（Transgender）族群主要面對的則是順性別本位主義下的性別二元霸權。「跨性別」（Transgender）一詞在華語文化圈的形成，與許多西方論述的傳播相關，但台灣的跨性別者有著不同脈絡的生存處境、身體展現與身分認同狀態。[11] 在本文中「跨性別」乃指稱未必認同其出生時被指定的性別，而想要進行不同程度性別身分跨越或轉換的人；包括想要進行醫療行為者，也包括不想進行任何醫療行為或性別重置手術者。[12] 廣義來說，跨性別族群包含跨性別男性（簡稱：跨男）、跨性別女性（簡稱：跨女）、非二元性

---

11 參見台灣同志諮詢熱線協會，《性別多元宇宙：跨性別生命故事集》（台北：大塊，2024）。此外，在跨性別本土語言的使用上，過去在台語中曾以「半陰陽仔」（puànn-iam-iûnn-á）來形容讓人無法辨別性別的人或陰陽人／雙性人；以前多帶有負面意涵，但目前《教育部台灣台語常用辭典》中〈半陰陽仔〉詞條的說明與例句，已凸顯了跨性別平權的概念，詳見 https://sutian.moe.edu.tw/zh-hant/su/1543/。檢索日期：2024年9月10日。而台語文界和跨性別圈也開始使用「跨性別」（khuà-sìng-piat）或「迒性別」（hānn-sìng-piat），作為跨性別平權的一種方式。參考台灣同志諮詢熱線，《同志人生十八招——特別企劃：跨性別人蔘》Podcast 中的台語講座系列，如：〈跳脫跨性別的跨性別觀點〉、〈聽見開花結果的跨性別人生〉、〈六十歲跨性別的青春年華〉等數集節目。吳馨恩，〈性別也能用台語講！？快來瞧瞧性別台羅小辭典〉，《G點電視》（2017年12月28日），https://gdottv.com/main/archives/20317。檢索日期：2024年9月1日。

12 如文聿在研究與自述中所指陳的狀態。文聿，〈性別漂泊的旅行者之書〉，酷兒新聲編委會主編，《酷兒新聲》（中壢：中央大學性／別研究室，2009），頁79-119。

別、扮裝等社群;[13]而實際上每個跨性別者的認同、處境及其對於身體、心理、性別的感受差異甚大,個體與社群的繁複性、多樣性很難完全一概而論,需要傾聽更多跨性別者的發聲,也進行更多研究討論。此外,跨性別的概念更是不斷變動的,本文僅提出目前台灣學界、社群對於跨性別的主要定義。

跨性別者的性傾向／性欲望也是多元的,若喜歡跟自己性別認同相同的人,可作為同志;如果喜歡另一個性別,可說是異性戀;若喜歡不考慮對象的性別,則可以是雙性戀、泛性戀,也可能是無性戀者。此外,認同非二元性別的跨性別者,也難以用指涉二元性別的性傾向詞彙定義自己。而就現實層面來說,跨性別往往同時承受了順性別本位主義性別二元霸權與性汙名的多重壓迫。[14]王孝勇則認為跨性別作為性少數,其所體現的從來就沒確切的性身分,也缺乏適切社會命名的性欲望,亦無法被輕易的歸類

---

[13] 進行性別重置手術的跨性別者,過去常被稱為變性人(Transsexual),但近年來跨性別運動已鮮少使用這個詞。此外,關於雙性人／陰陽人是否也算跨性別?不同學者和運動者有不同的看法,如陰陽人平權運動者丘愛芝則認為陰陽人不屬於跨性別,需獨立看待。參見丘愛芝,〈認識陰陽人(雙性人)議題及其處境〉,行政院性別平等會編,《多元性別權益保障種子訓練教材》(台北:行政院,2020),頁143-145。https://gec.ey.gov.tw/Page/8B53584DC50F0FBA/54ea414c-a60e-4916-8af3-24d276dae0d6。檢索日期:2024年9月1日。王孝勇則認為在某些脈絡下陰陽人／雙性人也可以歸於「跨性別」大傘之內。王孝勇,〈「謝尖順事件」之媒體語藝框架分析:「跨性別國家主義」的觀點〉,《台灣社會研究季刊》117期(2020),頁57-60。

[14] 除了可能受到的多重壓迫外,姜學豪也認為就實際上而言,跨性別的性別認同與性傾向很難完全區分開來看待與討論,姜學豪著,李育霖編,〈酷兒與華語語系研究〉,《華語語系十講》(新北:聯經,2020),頁61-81。

於「中間」（in between）狀態。[15] 目前學界與跨性別平權運動多主張應尊重跨性別者自身的性別認同與性傾向的自我表述，他人也應使用跨性別者喜歡被稱呼的代名詞（而非根據其被編派的指定性別）。

台灣的跨性別運動剛開始多以網路作為傳播媒介與連結，如1990年代中期開設的「茱莉安娜的秘密花園」網站，在跨性別資源相對匱乏的年代，引介了西方的跨性別論述及各地的跨性別新聞、資源等訊息。[16] 2000年「台灣TG蝶園」成立，為跨性別實體社群的集結，並在2008年開設「皓日專線」提供跨性別諮詢服務。[17] 此外，台灣同志諮詢熱線中也成立「跨性別小組」，致力跨

---

15 王孝勇，〈當「珍」就好：《珍的故事》的變性敘事及其性／別意識之體現〉，《台灣社會研究季刊》125期（2023），頁115-116。

16 「茱莉安娜的秘密花園」部落格：https://julianacd.pixnet.net/blog。檢索日期：2024年9月12日。根據版主朱莉安娜的自述，乃於1996到1997年開始在Geocities開始設立個人網站，後來Geocities關站，輾轉搬遷了幾次，最後落腳痞客邦，轉成部落格的形式經營至2016年。詳見朱莉安娜（Julianacd）的臉書文章〈生涯的回顧和反思〉（2023年10月15日），https://www.facebook.com/profile.php?id=100007333905291。檢索日期：2024年9月12日。

17 「皓日專線」的命名是為了紀念一位過世的跨性別朋友——宇皓，讓這個無法被家人接受的名字得以見天日，並期待跨性別朋友的生命能發光發熱。參見「皓日專線」（跨性別諮詢專線）臉書粉絲專頁：https://www.facebook.com/haori.hotline/。檢索日期：2021年10月22日。何春蕤，〈我的跨性別接觸史：兼論台灣TG蝶園〉，「東北妖攝影展講座 I：跨／性別越界的歷史與現在」座談，苦勞網、性權會與中央大學性／別研究室主辦，2017年11月11日，演講發言稿http://sex.ncu.edu.tw/jo_article/2017/11/%E6%88%91%E7%9A%84%E8%B7%A8%E6%80%A7%E5%88%A5%E6%8E%A5%E8%A7%B8%E5%8F%B2%EF%BC%9A%E5%85%BC%E8%AB%96%E5%8F%B0%E7%81%A3tg%E8%9D%B6%E5%9C%92/。檢索日期：2021年10月22日。

性別平權、教育與諮詢；2019年開始，更舉辦了台灣首屆的跨性別遊行，持續至今（2024年）已舉辦了六屆。其他的跨性別組織還有「台灣性別不明關懷協會」、「跨性別倡議站」等，台灣伴侶權益推動聯盟近年也投入跨性別運動與法律權益的爭取。[18]

而台灣跨性別學術研究的首次結集具體呈現於何春蕤所編著的《跨性別》一書，書中探討多位跨性別者的漂浪處境，及其「做性別」的認同與體現，同時也引介了多位美國跨性別學者、運動者的論述。[19] 姜學豪、王孝勇則透過檔案分析台灣1950年代的跨性別個案與論述，兩人都指出冷戰時期台灣的跨性別再現與論述，存在著醫療和國族霸權為打造台灣作為「自由中國」（相對於另一個「中國」——中華人民共和國）的「進步性」。而當時對於跨性別的認知也與台灣的後殖民狀態、美國新帝國主義、民國時期科學全球主義的再脈絡化、及冷戰時期台灣與東亞其他地區的文化、經濟交流相關。[20] 陳薇真的《台灣跨性別前史：醫療、風俗誌與亞際遭逢》也指出，早期台灣與東（南）亞跨性別主體的曖昧性，其身分建構相當複雜，未必能以當前佔據主導地位的歐美LGBT視角一概而論。[21] 因而從事台灣跨性別研究須對既有的西方論述霸權進行反思，另一方面也得謹慎面對中國帝國的各種收編，以建構具有台灣主體性和多元的跨性別史觀與論述。

---

18 參見「伴侶盟」官網：https://tapcpr.org/。檢索日期：2021年11月10日。
19 何春蕤，《跨性別》（中壢：中央性／別研究室，2004）。
20 姜學豪，〈性別越界在1950年代的華語語系台灣：歷史案例與後殖民論述〉，《臺灣文學研究集刊》25期（2021），頁85-116。
21 陳薇真，《台灣跨性別前史：醫療、風俗誌與亞際遭逢》，台北：跨性別倡議站，2016。

近年姜學豪則提出「跨托邦」的概念，認為「跨」可以是光譜、連續體，不需執著於分類和定義，以成為一種重新思考歷史、文本的理論視角。[22]

漂浪

本關鍵詞中的「漂浪」指性少數族群在故鄉或異鄉、異國、身心內外所面臨的種種交織性處境和困境。「漂浪」一詞同時有古漢語、日文、台語文的傳統，在古漢語中多做漂流、漂泊、行止不定之意，[23] 日文之意也相似；[24] 而在台灣的使用脈絡常保留於台語中（讀為 Phiau-lōng），如形容戲班、演藝人員四處遷移、演出的生活形態，富有在地的特色，如：文夏的台語歌〈漂浪之女〉、邱坤良討論本土戲劇的專著《飄浪舞台》等。[25] 而周美玲導演的同志系列電影《漂浪青春》（2008）則承繼了「漂浪」一詞的語言、文化意涵，並予以酷兒化和創新，創作出早期鄉土戲班與當代都會橫跨多個世代的男、女同志故事。《漂浪青春》也是首度在大銀幕展演了視障女同志情欲的作品，再現了作為身障與

---

22 參見本書姜學豪，〈跨托邦〉，史書美、梅家玲、廖朝陽、陳東升主編，《台灣理論關鍵詞II》（新北：聯經，2024），頁259-272。

23 如《三國志魏志傅嘏傳》：「又昔孫權遣兵入海，漂浪沈溺，略無子遺。」《百喻經估客駝死喻》：「捨根取末，不求其本。漂浪五道，莫能自出。」參見羅竹風主編，《漢語大詞典》（縮印本・中卷），（上海：漢語大詞典出版社，1997），頁3414。

24 陳蕙貞著、王敬翔譯，《漂浪的小羊》（台北：臺灣大學出版中心，2015）。

25 邱坤良，《飄浪舞台：台灣大眾劇場年代》（台北：遠流，2008）。在本文中「漂浪」與「飄浪」同義，為了尊重不同的原著與作者，暫不統一使用。

性少數、階級等多重邊緣處境。[26]

「漂浪」在酷兒學術界的使用，約始於2009年臺大婦女研究室《婦研縱橫》91期的「酷兒飄浪」專題及其於隔年所主辦的「酷兒漂浪國際研討會」。[27]但此時「酷兒飄浪」主要作為queer diaspora的翻譯，來討論酷兒跨國移動的經驗。在1990年代中期，紀大偉則曾以「帶餓思潑辣」來翻譯diaspora，他認為「帶餓思潑辣」既代表同志的內外在流放與困頓，也代表著抗爭的潛力。[28]許維賢在2011年曾撰述〈從「帶餓思潑辣」到「酷兒飄浪」〉討論許佑生、李昂小說中的男同志跨國離散與台灣、中國的國族關係。[29]至此「漂浪」仍多作為diaspora的翻譯使用，而多數學者則譯為「離散」。[30]黃英哲在《台灣理論關鍵詞》中則提議以「漂泊」來翻譯「離散」，更具有主動意涵。[31]

---

[26] 關於《漂浪青春》的分析，可參見曾秀萍，〈身障・底層・跨世代：周美玲《漂浪青春》中的同女漂浪與女同志情慾實踐〉，《台灣文學學報》44期（2024），頁37-66。

[27] 臺灣大學婦女研究室主編，「酷兒飄浪」（Queer Diaspora）專輯，《婦研縱橫》91期（2009），頁1-55。「2010年酷兒飄浪國際研討會」，臺大婦女研究室主辦，2010年6月11-12日。

[28] 紀大偉，〈帶餓思潑辣：《荒人手記》的酷兒閱讀〉，《中外文學》24卷3期（1995），頁153-159。

[29] 許維賢，〈從「帶餓思潑辣」到「酷兒飄浪」——以許佑生《岸邊石》和李昂《禁色的愛》為例〉，馬聖美、王儀君、楊雅惠主編，《城市與海洋論集》（高雄：國立中山大學出版社，2011），頁105-128。

[30] 如：張靄珠，〈在「家」「國」內／外：謝耀《白色土地三部曲》中的離散酷兒〉，《婦研縱橫》91期（2009），頁2-22。

[31] 黃英哲，〈漂泊〉，史書美、梅家玲、廖朝陽、陳東升主編，《台灣理論關鍵詞》（新北：聯經，2019），頁296。

但本文則認為不論是「離散」或「漂泊」，都強調「跨國」的移動，有時難以觸及某些性少數族群即使沒有跨國移動，也存在著「故鄉宛若他鄉」，流離失所的困境與疏離感，因此提議使用具有本土語言、文化意涵的「漂浪」，來表述性少數們由內而外、不論跨國與否都存在著身心與物質條件流離情境。而在「酷兒飄浪」專題及「酷兒飄浪」研討會中的幾篇文章，實也開始呈現在地的「故事」與「詮釋」，並不侷限於跨國離散的使用，希望為性別身分、文化認同和移動、國家疆界的討論，帶來新的衝擊和激盪。[32] 因此本文所謂的「漂浪」，可包括跨國移動（離散），也包括（未必跨國的）在地漂流狀態，呼應性／別少數在本地的生存處境，同時凸顯台灣多元的歷史與混雜性。

　　「漂浪」和「離散」兩者都有其政治性，但論述策略有所差異。「離散」強調跨國遷徙，而「漂浪」固然也可指涉跨國移動，但更強調某些在地性。雖然許多在地性往往也混雜了全球化、跨國的因素，也是會變動、流動，而非本質、僵化的，但仍有其土地、風土、人情、不同社會體制等物質性基礎與象徵性脈絡。因此，本文以「同志／跨性別漂浪」結合性／別論述、種族、國族、階級、地域／城鄉等交織性的面向，以探討更多台灣乃至華語地區同志／跨性別文學與電影，個體與社群的歷史性、多元性與混雜性。同時也強調其生存的物質基礎、困境，及其創傷／負傷、生存／倖存／不存的狀態。以下將用幾個台灣同志、跨性別文學、電影的例子來說明。

---

32 臺大婦女研究室，〈編輯室手記〉，《婦研縱橫》91期（2009）。

女同志漂浪

　　首先，是1990年代的《失聲畫眉》爭議事件。《失聲畫眉》（1990）為凌煙所寫的鄉土小說，隨後江浪導演將其改編為同名電影（1992），兩者都是再現台灣早年歌仔戲班女同志生態的重要文本，卻在當年引發諸多人士的不滿與攻擊，後來也長時間的被忽略，甚至一度消失在台灣同志文學與台灣電影史的建構裡。[33]這與作家聲名、發表媒體、文學體制等因素相關，更與其性／別（女同志）、族群（福佬）、語言（台語）、地域性（中南部鄉土）及底層階級相關，凸顯了鄉土女同志的在地漂浪，縱使現身卻又被迫失聲的不存與倖存狀態。《失聲畫眉》被批判與被消失的現象，一方面揭開了台灣社會中恐同的意識形態，如何作用於女同志小說與電影批評上；二方面也讓同志與台灣鄉土、國族論述間的矛盾首度浮出檯面，反映出當時台灣社會在「逝去的鄉土」與「消失的國家」間的雙重焦慮。其三，更弔詭的是，《失聲畫眉》書寫底層女同志且略帶悲情的寫實手法，也不受到當時基進的酷兒論述和主流文學批評所喜愛。[34]而時過境遷，這部作品的負面情感重新獲得肯認，學者也多認為從小說到電影其「不含蓄」的女同志情欲模式，一方面凸顯了鄉土女同志的主體性與底層女性身體的能動性，突破了異性戀霸權、陽具中心主義和中產

---

[33] 關於《失聲畫眉》及其他同志電影在台灣影史建構中被邊緣化的問題，可參見王君琦，〈在影史邊緣漫舞：重探《女子學校》、《孽子》、《失聲畫眉》〉，《文化研究》20期（2015），頁11-52。

[34] 詳見曾秀萍，〈鄉土女同志的現身與失聲：《失聲畫眉》的女同志再現、鄉土想像與性別政治〉，《淡江中文學報》35期（2016），頁1-35。

階級品味;並藉由「女女同盟」的影像敘事,連結了女同志與底層女性的生命經驗,形成顛覆的力道。[35]雖深處飽受批評的時代困境中,卻蘊含了豐富的美學與政治潛力,開展非都會菁英的另類性身分操演和實踐,不僅豐富了同志文學、論述的內涵,更開拓了台灣鄉土和國族的邊界、想像與思考。

而這樣的女同志漂浪與韌性的傳承、再現,也呈現在周美玲的女同志電影《漂浪青春》(2008),《失聲畫眉》的小說續集《扮裝畫眉》(凌煙,2008)、陳雪的多本女同志小說,以及黃惠偵的紀錄片《我和我的T媽媽》(2016)、《日常對話》(2017)中。這些女同志小說和電影、紀錄片中,不約而同地呈現了女同志在重男輕女的家庭與父權結構中,遭受家暴、性侵等多重漂浪的生存/倖存狀態。[36]《我和我的T媽媽》、《日常對話》中的T媽媽阿女和《漂浪青春》中的水蓮、竹篙年輕時的命運很相似,她們都受限於女性/女兒的身分而要聽命於兄長,失去在家中的發言權、繼承權。阿女更被迫嫁給她並不喜歡的對象,而當她面臨丈夫家暴時,兄長也仍要她嫁雞隨雞,沒有給予更多的同情或支援。

---

35 參見曾秀萍,〈女女同盟:《失聲畫眉》(電影)的情慾再現與性別政治〉,《臺灣文學研究彙刊》22期(2019),頁25-52。

36 關於漢人親屬結構與意識形態下的婚家觀念,及其對女同志的壓迫,可參考張娟芬,《姊妹戲牆:女同志運動學》(台北:聯合文學,1998)、鄭美里,《女兒圈:台灣女同志的性別、家庭與圈內生活》(台北:女書,1997)。關於《日常對話》的分析,可參見本書鄭芳婷,〈銛角〉,頁315-327。陳佩甄,〈「褲兒」生存模式:《誰在找麻煩》和《日常對話》中的酷兒時間與修復轉向〉,《文化研究》31期(2020),頁7-42。

而這樣的權力結構不只與性別相關，也與階級相關。這幾部作品中的女同志往往是遊走在庶民階層或在下層階級討生活的人物，從事民俗曲藝、江湖賣藝，或歡場賣笑的生活；而其生活領域與生活空間，也多位於鄉土或都市邊緣。這樣的女同志漂浪狀態也有別於主流同志的中產階級情調，並提醒我們看見底層、非都會、非典型認同的女女情慾實踐的重要性。「漂浪」在此也指涉其與台灣傳統文化有關的工作型態、展演方式，及其在底層艱辛的生活處境。

男同志跨國漂浪

而從小說中觀察同志的跨國漂浪狀態，會發現早期男同志的跨國移動資本比女同志高出許多，而相關研究也多集中在白先勇、朱天文等人的男同志創作中。[37]《孽子》一方面透過青春鳥們被家國、社會放逐，帶出了當年台灣社會嚴重的恐同氛圍與壓迫；[38]另一方面也透過不同世代男同志們在美國、日本、中國和台灣的離散經驗，及其跨語言、跨國族、跨種族、省籍等的歷史文化情境與日常生活狀態，再現了台灣複雜的後殖民處境與雜種

---

[37] 如：劉亮雅，〈在全球化與在地化的交錯之中：白先勇、李昂、朱天文與紀大偉小說中的男同性戀呈現〉，《中外文學》32卷3期（2003），頁63-78。朱偉誠，〈受困主流的同志荒人——朱天文《荒人手記》的同志閱讀〉，《中外文學》24卷3期（1995），頁141-152。紀大偉，〈帶餓思潑辣：《荒人手記》的酷兒閱讀〉，《中外文學》24卷3期（1995），頁153-160。

[38] 曾秀萍，《孤臣・孽子・臺北人：白先勇同志小說論》（台北：爾雅，2003）。

性,反映出台日情結與美、中、台之間的關係。[39]

不過從1990年代中晚期開始,台灣的男同志小說,不約而同地打造出一個個的「美國夢」或「歐洲夢」,如紀大偉、朱天文、許佑生及白先勇後期的作品。這固然反映了全球化浪潮對台灣的影響,另一方面也代表了作家們對於當年台灣遲遲未到的同志平權感到焦慮,因而透過小說創造了以歐美大都會為主要場景的理想世界,以消除台灣同志仍身處恐同保守漂浪狀態的焦慮。但男同志小說在跨國離散與全球「同盟」中所透露的救贖、潔淨化傾向,及對原生家族(尤其是對父親的執念),也恐有再度鞏固父權、中產階級價值之虞,[40]值得留意與反思。

到了郭強生的《夜行之子》則打破此「美國夢」的神話,對酷兒烏托邦論述進行批判與反省,指陳「美國夢」其實也是種操演,而無所不在的種族歧視、移民與難民困境仍深處其中。[41]因此跨國遷徙固然可開展同志的新認同與族群資源,但隱藏在跨界積極意涵下的,卻也可能埋藏著越界漂浪的實際危險。郭強生接著以《惑鄉之人》建立起以「灣生日本人」與台灣男同志為主的漂浪歷史,創作出混雜的台灣國族寓言圖譜。然而其立基於男同志

---

39 曾秀萍,〈流離愛欲與家國想像:白先勇同志小說的「異國」離散與認同轉變(1969-1981)〉,《台灣文學學報》14期(2009年6月),頁171-204。
40 參見曾秀萍,〈從魔都到夢土:《紐約客》的同志情欲、「異國」離散與家國想像〉,《師大學報:語言與文學類》54卷2期(2009年9月),頁135-158。曾秀萍,〈夢想在他方?——全球化下台灣同志小說的美國想像〉,成功大學文學院編,《筆的力量:成大文學家論文集》(台北:里仁書局,2013),頁441-479。
41 曾秀萍,〈夢想在他方?——全球化下台灣同志小說的美國想像〉,成功大學文學院編,《筆的力量:成大文學家論文集》(台北:里仁書局,2013),頁441-479。

「自戀式」的國族寓言，固然將國族書寫成功地酷兒情欲化，卻也陷入了女性及陰性者失聲的窘境，不免有再度邊緣化女性或厭女之虞。同志國族寓言能否帶來真正的性／別解放？是未來更須謹慎面對的課題。[42] 而近期陳思宏的《鬼地方》則建立起跨國男同志與本土／鄉土女性漂浪的結合，在男同志書寫上增添了更多性別平等的色彩。

跨性別漂浪

而在1990年代至今的同志、酷兒書寫風潮下，吳繼文（1955-）的兩部長篇小說《世紀末少年愛讀本》（1996）、《天河撩亂》（1998）有別於當時許多以歐美為酷兒烏托邦想像的作品，開展了不同的同志／跨性別漂浪的時空觀與家國想像。首先，他在《世紀末少年愛讀本》當中以「回望」的姿態、改寫中國古典男色小說《品花寶鑑》，開展新的酷兒歷史敘事，迥異於當時其他酷兒小說「前瞻」的姿態；而在《天河撩亂》中，其以亞洲的歷史文化脈絡為底蘊，突破線性時間觀，開展出具有反思性與超越性的宇宙觀與循環式的時間觀。[43]

《天河撩亂》也是台灣較早以跨性別作為主角之一的小說作品，書中敘述一位不見容於家族的跨性別女性，移居日本、並到第三國完成性別重置手術，但卻從此成為家族中的禁忌。而小說

---

42 曾秀萍，〈灣生・怪胎・國族——《惑鄉之人》的男男情欲與台日情結〉，《台灣文學研究學報》24期（2017年4月），頁111-143。
43 曾秀萍，〈吳繼文酷兒小說中的性別飄浪、家國想像與時間觀〉，《臺灣文學研究集刊》27期（2022年2月），頁1-41。

也同時描述白色恐怖時代下的亂倫、政治受難者二代的男同志與父親漂浪日本異鄉的狀態。在日本，這個男同志二代遇上在家族裡「被消失」的姑姑；姑姑以其跨性別者漂浪的姿態，展現了不同於家族中人的獨特視角與人生觀，被家族驅逐的姑姑，在《天河撩亂》中宛如智者般啟發著下一代男同志。

而凌煙在《竹雞與阿秋》則書寫了女跨男的跨性別漂浪故事，但這位未動過性別重置手術的女跨男跨性別者，同時也是教導小說男主角「成為男人」的性別啟蒙者，這無疑顛覆了跨性別男性不是真男人的主流性別框架。[44]在《天河撩亂》、《竹雞與阿秋》中跨性別者的生命歷程，雖都歷經一番波折，但總成為他人心靈上與精神上的支柱。

相較之下，施淑青《行過洛津》中對清代來台的乾旦主角及其有關跨性別、扮裝等內、外在身心轉變的書寫，一方面強調主角作為跨性別者所經歷的考驗，不僅僅是一般人共有的性別操演經驗，而是一種更為坎坷的「跨性別漂浪」。其身體表皮、親密關係與自我認同，在在歷經無數艱難的掙扎過程。因此當代常歌頌的性／別越界與扮演，也可能是終身銘刻於身體、心理的創傷以及無法跨越的障礙。[45]另一方面，這本小說也透過跨性別的觀點視角，來架構不同於主流父系／男性／陽剛霸權的台灣國族論述，展開一個別具意義的台灣國族寓言，以跨性別漂浪的困境對照台灣的國族處境，提供了一個在地化的詮釋脈絡與獨特的家國

---

44 曾秀萍，〈扮裝鄉土：《扮裝畫眉》、《竹雞與阿秋》的性別展演與家／鄉想像〉，《台灣文學研究學報》12期（2011），頁89-133。

45 曾秀萍，〈扮裝台灣：《行過洛津》的跨性別飄浪與國族寓言〉，《中外文學》39卷3期（2010），頁87-124。

想像途徑。

近期王孝勇分析1980年代台灣跨性別女性「珍」的自傳性作品《珍的故事》指出，其敘事在某些地方的確流露出主流的性／別價值觀；然而卻也在彰顯出所謂「女人」、「真女」是一個意義不穩定的範疇。而其中「酷兒化的順性愛」和「順性化的酷兒情」也挑戰了單性戀的聯想和性／別設定。值得注意的是，該文同時也指出，即使跨性別者得以「做」一個有別於出生時被編派的性別，但在當時卻難以企及真正的歸屬與安居。[46] 王孝勇的研究拓展了台灣早期跨性別敘事與批判視野，也不約而同的呼應了本文「跨性別漂浪」的重要性。

小結與展望

「同志／跨性別漂浪」一方面要持續對異性戀家國、及性別二元體制進行批判，另一方面也同時反省台灣同志論述內部發展的侷限及階級、品味的迷思，拓展女、男同志、跨性別、鄉土、底層、國族、跨國等交織性的論述，重新思考男、女同志、跨性別等性少數族群的位階與處境上的差異及多重漂浪的處境，分析幽微糾結的權力關係與張力。須強調的是，本文雖認為不同性少數族群的處遇不盡相同，但各族群間的平權，如女性與跨性別平權、男同志與女同志平權並不相斥，而是相輔相成的。而如何承認經驗與資源上的差異，又破除對於本質化的迷思，則有待各方

---

[46] 王孝勇，〈當「珍」就好：《珍的故事》的變性敘事及其性／別意識之體現〉〉，《台灣社會研究季刊》125期（2023），頁115-116。

的討論與更多的實踐，或許（性／別）「漂浪」的立基點可以作為一個發想的連結。

而本文有關「同志／跨性別漂浪」的討論也還有很多開展的空間，如原住民同志文學與多元性別文化[47]，以及華語同志、跨性別電影與紀錄片等相關領域，相較於文學作品，影片對於許多閱聽大眾及性少數受訪者來說，文化資本和語言門檻較低，在台灣也處於重要的發展階段，非常值得進一步研究，期待更多有志之士（同志們）一起努力。

參考書目

王君琦。2015。〈在影史邊緣漫舞：重探《女子學校》、《孽子》、《失聲畫眉》〉，《文化研究》20期。頁11-52。

王孝勇。2020。〈「謝尖順事件」之媒體語藝框架分析：「跨性別國家主義」的觀點〉，《台灣社會研究季刊》117期。頁47-111。

———。2023。〈當「珍」就好：《珍的故事》的變性敘事及其性／別意識之體現〉〉，《台灣社會研究季刊》125期。頁67-125。

---

[47] 原住民各族與部落間的多元性別文化不僅與漢人社會未必相同，即使同民族不同部落之間，也可能有不同展現。相關討論可參見陳芷凡，〈成為原住民（文學）：原住民族文學獎場域中的同志議題與非寫實風格〉，陳芷凡，《成為原住民：文學、知識與世界想像》（台北：政治大學出版社，2023），頁133-160。林文玲，〈從田野到視野：跨性別／肉身的體現、重置與挑戰〉，《臺灣人類學刊》15卷1期（2017），頁53-102。林文玲，〈部落「姊妹」做性別：交織在血親、姻親、地緣與生產勞動之間〉，《台灣社會研究季刊》86期（2012），頁51-98。林文玲，〈跨性別者的成家之道〉，黃應貴主編，《21世紀的家：臺灣的家何去何從？》（台北：群學，2014），頁169-204。

王智明。2025。〈罔兩〉,史書美、梅家玲、廖朝陽、陳東升主編,《台灣理論關鍵詞II》(新北:聯經,2025),頁151-166。

文聿。2009。〈性別漂泊的旅行者之書〉,酷兒新聲編委會,《酷兒新聲》(中壢:中央大學性/別研究室),頁79-119。

丘愛芝。2020。〈認識陰陽人(雙性人)議題及其處境〉,《多元性別權益保障種子訓練教材》。https://gec.ey.gov.tw/Page/8B53584DC50F0FBA/54ea414c-a60e-4916-8af3-24d276dae0d6。檢索日期:2024年9月1日。

台灣同志諮詢熱線協會。2023a。〈六十歲跨性別的青春年華〉,《同志人生18招——特別企劃:跨性別人蔘》。https://open.firstory.me/story/cleqo0z5p00ki01uaet974s0a(檢索日期:2025年6月1日)。

———。2023b。〈跳脫跨性別的跨性別觀點〉,《同志人生18招——特別企劃:跨性別人蔘》。https://open.spotify.com/episode/654Z9Rn9acqsnYAA0LxpkL。檢索日期:2025年6月1日。

———。2024。《性別多元宇宙:跨性別生命故事集》。台北:大塊文化。

台大婦女研究室。2009。〈編輯室手記〉,《婦研縱橫》91期。

台大婦女研究室編。2009。「酷兒飄浪」(Queer Diaspora)專輯,《婦研縱橫》91期。頁1-55。

朱偉誠。1995。〈受困主流的同志荒人——朱天文《荒人手記》的同志閱讀〉,《中外文學》24卷3期(1995年8月)。頁141-152。

———。2005。〈另類經典:台灣同志文學(小說)史論〉,《台灣同志小說選》(台北:二魚文化),頁9-35。

朱莉安娜。2023。〈生涯的回顧和反思〉。https://www.facebook.com/profile.php?id=100007333905291。檢索日期:2024年9月12日。

何春蕤。2004a。〈認同的「體」現:打造跨性別〉,《跨性別》(中壢:中央大學性/別研究室),頁1-48。

———。2004b。《跨性別》。中壢:中央性/別研究室。

吳馨恩。2017。〈性別也能用台語講!?快來瞧瞧性別台羅小辭典〉,《G點電視》。https://gdottv.com/main/archives/20317。檢索日期:2024年9月1日。

林文玲。2012。〈部落「姊妹」做性別:交織在血親、姻親、地緣與生產

勞動之間〉，《台灣社會研究季刊》86期。頁51-98。
———。2014。〈跨性別者的成家之道〉，黃應貴主編，《21世紀的家：臺灣的家何去何從？》（台北：群學），頁169-200。
———。2017。〈從田野到視野：跨性別／肉身的體現、重置與挑戰〉，《臺灣人類學刊》15卷1期。頁53-102。
邱坤良。2008。《飄浪舞台：台灣大眾劇場年代》。台北：遠流。
姜學豪。2020。〈酷兒與華語語系研究〉，李育霖主編，《華語語系十講》。新北：聯經。頁59-81。
———。2021。〈性別越界在1950年代的華語語系台灣：歷史案例與後殖民論述〉，《臺灣文學研究叢刊》25期。頁85-116。
———。2025。〈跨托邦〉，史書美、梅家玲、廖朝陽、陳東升主編，《台灣理論關鍵詞II》（新北：聯經，2025），頁259-272。
紀大偉。1995。〈帶餓思潑辣：《荒人手記》的酷兒閱讀〉，《中外文學》24卷3期。頁153-160。
———。2017。《同志文學史：台灣的發明》。台北：聯經。
———。2019。〈酷兒〉，史書美、梅家玲、廖朝陽、陳東升主編，《台灣理論關鍵詞》（新北：聯經），頁317-336。
茱莉安娜的秘密花園。https://julianacd.pixnet.net/blog。檢索日期：2024年9月12日。
張娟芬。1998。《姊妹戲牆：女同志運動學》。台北：聯合文學。
張靄珠。2009。〈在「家」「國」內／外：謝耀《白色土地三部曲》中的離散酷兒〉，《婦研縱橫》91期。頁2-22。
〈同志tong-tsi〉，《教育部台灣台語常用辭典》，https://sutian.moe.edu.tw/zhhant/su/2171/。檢索日期：2024年9月10日。
許維賢。2011。〈從「帶餓思潑辣」到「酷兒飄浪」——以許佑生《岸邊石》和李昂《禁色的愛》為例〉，馬聖美、王儀君、楊雅惠主編，《城市與海洋論集》（高雄：國立中山大學出版社），頁105-128。
陳佩甄。2005。〈Queer That Matters in Taiwan——以翻譯造就的台灣酷兒〉，《文化研究月報》45期。https://www.academia.edu/2438303/Queer_That_Matters_in_Taiwan_%E4%BB%A5%E7%BF%BB%E8%AD

%AF%E9%80%A0%E5%B0%B1%E7%9A%84%E5%8F%B0%E7%81%A3%E9%85%B7%E5%85%92_Cultural_Translation_and_Queer_Discourses_in_1990s_Taiwan_。檢索日期：2021年12月27日。

———。2020。〈「褲兒」生存模式：《誰在找麻煩》和《日常對話》中的酷兒時間與修復轉向〉，《文化研究》31期。頁7-42。

陳芷凡。2023。《成為原住民：文學、知識與世界想像》。台北：政治大學出版社。

陳昭如。2010。〈婚姻作為法律上的異性戀父權與特權〉，《女學學誌：婦女與性別研究》27期。頁113-199。

陳蕙貞著，王敬翔譯。2015。《漂浪的小羊》。台北：臺灣大學出版中心。

陳薇真。2016。《台灣跨性別前史：醫療、風俗誌與亞際遭逢》。台北：跨性別倡議站。

曾秀萍。2003。《孤臣・孽子・臺北人：白先勇同志小說論》。台北：爾雅。

———。2009a。〈從魔都到夢土：《紐約客》的同志情慾、「異國」離散與家國想像〉，《師大學報：語言與文學類》54卷2期。頁135-158。

———。2009b。〈流離愛慾與家國想像：白先勇同志小說的「異國」離散與認同轉變（1969-1981）〉，《台灣文學學報》14期。頁171-204。

———。2010。〈扮裝台灣：《行過洛津》的跨性別飄浪與國族寓言〉，《中外文學》39卷3期。頁87-124。

———。2011。〈扮裝鄉土：《扮裝畫眉》、《竹雞與阿秋》的性別展演與家／鄉想像〉，《台灣文學研究學報》12期。頁89-133。

———。2013。〈夢想在他方？——全球化下台灣同志小說的美國想像〉，成功大學文學院編，《筆的力量：成大文學家論文集》（台北：里仁書局），頁441-479。

———。2016。〈鄉土女同志的現身與失聲：《失聲畫眉》的女同志再現、鄉土想像與性別政治〉，《淡江中文學報》35期。頁1-35。

———。2017。〈灣生・怪胎・國族——《惑鄉之人》的男男情慾與台日情結〉，《台灣文學研究學報》24期。頁111-143。

———。〈女女同盟：《失聲畫眉》（電影）的情慾再現與性別政治〉，《臺

灣文學研究彙刊》22期。頁25-52。

———。2022。〈吳繼文酷兒小說中的性別飄浪、家國想像與時間觀〉,《臺灣文學研究彙刊》27期。頁1-41。

———。2024。〈身障・底層・跨世代：周美玲《漂浪青春》中的同女漂浪與女同志情慾實踐〉,《台灣文學學報》44期。頁37-66。

黃英哲。2019。〈漂泊〉,《台灣理論關鍵詞》。新北：聯經。頁295-305。

黃家軒。2019。〈同志〉,《香港關鍵詞：想像新未來》。香港：香港中文大學。頁275-286。

趙彥寧。2001。〈台灣同志研究的回顧與展望：一個關於文化生產的分析〉,《戴著草帽到處旅行：性／別、權力、國家》。台北：巨流。頁83-121。

劉亮雅。2003。〈在全球化與在地化的交錯之中：白先勇、李昂、朱天文與紀大偉小說中的男同性戀呈現〉,《中外文學》32卷3期。頁63-78。

———。2015。〈臺灣理論與知識生產：以一九九〇年代臺灣後殖民與酷兒論述為分析對象〉,《臺灣文學研究彙刊》18期。頁45-81。

鄭芳婷。2025。〈鋩角〉,史書美、梅家玲、廖朝陽、陳東升主編,《台灣理論關鍵詞II》（新北：聯經,2025）,頁315-327。

鄭美里。1997。《女兒圈：台灣女同志的性別、家庭與圈內生活》。台北：女書。

羅竹風主編。1997。《漢語大詞典》（縮印本・中卷）。上海：漢語大詞典出版社。頁3414。

死學
(Death-ology)

高俊宏

　　台灣當代藝術與文化的實踐，某方面代表了整體社會思維，其中一股特別的發展在於對「死亡」、「死者」的關注。此一發展又特別聯繫到「歷史」的再生觀念。「死」所涵蓋的一切遂成為導引活人的技術。相關的作法是將既往殖民史的具體事件予以「概念化」，以此作為未來解殖的想像，例如藝術家陳界仁對於廖添丁、李師科的重新詮釋，陳飛豪對於日本殖民史的觀察與再批判，丁昶文創作中的「物的」幽靈……。召喚各種形式的歷史死者遂形成了一種藝術技術。其所肇因的背景不脫全球化下的文化扁平、強權國家的外來壓力、政治主體認同的矛盾與離散，種種焦躁的處境，擠壓出了各式「台灣性」的文化概念組裝。

　　本文所勾勒的「死學」，首先是作為一種歷史技術的觀念。如前所述，以「死」作為文化生產的中介雖然有著複雜的外在因素，但是在文化生產內部所產生的張力也不見得簡單。其中至少包含了兩個層面的力量折衝，首先是死亡成為歷史技術中的正義表述，從文化行動的角度來說，2019年「湯德章歷史實境劇」例

子裡,[1] 死者代表了「正義」,卻也被限定性地框架在正義的敘事之中。必須強調的是,轉型正義歷史事件的重演很重要,但並不是唯一觀點,死亡在這個過程中往往背負著龐大的歷史任務。相反地,第二個層面則是從死亡作為陰、陽之間的橋梁,這不僅僅只是如前者一般,對死亡與死者的正義召喚,而是進一步思考死亡所串聯起來的「共同」(common)的可能性。這種透過死亡的概念所展開的關係,是本文所想要積極討論的部分。

就前者的角度,也就是歷史死者的正義化表述而言,這樣的歷史觀一向深刻地影響著台灣各方面的知識生產,特別是人文領域。就藝術創作現場而言,台灣創作者長期透過藝術以及文化實踐,尋找集體的自我認同。或許可以說,台灣藝術場域長期以來可以說是一部另類的「幽靈政治學」(spectropolitics),也就是一種「魂在」(hauntology)。Derrida認為,「魂在」比起「存有」更為巨大且更具威力。[2] 特別是當文化生產中的死者訴諸於過多的正義色彩時,我們可以發現一種「死者操作活人」的奇觀技術。而在「正義」語境支配藝術世界的現象中,背後存在著更為深層的建構動機,也就是前文所提到的「台灣性」如何透過死亡事件重新予以組裝的問題。這反映了島嶼特殊的政治與歷史的交互關係,也呈現出了文化場域長期的離散與「落地」的渴望。就藝術主體性的建構而言,1991年藝術家倪再沁發表〈西方美術、台灣

---

[1] 這是一場「重演」(reenactment)的文化行動,名為「湯德章歷史實境劇」,主辦單位是馬克吐溫國際影像有限公司。演出的場地選在台南市的鬧區,以台籍律師湯德章槍決前的遊街示眾的路線為主。

[2] Jacques Derrida, *Specters of Marx: The State of the Debt, the Work of Mourning, and the New International*, trans. Peggy Kamuf (New York: Routledge, 1994), 10.

製造——台灣現代美術的批判〉一文，可以視為一個討論的起點。後續，引發了後續一系列關於「台灣美術主體性」的討論，一直延續到1996年台北市立美術館所舉辦的「台灣藝術主體性」雙年，相關的討論可以說達到高峰。隨著台灣藝術圈的跨國交流機會日增，各式全球化語境雖然逐漸取代了主體性問題，但是，相關的辯證並未停止。死亡的技術在其中的化用也出現了變化。粗略歸納起來，過往台灣藝術創作者相關的主體觀點，大抵上分為以下幾個說法：

一、本土說：

本土說將歷史視為某種建構性的對象，死亡則具身化為民族的無名死者。如前所述，台灣本身的殖民史可以說是本土論述最佳的藥引。然而，「本土」是兩面刃，一方面是振興族群信心的良藥方。可是另外一方面卻也容易導致於盲從，將「歷史」等同於族群建構。一旦所有事物被納入這個二元對立之中，那麼，本土將轉而成為最高位階的象徵物，在連鎖的次要象徵關係中無限繁衍，並且產生了一種近乎於宗教狂熱的民族主義。班納迪克‧安德森（Benedict Anderson）認為，民族的想像需要的是「無名士兵」之墓。換句話說，死者是「民族」建構的重要元素。民族主義是一個由諸多「死者」的「先烈化」所凝聚出來的情感共同體。透過這樣的催化，民族中的「人」願意驅使自己為民族而犧牲生命。[3]

---

[3] Benedict Anderson, *Imagined Communities: Reflections on the Origin and Spread of Nationalism*, Revised and Extended Edition (London and New York: Verso, 1991), 6–7.

二、混種說：

「混種」是目前對於藝術場域所採取的主流觀點。此一說法觀點不那麼堅持族群與身分的「本真性」(authentic)，相關的取徑可以藉由霍米・巴巴（Homi Bhabha）所提出的混雜性（hybridity）做為參照。然而，後殖民論述裡頗具代表性的「混種」，恐怕還是必須面對真正的實踐問題，也就是「混種」中的「倫理性」。例如，到底誰混了誰，誰又應該被混？事實上，「混種」所遮蔽的正是「混」的關係中最為敏感的權力問題。此外，「混種」的主體本身就不具備單一的歷史性，它擬稱自己是新的混合體。在這個過程中，自我與他者交混，導致死亡並無特殊的位置、特定的人稱。它甚且飄盪在諸多藝術的議題之間，連結為各式各樣「當代社會犧牲者」的幽靈，表現上訴諸於弱勢他者，實則中介了一種全球性的議題式創作的誕生。

三、空說：

「空說」則是幾乎處於本土光譜的另外一端，跳過強制性的「主體」的問題，認為創作者應該具備有「寰宇」的觀點，而理論上也有關於空性的闡述，這點可參見廖朝陽的意見：「理論就是死亡，因為理論指向無性的虛空，可以召喚各種知識所共有的，專有性的歸零。」[4]「空說」跳過惱人的國族幽靈，以及知識生產中經常被披上的屬人主義（Jus sanguinis）之外衣，也不糾結於「混種」所產生的主體及主體構成內部所縈繞的權力性併吞關

---

4 廖朝陽，〈理論與虛空〉，《知識臺灣：臺灣理論的可能性》（台北：麥田，2016），頁141-176。

係。「空」所指向的是一種永遠不願、無法主體化的容器觀念，它將死亡臻至於理論化的程度，並且訴諸在理想的流動裡。不過，在藝術領域的實踐中，我們看到更多的「空」事實上是擺盪在東方的性靈觀念以及西方當代藝術知識所流露出的「普遍性」色彩，究竟能不能符合當下台灣的現況，有待商榷。

上述三個角度，大約指出了台灣創作者幾種主體想像。整體來說，從解嚴前以西方前衛藝術為主的環境，到了解嚴前後，身體、顏色與符號生猛爆發之下，藝術的批判力來到了高點。然而，這段期間以反威權體制為主的美學政治，其實正悄悄地孕育著一個沒有人能夠抗拒的「台灣魂在論」，而且這樣的狀況至今仍存在於文化生產領域，例如魏德聖規劃的《台灣三部曲》，及以熱蘭遮城作為想像起點的「豐盛之城」的計畫，就充滿了保守主義以及歷史政治正確的問題。而近年來台灣逐漸崛起，以白色恐怖作為主題的當代藝術創作，雖然手法上顯得中性許多，但是相對明確的政治立場是否會淪為政黨輪替以後的政治樣板，歷史死難者或者被包攏在當代主權國家的敘事裡，從而失去了其曖昧、模糊的開展空間。

本文所嘗試探觸的「死學」，首先是放在藝術文化生產領域來思考，也是對於「死亡」作為一種歷史技術的反思出發。在歷史幽靈的「正義論」之外，我們是否應該近一步思考關於「死者話語」的轉向，理解死亡所帶來的深刻關係？死者該如何說話，而我們又該如何「聆聽」？在此，引用伊曼努爾·列維納斯（Emmanuel Levinas)的觀點，做為下一步討論的開頭：

> 死這種臨近表明我們處在與某種絕對他異的事情的關係之中，這種絕對他異的事情不是把他性看做我們可以透過享受而加以吸收的一種暫時的規定，而是看作某種其實存在是由他性所造就的東西。因此死並沒有證實我的孤獨，而是打破了我的孤獨。[5]

「死者」之於歷史，具有的高度的象徵交換性，但是死亡這件事情本身呢？對於活人來說，死亡幾乎是不可思考的。死亡對於任何一個活人來說，都是一種既外在又內在的絕對之物，這也代表了外在又內在的「他性」（otherness）與我們自身的關係。從這個角度來說，如果死亡作為一種學問，那麼它首先是一種倫理學式的。對於「他者」的思考，儼然已經成為了目前當代創作者的主要走向，也反映了藝術世界對於創作者自我中心主義的不滿，以及對外連結的欲望。當代藝術對於「他者」的定義也出現了相當多樣化的界定，例如邊緣者、社區社群、原民部落，乃至於酷兒、移工、勞動者、都市迫遷場景之下的受難者，乃至於非人物種與環境議題……，這些公共性藝術的創作傾向，呈現出了當代創作的主體性觀點，正由過去的歷史主義轉向了他者主義，而更深一層地顯示出了某種「作者之死」的再次顯影。

如果死亡作為一種「學問」，那麼，它的狀似於蒼白、恐怖、不潔，日日潛伏於生活中的隱形在場，並且作為一種永恆的內在影像，成為了既是對生命終極的威脅，也是連接他者的途

---

[5] Emmanuel Levinas, *Time and the Other*, trans. Richard A. Cohen (Pittsburgh: Duquesne University Press, 1987), 74.

徑。如此,它應該也會是一種「自我解體」的朦朧學問,或者說,一種關於失序的,無法成為學問的「學問」。或如Sarat Maharaj所提到的「非知識」(non-knowledge),他引用梵文的Avidyā(無明)來說明創作所產生的「非知識」,其實是充滿混沌張力的:

> 將「無明」視為知識的「他者、未知」,也許冒著只是將他者與未知視為某種「陰影」與「泡沫幽靈」而非去完成它。但是「非知識」所對抗的是知識經濟所帶動的全球化標準,因為它談論到了差異性、多樣性、另類與對抗。[6]

同樣的,如果死亡作為一種「學問」,如果那不是去調度死者現身報冤的話,那麼,由於強烈的曖昧與混沌特質,使得它首先是一種「非知識」。這樣的所謂「學問」,把長期被所謂的正統知識所放逐的、所認定的「不可知者」,重新納入我們的視域,例如廣義的「泛靈」與「非人」行動者的實踐。以太魯閣族藝術家東冬・侯溫(Dondon・Hounwn)為例,他繼承了族裡的Smapux(也可稱為「覡」)位置。在太魯閣族語裡,Smapux的意思是「接靈者」,而「藝術」這個首先來自於西方的詞彙,在族語裡面比較接近的則是「Seejiq mpseusa」(成為指引方向的人)。他的創作結合了上述兩個詞彙的精神,並且以泛紋面族群

---

[6] Sarat Maharaj, "Unfinishable Sketch of 'An Unknown Object in 4D': Scenes of Artistic Research," in *Artistic Research*, eds. Annette W. Balkema and Henk Slager (Amsterdam: Rodopi, 2004), 49-50. 引自:高俊宏,〈研究型創作之交鋒與「藝術知識」初探〉,《藝術學研究》34期(2024),頁120-121。

的gaya作為核心，[7]一方面持續面對外來宗教帶來的強勢文化；二方面從部落的生活現場作為出發點，重新反芻祖靈的精神世界。我們可以說這樣的創作觀念是一種非常特別的「死者技藝」，它不那麼涉及「正義」，而更關乎於當代原民生活內涵。另外，年輕創作者梁廷毓的「斷頭河計畫」（2017），也以「鬼靈」與「非人」作為行動者。他透過客家信仰中的三山國王、土地公以及石頭公的對話，開啟了台灣早期「原漢衝突」的另一種詮釋路線。在這個計畫裡面，靈、神明與鬼魂被視為某種能動者，從而形成了一種「近鬼」的藝術路徑，陳飛豪即以「藝術作為理性與非理性論述間的模糊地帶」為題，認為其透過「研究型創作」之名，在科學主義當道之下，保全了非理性敘事與泛靈中心觀點的存在。[8]

以上，相關的藝術案例不在少數，限於篇幅僅作初步介紹。整體而言，本文的動機是以「死學」的探索，事實上是基於目前當代藝術領域已經出現的相關徵候。一方面有鑑於過往歷史的幽靈對於台灣創作者的長期影響，已經到了須要提出另一個替代方案的時候了；二方面，如果說死亡能夠作為一種「學問」的話，正因為死者所具有的高度象徵與交換的價值、功能，很容易成為各種泛政治性的力量操作。而一種「非關正義」、「非英雄」乃至於「非人」的死亡觀念，是否更具備平民、平等的精神？同時，

---

[7] Gaya的意思相當複雜，但是大抵上，有規則、律法、祖訓等意思，其意義類似於泰雅族的gaga。

[8] 陳飛豪，〈梁廷毓的《斷頭河計畫》：藝術作為理性與非理性論述間的模糊地帶&oq=藝術作為理性與非理性論述間的模糊地帶〉，典藏Artouch網站，https://artouch.com/art-views/content-103583.html。檢索日期：2014年8月30日。

死亡本身的模糊性與必然性，除了引介「他者」疊加於我的自身以外，更具有一種譬喻性，關於藝術在當今普遍性的，遍及於各學科的知識化建構過程中，保持叛逆、無法被捕捉的特質，並且邁向一種「非知識」的知識生產。

參考書目

西文

Anderson, Benedict. *Imagined Communities: Reflections on the Origin and Spread of Nationalism*. Revised and extended ed. London: Verso, 1991.

Derrida, Jacques. *Specters of Marx: The State of the Debt, the Work of Mourning and the New International*. Translated by Peggy Kamuf. New York: Routledge, 1994.

Levinas, Emmanuel. *Time and the Other*. Translated by Richard A. Cohen. Pittsburgh: Duquesne University Press, 1987.

Maharaj, Sarat. "Unfinishable Sketch of 'An Unknown Object in 4D' : Scenes of Artistic Research." In *Artistic Research*, edited by Annette Balkema and Henk Slager, 49–50. Amsterdam: Rodopi, 2004.

華文

陳飛豪。〈梁廷毓的《斷頭河計畫》：藝術作為理性與非理性論述間的模糊地帶〉。典藏 Artouch 網站，https://artouch.com/art-views/content-103583.html。檢索日期：2024年8月30日。

廖朝陽。〈理論與虛空〉。收錄於史書美、梅家玲、廖朝陽、陳東升主編，《知識臺灣：臺灣理論的可能性》，台北：麥田，2016。頁141-176。

巫藝
(Shaman Techne)

梁廷毓

「巫藝」（Shaman Techne）作為台灣人文藝術領域的理論關鍵詞，指稱晚近當代藝術創作對於巫文化、鬼靈、民俗祭儀、民間知識，在歷史書寫形式、造形藝術語彙與常民美學觀念的重新挖掘與實踐方法。[1]本文首先從文獻考據「巫」與「工」在漢字的同源、同義性，以及「巫」、「史」、「醫」職能不分的思想；接著考察「藝」的技術性，探究巫術、藝術、療癒與敘事技術之間的內在連結；再以「巫藝」理解在當代藝術的實踐中，交融著民間藝師、巫師與技師的知識，以及對巫術（sorcery）、[2]招魂術

---

[1] 或稱為薩滿技藝。Shaman 一詞目前學界普遍認為源自通古斯族語的 saman，經由俄語譯成英語之 shaman，意指有能力進入出神狀態，並能與神靈溝通之人。本文譯成「巫」是考量本文旨在透過字源考據「巫」、「工」與「史」同源同義、職能不分的思想，並聯繫上「藝」的技術性意涵；以及古希臘 techne 一詞蘊含的藝術、技藝與工藝三者不分的複數意義。將兩者連結起來論述「巫藝」作為在地人文藝術理論關鍵詞之可能性。

[2] 巫術不使用 high magic 的原因，在於其較偏向代表官方的祭司，是一種以鬼神觀為基礎的君權神授與靈魂治理技術的行使者。而 sorcery 則被視為妖術，往往被斥為相對於正義一方的邪惡者所行使，然而這卻也是各種底層眾生（神界的底層為妖、靈界的底層為鬼）反抗上層位階者的方法。台灣作為多重殖民帝

（necromancy）與技術（techniques）、技藝（techne）、工藝（craft）與藝術（art）等多元觀念的轉化，在文化實踐層面的交互關聯。

另一方面，也從歷史的角度，指出長久以來面臨荷西、明鄭與清帝國等多重殖民政權對於文化習俗、語言的壓制，以及漢人的殖墾與移居，平埔族群的尪姨至今仍保留著地方知識與述說歷史的母語。從日本殖民時期以來，台灣民間的靈媒、乩童、部落的巫師祭儀與信仰形式，[3] 以敘事技術與身體性知識，反覆的記憶災難、戰爭、屠殺等複雜交會的歷史，讓被殖民者有著重新敘述自身的契機，進而在殖民政權的知識淨化與治理技術之間產生斡旋的可能。進一步的，以相關創作為案例，呈現藝術創作者們如何藉由這樣的思想資源，透過藝術實踐連結薩滿、鬼魂與超自然等交錯複雜的多元宇宙觀，從不同的倫理關係，重塑吾人對於如何思辨「文化主體性」，提供在路徑與方法上的另類思考。

「巫」和「藝」的思辨

近幾年台灣當代藝術創作中，正漸漸透過記憶挖掘、歷史書寫與檔案的重新翻檢，形塑自身棲居之處的土地感知與生命樣

　　國的邊緣位置，無論漢人民間與原住民部落的「巫」都較貼近以往歷史中被壓抑、排除與消滅的巫術，也較切合本文對於「巫」之當代理解。

3　台灣原住民各族的「巫」也有行使複合型技能的特質，在當代仍扮演著族群記憶表述、心理療癒、生態思辨與文化傳承的作用；唯各族之間「巫」的展現與實踐方式皆不盡相同，各族語言對於「巫」的意涵詮釋也有所差異，這是本文在有限篇幅內所無法深入處理的部分。

態。一方面，民間社會中常見的巫者、靈媒、法師、乩童與尪姨等身分，連帶著祭儀與信仰、靈異傳說與神鬼觀念。無論在影視、文學或是當代藝術的領域，逐漸成為諸多創作者藉以重述歷史與記憶、揭露社會議題與批判現代性問題的思想資源；另一方面，創作者從常民知識研究、民俗田野考察，與巫者、靈媒接觸，進行儀式搬演、執行和拍攝的過程中，往往需要具備講述故事及溝通、協調非理性／理性知識的能力，有時也需要主動進入到整體祭儀與人神溝通的關係之中，甚至在過程中將鬼神視為實際的存在物來對待。

此種工作型態和倫理設想，時常關鍵性地影響著創作邏輯與藝術的生產方式。一方面，這是一項需要逾越既有的學科範疇和理性邏輯，甚至必須跨越創作者的身分，混雜著多種知識，具有不確定性、倫理性的實踐；另一方面，藝術工作者時常交融著非理性經驗、歷史記憶、敘事技術、造型感知與藝術形式等多重的知識，讓這種藝術實踐，隱然回應晚近藝術論述對於當代巫者與創作者之間的聯繫與想像。而且，「巫」作為人與靈性存有之間的中介者，與藝術家作為多重知識、資訊的接受者與轉譯者，在一個不可見的維度上結為了同盟，並非偶然。[4]「巫」儼然成了一個社會壓抑的聲音的化身，他是文化中的潛藏力量，是外來歷史與文明理性所無法自覺表達與認真追尋的潛存狀態。[5] 其所蘊含的宇宙觀，是建立在人與萬物共存、交繞的靈性生態學（spiritual

---

4　嚴瀟瀟，〈薩滿旅程與「內視」的藝術〉，《典藏藝術 ArtRTouch》（2019年8月13日），網址：https://artouch.com/vie。

5　龔卓軍，〈巫士召靈的展覽：不受籠絡的異見〉，《藝術家》463期（台北：藝術家雜誌社，2013），頁255。

ecology）之基礎上。

　　多數部落社會中的「巫」與超自然力量接觸時，是在行使一種迷魂的技能（techniques of ecstasy），[6]使自己呈現神智恍惚、彷彿靈魂出體的意識狀態，從而獲得另一種描述與看待世界的目光。「巫」也被認為是另一種看待現實、介入現實方式的見證。巫師不社會化，連結解放、創造、多重現實與開放式未來的價值觀；巫師代表一個孩子、瘋子、陰陽人，以及藝術家身上烏托邦式的超驗部分。[7]但是，為了更清楚地描述當前台灣藝術領域的創作樣態，有必要先進行「巫」的字義考源與思辨；以及在台灣民俗信仰與歷史脈絡下的理解，也有必要從原住民的實踐中去凸顯當代「巫／藝」的可能意涵。

　　以往不少方志都將「乩童」和「巫」連繫在一起，道士、法師和乩童三者於閩台一帶，在儀式和信仰方面常有融混的現象，甚至兼具彼此的技能；幾乎所有的方志都曾提到台灣有「尚巫」的風俗。[8]回到字義本身，漢字裡的「巫」有著多重的意涵。例如「事鬼神為巫」；[9]「巫者，事鬼神」等。[10]「巫」被認為是專門與異界

---

[6] 米爾洽・伊利亞德（Mircea Eliade）著，段滿福譯，《薩滿教：古老的入迷術》（北京：社會科學文獻出版社，2018），頁2。

[7] 阿希斯・南迪（Ashis Nandy）著，盧秀婷譯，〈巫師、蠻夷之地與荒野：論異見之可聞與文明之未來〉，《民族主義，真誠與欺騙：阿希斯・南迪讀本》（北京：人民出版社，2010），頁93。

[8] 林富士，〈清代台灣的巫覡與巫俗〉，《巫者的世界》（廣東：廣東人民出版社，2016），頁163-164。

[9] 孔穎達，《尚書正義》（北京：中華書局，1999），頁435。

[10] 公羊高撰，劉尚慈譯注，《春秋公羊傳譯注》（北京：中華書局，2011），頁597。

接觸的中介，具有和神靈、鬼魅溝通的能力。原住民社會中的「巫」也具有招魂、祖靈溝通、問卜與解夢等多重的知識和技能。雖然各族巫師執行儀式的範疇皆不盡相同，但是都包括與神界溝通，以達到治病的功能。[11]因此「巫」在各項庶務中，也具有藥草與病疫的知識；古代社會巫術與醫術的關係相當密切，長期以來兩者並用不分，發展出相互為倚又匯合貫通的生命觀。

接著，文獻中也有描述「醫，巫也」，呈現「巫」、「醫」不分之現象，或認為「巫與醫皆所以除疾，故醫字從『巫』作『毉』」。[12]在早期社會，「巫」被視為具有驅鬼與治癒能力之人，人們心神不寧與身體不適時多求救助於「巫」來祈求鬼神治病，以達至心理的療癒與安適感。因此「醫」也是對某種失衡關係的調節與修復身心狀態的技術，甚至包含對於文化的延續、修復與再造。例如，太魯閣族的巫醫——Psapuh除了善於治療各種疾病之外，也常為意外死亡者招魂；從治病的過程，可以看出太魯閣族的巫醫除了強調個人能力，還有族群互動中的文化再創造等面向。[13]

另一方面，以往的祭儀器物與工藝技術的關係相當緊密，甚至在技術和巫術之間存在根源性的關聯。巫術不僅被認為是保全生存技術的力量，所以在古代工匠的實踐中，工具和技術發明大

---

11 胡台麗、劉璧榛，《台灣原住民巫師與儀式展演》（台北：中央研究院民族學研究所，2010），頁12。

12 王念孫，《廣雅疏證》（上海：上海古籍出版社，2017），頁184。

13 王梅霞，〈從治病儀式看泰雅族與太魯閣族的情緒展演〉，《台灣原住民巫師與儀式展演》（台北：中央研究院民族學研究所，2010），頁393。

都與巫術混雜在一起,或在巫術活動中得到發展。[14]例如,排灣族的Pulima(指手工精巧者),其製作的器物便聯繫著生態智慧和泛靈宇宙觀。因此,工匠、技師與「巫」時常為同一人。漢字的「巫」與「工」在詞義也具有同源、同義性:「釋巫:與工同意;釋工:巧飾也。象人有規矩也,與巫同意」。[15]意味著「工」同時指向祭祀、祈禱、降神儀式時的方法與程序,因而是一種關乎如何執行、實作、操作的技術。

再者,「巫」與「史」在文獻中也存在職能不分的認知,在部落社會與漢文化早期,稱職管天象、歷數與史冊的人為「史」;稱從事求鬼、占神、卜卦活動的人為「巫」,這些職務往往由一人兼任,稱為「巫史」[16]。舉凡祝禱、祭祀、卜筮與曆算等事務都是其工作範圍。由於祭祀必須記起儀式程序與咒語,也需要背誦族群神話與歷史,因而讓「巫史」的工作奠基在書寫技術和記憶術之上;甚至必須藉由圖像、聲音或語言等形式來記錄,使知識得以存續。而巫信仰面對外來殖民者或國家力量時的轉變與調適,也反映在巫對於族群傳統的重造與轉化上。例如,當代阿美族的巫師祭儀並非是既定本質不變的社會範疇,族人透過儀式再生成其象徵,讓文化與社會結構更新而展現其內部能動性。[17]

---

14 馬塞爾・莫斯(Marcel Mauss)著,楊渝東、梁永佳、趙丙祥譯,《巫術的一般理論》(北京:人民出版社,2010),頁27-28。
15 許慎著,段玉裁注,《新添古音說文解字注》(台北:洪葉文化,1998),頁98。
16 班固著,陳國慶匯編,《漢書藝文志注釋匯編》(北京:中華書局,1983),頁213。
17 劉璧榛,〈從祭儀到劇場、文創與文化資產:國家轉變中的噶瑪蘭族與北部阿

又如噶瑪蘭人讓巫師祭儀現代劇場化,而逐漸演變成為噶瑪蘭人在國家民主化過程中,去殖民化與去「番」汙名化的協商手段,展現其建構中的主體能動性。[18] 皆可視為一套文化敘事再造與記憶重塑的技術。

另一方面,古希臘的人們也不會特別區分藝術及技術,人們表示藝術及技藝的都是techne一詞。而孫詒讓曾對漢字的「藝」的意義進行考察,指出「藝當謂技能,指事神之事,不涉六藝」。[19]「藝」的原意不是指「六藝」(禮、樂、射、御、書、術),而是一種「事鬼神」而發展出的技藝,和薩滿研究者所用的「技能」(techniques)如出一轍。[20] 但在實際運作中,禮樂和巫是根本無法分開的,禮樂自始就是巫的創造。[21] 達悟族部落中,精細的技藝造型物與族人維持和泛靈世界之間平衡有密切的關係,這個看待超自然力量(supernatural power)的觀念,也透過藝術與工藝的實踐活動而更加具體化。[22] 換言之,「藝」的技術性是源於「通靈」或「禮樂」所使用的造型器物、感官元件與視聽感知的調度能力。在這個意義下,「藝」是巫師在人、鬼、神之間的

美之性別與巫信仰〉,《考古人類學刊》80期(台北:國立臺灣大學人類學系,2014),頁167。

18 同註16,頁160。
19 孫詒讓著,王文錦、陳玉霞校,《周禮正義》9冊32卷(北京:中華書局,1987),頁34-35。
20 余英時,《論天人之際:中國古代思想起源試探》(台北:聯經,2014),頁176。
21 同註19,頁35。
22 王嵩山,《當代臺灣原住民的藝術》(台北:國立臺灣藝術教育館,2001),頁17。

接觸過程中,如何讓人們產生「迷幻」或「相信」的非線性時刻,以及如何被眾人感知到某種溢出既有思考邏輯、語言無法述說之事的一項感覺技術。

綜上所述,「巫」與「史」職能不分,與「醫」同源,又與「工」同義,也藉著「藝」來形構,讓人感知到人、鬼、神之間的關係。那麼是否可以說「巫藝」是一種內涵著複多知識與匯通、協調各種技能的實踐思維。讓鬼神溝通的技能、歷史敘事、療癒功能、實作能力與感知等多種技術之間產生某種極為緊密的聯繫?為了回答這個問題,筆者將以晚近當代藝術的實作案例進行探討。

「巫藝」:台灣當代藝術的實踐案例

若以「巫藝」理解在當代藝術領域的實踐樣態,可以從諸多案例中發覺,這種交融著民間藝師、巫師與技師的知識,以及在文化實踐層面的交互關係。例如,在當代藝術方面,許家維《鐵甲元帥》系列創作(2011-2016),藉由與鐵甲元帥神靈的交涉和協商,將歷史現場的重演與虛構文本的交織,將影像作為敘事招喚過去陰鬱不堪的晦暗記憶之行動,批判性的重塑與反思東亞島鏈下美中冷戰的歷史。或是陳冠彰《地方腔——尪姨說:「 」》(2014),試圖從西拉雅族的尪姨召喚祖靈,讓古老的語言顯形,並處理非語言的深層文化記憶如何被記錄、保存與轉譯的問題;也在作品的製作與展示過程,與西拉雅族的尪姨、阿立祖產生一系列的協作關係。高俊宏《丁修女》(2018)則以觀落陰與靈異探測器在和平島進行西班牙亡靈、日本兵等「帝國幽靈」的調查

與影像，嘗試以民間的「觀落陰」等通靈術（mediumship）為感知創造與敘事方法的思考。

除了上述的創作，阿美族藝術家Siki Sufin《SaLaw帶走的人》（2017），則透過一系列創作引渡的慰靈、悼亡儀式，請求祖靈給予客死他鄉的族人一對翅膀，讓其靈魂可以迴返部落；在作品展演時，也沒有忽視祭祖儀式在創作展出過程的重要性。因此對於被殖民者後代、政治受難者家屬、戰爭受害者的家屬與集體記憶而言，亦被期待為某種社會治療、歷史平反或修復式正義的實踐。另一方面，包括筆者自己進行的《斷頭河計畫》（2017至今），關注到了北台灣內山地區的原、客族群交界帶的山神、土地神、無頭鬼，以及山區衝突事件中的無名死者、族群衝突的地方靈異傳聞；在創作過程與山靈、石爺、土地公等靈體接觸，重新以靈的言語對人群的歷史記憶進協商。

當創作者將「靈」視為一個實體的存在來對待，或是保留讓民眾得以將「靈」視為實體存在的契機時，從創作的過程中、藝術的認識論、創作邏輯與和與「靈」互動的倫理，甚至由「靈」產生的外延效應，這類創作至少在工作方法上，不同於將「靈」視為社會脈絡下的文化想像為背景之作品。上述創作跨越理性與非理性的界線，對各式巫術與技術、工藝、技藝與藝術等多元異質觀念和宇宙觀的整合。一方面，這些藉由書寫、影像實踐結合民俗技藝與薩滿知識所交會的藝術實踐，將現代性的理性知識所除魅世界的重新再魅化，猶如一種迷魂術的當代轉化；另一方面，在某些創作類型中，藝術工作者、書寫者與巫者也進行彼此知識的交流與協作，經由與巫者溝通，保留神靈信仰與儀式中的神意，凸顯神靈與巫者的主體性，甚至讓自己成為祭儀進行時的

助手。這種倫理考量使題材並沒有完全被美學化的展示，反而呈現對於理性邏輯的質疑與保留態度，從中展現了互為主體的空間；亦將巫者與其驅邪、起乩儀式置入到展演之中，鬆動既有的展演結構，開展出多種關於如何記憶、敘述與書寫島嶼歷史的泛靈化思維。

雖然上述的案例，關注的議題與問題面向、區域與時空尺度皆有差異，各自的實踐方式、生產邏輯也不盡相同。但是，在這一波創作型態當中，仍可以發現幾項共享的特質，以及在台灣仍然要面對的未來焦慮及歷史性的問題。亦即，如果我們的知識生產邏輯與思考方式持續的歐美化、理性化，而沒有在過程中不斷地反覆思辨與反思，那麼是否將會愈來愈遠離在地知識的複雜性和多重繁雜的宇宙觀？甚至不斷地喪失由島嶼的地理條件形構的複雜歷史經驗、潛在的思想方法與行動方式？

這並非一項非黑即白的選擇，亦非一種堅決本質論的立場。就台灣歷史各時期遭遇到的殖民者而言，民間社會蘊含的泛靈宇宙觀，逐漸在一波波現代化的過程中消失或被排除，進入理性學科得以支配的範疇。然而，無論過去與今日，多數原住民族的巫覡和平埔族群的尪姨，仍努力保留／復振著地方知識與述說歷史的母語。部落仍然以自身的宇宙觀和環境倫理，轉化現代化造成的壓力與挑戰，藉由口傳記憶、地理知識，轉化災難、戰爭、屠殺，和多重殖民政權持續交會的歷史，使被「被殖民者」有著重新敘述自身的契機；進而在殖民政權的知識淨化與治理技術之間產生斡旋的可能，更在當代與藝術發生了某種交會與創造。

另一方面，上述藝術實踐並非將歷史架置在一個隱喻化「鬧鬼」（ghosting）的時空與政治處境當中，也不將原住民視為「日

本人與漢人社會的他者及邊緣人,似有若無地存在——被幽靈化」的群體。[23] 那些一直被壓抑、潛伏於民間的泛靈思維並未絕跡。在當代藝術方面,反而伴隨著創作與田野工作的日趨緊密,對於歷史敘事與地方知識的挖掘,重新浮上檯面。除了對於宮廟文化中神像、祭儀等實踐、觀念的轉化之外,並不停留於符號挪用手法與造型導向、視覺中心主義的思維;甚至從原住民的巫祭、漢文化的乩童、民間信仰中的陰廟,尋求和薩滿合作、通靈、附身等異質方法,進行創作倫理、生產關係的重構。例如,創作者進行調查時,告知祖靈的入山儀式,經由和神靈「討論」和「同意」之後而調整原定的創作計畫。雖然這些行為在科學理性的應對邏輯下,被認為是和創作無關的多餘舉措,難以被接受,甚至可能被視為某種刻意的表演;卻都是創作者在面對與處理這些民間知識與題材時,自然而然展現出的倫理關係。甚至被不少藝術家們,認為是藝術創作過程中的必要程序。

一方面,這種工作倫理不同於日治時期的土俗調查或1970年代民俗調查運動當中的文史工作者們,進行本土歷史與民俗資料收集與彙整、出版事務(如《民俗台灣》與《漢聲》刊物)。另一方面,亦有別於長久以來和主流學術知識圈沒有交集的靈修團體、宗教組織(如民間諸多的私人神壇、道觀)的信徒、靈修者們,僅藉由和神靈的深層接觸,來專注於自身心靈的修練。相反的,晚近以來的藝術工作者們,在觸及到民俗儀式、靈媒與神靈的創作實踐中,最大的差異之處在於,經常往返於理性和非理性的感知之間;甚至迴返到在地歷史脈絡當中尋找和當代政治、社

---

23 林芳玫,〈鬧鬼〉,《台灣理論關鍵詞》(新北:聯經,2019),頁341。

會現狀之間的聯繫。從創作中協調這些原本矛盾與價值衝突的知識（或是刻意保留種種矛盾所呈現的難題與複雜性，不輕易簡化問題與現象），並透過藝術行動、展演、工作坊與講座等方式，將思考投注於田野中相遇的眾魂、居民以及學者們的對話與交流；也更開放的進行歷史／非歷史材料和敘事的思辨，擴展計畫所觸及到的實踐面向和人際尺度。

這同時也是一種如何看待歷史經驗和敘事邏輯，以及如何處理身體實踐與主體建構過程的檔案技藝（archive techne）。即從「巫」的意念，做好與「靈」交涉的工作，在不可檔案化／檔案化之間思辨性地進行另類敘事生產。另一方面，因為藝術工作者在創作與進入田野的過程中，時常會涉及到進行事物或歷史記憶的檔案化工作（透過攝影、影像、書寫），將原本不是檔案，或還未在檔案中出現的歷史材料，越過既有的學術生產形式，讓相關知識在創作中被轉化與呈現，再進行某種可感知的另類歸檔（而不是檔案管理學式的知識治理技術）。換言之，這種方法同時具備跨學科實踐的潛質，讓知識可以不落入形式化的學術生產（如研討會議程、期刊論文格式），卻又可以透過各種另類書寫、對話場合的設計，靈活地尋求彼此的交流與協作，面向大眾進行廣義的知識生產；甚至讓被視為非檔案（non-archive）、不可能檔案化的事物，有機會納入相對有機、非正式的討論中。

創作者們結合民間技藝、巫術與藝術混雜而成的「巫藝」，打破歷史書寫、民俗技藝、巫祭實踐與美學之間的界線，交織著常民知識、泛靈信仰、社會異議與現代性反思，將之貫連、並起的實踐，成為一種兼具混雜性與協作性的實作方法。藉由「巫」（靈性能力與生態智慧）與「史」（記憶、書寫技術）、「工」（實

作技術)、「醫」(文化療癒與修復術)與「藝」(形構感知的技術)的匯通。最終,因為島嶼自有的複雜族群關係、殖民歷史經驗與在地文化條件,讓巫術、書寫技術、技藝與藝術所形成的跨界／域實踐,呈現台灣當代藝術領域值得探究的現象。

結語

如同孫松榮所述,台灣當代藝術面臨的挑戰,即在於思辨著如何可能逃逸於泛西方化的理論框架和視域之際,展開一種自我方法化的概念工程與藝術實踐。[24] 無論是他論述的「謠言電影」所導向的人民歷史書寫、音像敘事行動與投映場址之間的布署方法;或是史惟筑的「影像乩身」將辯士身體視為讓銀幕影像意義異軌的溝通主體,[25] 皆企圖要回應這一項問題。從筆者關切的面向來說,今日的藝術創作與田野工作的關係日趨緊密,除了涉及到歷史敘事與地方知識的挖掘;「巫藝」也是一種講求倫理與複數知識如何匯通與實踐的技藝(techne),而非資本主義發展下的科技(technology)。以感知力、感受性為基礎,連結、組裝或轉化由現代性與理性意識構成學科分類與專業化邏輯,讓歷史書寫、技術、美學與療癒之間的緊密關係,既呼應以往彼此不分的觀念思維,也呈現今日台灣當代藝術領域的適地實踐之特殊樣態。

「巫藝」不僅反映人文藝術對於人類學、民俗學與泛靈論的魅惑,也讓人文藝術成為異質界域、多個學科領域、知識可能交

---

24 孫松榮,〈謠言電影〉,《台灣理論關鍵詞》(新北:聯經,2019),頁345。
25 史惟筑,〈影像乩身〉,收入本書。

互工作的實驗場域。一方面，嘗試更細緻地貼合台灣當前藝術脈絡的發展趨向，而面對當前全球跨地理的文化交流氛圍，也嘗試以群島的思維，提出一個可能連結台灣、東亞與東南亞地區的一種跨地域視野的實踐性知識，讓其具有區域之間在實踐方法上的對話性，亦具有比較文化研究視野下的潛在特殊性。另一方面，巫藝作為一種在地理論的關鍵詞，在反思現代性巨靈與資本主義怪獸時，也指向在實踐上不止步於西方人文學科的幽靈轉向（spectral turn）對鬼魅意象與纏繞（haunting）隱喻之操作的實踐倫理；而是從在地的「巫」與巫術（sorcery）——此種以往被斥為妖術、被視為非理性的底層民間技藝、超自然的生態倫理等相互交繞的複數宇宙觀，進一步匯通多元的藝術形式，重塑一種思辨文化主體性的路徑與方法。

參考書目

華文

王嵩山。2001。《當代臺灣原住民的藝術》。台北：國立臺灣藝術教育館。
王念孫。2017。《廣雅疏證》。上海：上海古籍出版社。
王梅霞。2010。〈從治病儀式看泰雅族與太魯閣族的情緒展演〉，《台灣原住民巫師與儀式展演》。台北：中央研究院民族學研究所。頁383-429。
公羊高著，劉尚慈譯注。2011。《春秋公羊傳譯注》。北京：中華書局。
史惟筑。2024。〈影像乩身〉。《台灣理論關鍵詞II》。新北：聯經。
孔穎達。1999。《尚書正義》，北京：中華書局。
米爾洽・伊利亞德（Mircea Eliade）著，段滿福譯。2018。《薩滿教：古老的入迷術》。北京：社會科學文獻出版社。
余英時。2014。《論天人之際：中國古代思想起源試探》。台北：聯經。

林富士。2016。〈清代台灣的巫覡與巫俗〉,《巫者的世界》。廣東:廣東人民出版社。
林芳玫。2019。〈鬧鬼〉,《台灣理論關鍵詞》。新北:聯經。
胡台麗、劉璧榛。2010。《台灣原住民巫師與儀式展演》。台北:中央研究院民族學研究所。
班固著,陳國慶匯編。1983。《漢書藝文志注釋匯編》。北京:中華書局。
阿希斯·南迪。2010。(Ashis Nandy)著,盧秀婷譯。〈巫師、蠻夷之地與荒野:論異見之可聞與文明之未來〉,《民族主義,真誠與欺騙:阿希斯·南迪讀本》。北京:人民出版社。
馬塞爾·莫斯(Marcel Mauss)著,楊渝東、梁永佳、趙丙祥譯。2010。《巫術的一般理論》。北京:人民出版社。
孫飴讓著,陳玉霞校。1987。《周禮正義》9冊32卷。北京:中華書局。
孫松榮。2019。〈謠言電影〉,《台灣理論關鍵詞》。新北:聯經。
許慎著,段玉裁譯注。1998。《新添古音說文解字注》。台北:洪葉文化事業公司。
劉璧榛。2014。〈從祭儀到劇場、文創與文化資產:國家轉變中的噶瑪蘭族與北部阿美之性別與巫信仰〉。《考古人類學刊》80期,頁141-178。
龔卓軍。2013。〈巫士召靈的展覽:不受籠絡的異見〉,《藝術家》463期,頁252-255。
嚴瀟瀟。2019。〈薩滿旅程與「內視」的藝術〉,《典藏藝術 ArtRTouch》。網址:https://artouch.com/view/content-11530.html。

抒情置換
（Lyrical displacement）

謝世宗

抒情的基本特徵：表情、人倫、嘆逝

「抒情」可以初步定義為主體的情感抒發，接近西方浪漫主義以降的「表現理論」（expression theory）。主體表現的情感可以包含喜、怒、哀與樂等等不同的種類，但中國的抒情傳統卻是以哀情或悲情為主流，亦即「詩可以怨」的傳統詩教；即便是歡樂的情感也常以哀情作結，如漢武帝的「歡樂極兮哀情多，少壯幾時兮奈老何」。然而，情感通常並不會無端生發，而是由外界的變化所引起，正所謂的「觸景生情」或「即景抒情」，而以鍾嶸《詩品》的話來說則是「氣之動物，物之感人，故搖盪性情，形諸舞詠」。另一方面，主體的情感會反過來投射到外物，形成「情景交融」的詩歌美學，如杜甫的「感時花濺淚，恨別鳥驚心」。

如果以上的描述是抒情的基本心理機制，那與「抒」互訓的「杼」則具有「編織、合成」的意涵，亦即情感的抒發最終必須

以「文」（文字、文本）的形式呈現與流傳。[1]在中國古典的抒情傳統中，文本化的主要形式自然是以文言文書寫的詩歌。陳世驤將中國的抒情傳統溯源至《詩經》與《楚辭》，並認為漢樂府詩確立了其後中國詩歌的特色。[2]在這些詩歌中，「愛、死亡、友誼、眷念故土、離別之苦以及與命運相抗爭的心靈」是其偉大的主題，正點出抒情的物質基礎乃是人跟人的關係，以及衍生的愛情、親情與友情。[3]

在陳世驤抒情傳統的體系中，除了人倫的情感，時間的流逝與衍生的情感本就佔有重要的地位。他認為屈原的《離騷》作為中國文學傳統中的「詩時之始」；[4]其中《九歌》〈惜誦〉所謂的「惜誦以致愍兮，發憤以抒情」亦間接點出憶往與抒情的密切關連。在古文中「杼」與「梭」同為編織的工具，如江淹的「流黃夕不織，寧聞梭杼音」；「杼」與「梭」同樣可以隱喻時間，如「歲月如梭」的成語。因此，抒情文類或傳統的核心乃是「時間的流逝」，所抒發的情懷可以限定為「美好事物隨時間消逝的哀傷」；而此處的美好事物包含愛情、親情、友情，也包含與前面三者交織難分的個人生命，與其必然歷經的生老病死、相聚別離。

1　王德威，《現代抒情傳統四論》（台北：臺大出版中心，2011），頁i。
2　陳世驤，〈中國文學的文化要義〉，張暉編，《中國文學的抒情傳統——陳世驤古典文學論集》（北京：三聯書店，2015），頁53。
3　陳世驤，〈中國文學的文化要義〉，頁50。
4　陳世驤著，古添洪譯，〈論時：屈賦發微〉，葉維廉等著，《中國古典文學比較研究》（台北：黎明文化，1977），頁47-105。

文言的書寫系統與抒情的共感

不同於「我手寫我口」的白話文容易因為時間的變化而變化，作為「書寫語」的文言文，則是相對穩定的書寫系統。或許是因為穩定的書寫系統構成了一個相對穩定的文化傳統，陳世驤認為抒情傳統可以經過時間的考驗而歷久不衰，即使面對歷史的演化也能保有一定程度的同質性。[5] 先不論源遠流長、歷久彌新的原因為何，抒情傳統因其穩定的書寫系統而具有跨時代的特性；文人透過共享的書寫系統超越了有限的自我生命，「進入亙古的人文意識，進入了人的歷史和人的文藝，證明不朽乃是人力所能企及的」。[6] 進一步而言，因為韶光易逝、寰變為石並非僅限於個人而是古今皆然，所以個人可以暫時超脫自我的有限生命，成為人類全體命運的旁觀者。觀眾由觀看個人的命運，反思「自己有限生命之經歷變化，而進觀自然無限時間內之生滅，以造成『宇宙之悲哀』（cosmic sorrow）」。[7] 感受此一宇宙之悲哀的個人，並非完全陷入自哀自怨的悲劇情調中不可自拔，而是在「心誦、沉思、靜念」之中體驗「一種超脫感」。[8] 從建構論的觀點而言，透過文言文這個相對穩定的書寫系統，個人與傳統不斷對話並彼此建構，形成了所謂的抒情傳統，因此傳統中的個人才得以投入其

---

[5] 陳世驤，〈中國文學的文化要義〉，頁34-35。
[6] 陳世驤，〈以光明對抗黑暗：《文賦》英譯序文〉，《中國文學的抒情傳統》，頁211。
[7] 陳世驤，《陳世驤文存》（台北：志文，1972），頁112。
[8] 陳世驤，〈中國詩之分析與鑑賞示例〉，劉守宜編，《中國文學評論第一冊》（台北：聯經，1977），頁18。

共同的感覺結構,並感受到超克時空限制的古今同一感。

抒情置換的機制:以《戀戀風塵》為例

王德威認為中國20世紀中期是個史詩的時代,強調的是革命、啟蒙與現代化的大議題;但少數有心人反其道而行,召喚中國的抒情傳統,其意義不容忽視。[9]繼其前作對壓抑的現代性的探討,王德威再次進行文化考掘的工作,探討20世紀中期被壓抑的抒情傳統與現代性之間的辯證關係。[10]弔詭的是,在中國五四論述中隱而不顯的抒情傳統,在戰後台灣國家機器的主導下一躍而成「主導文化」,如徐志摩與朱自清等浪漫派或傳統主義作家,成了五四文學在台灣的代言人,其影響力至今不墜。[11]在這樣的背景下,陳世驤、高友工與胡蘭成等人,對中國抒情傳統的重新發現與發明,在台灣造成巨大的迴響應非偶然,更直接影響了朱天文與侯孝賢。如朱天文在訪談中提及陳世驤靜態悲劇的概念,為《悲情城市》(1989)獨特的美學風格辯護。[12]盧非易則指出侯孝賢所謂的「天意」,深受到胡蘭成的「大自然五大基本法則」的

---

9 王德威,〈「有情」的歷史——抒情傳統與中國文學現代性〉,《中國文哲研究集刊》33期(2008),頁77-137。

10 王德威著,宋偉杰譯,《被壓抑的現代性:晚清小說新論》(台北:麥田,2003)。

11 Yvonne Sung-sheng Chang, *Literary Culture in Taiwan: Martial Law to Market Law* (New York: Columbia University Press, 2004), 88.

12 更不消說兩人都受到五四時期抒情主義大將沈從文的影響。Emilie Yueh-yu Yeh and Darrell William Davis, *Taiwan Film Directors: A Treasure Island* (New York: Columbia University Press, 2005), 157-162.

哲學影響,因此「人與事不再是電影敘述或鏡頭的重心」,而是將「人世的小悲小喜化在大自然的從容游移」。[13]

然而,以大自然化解人世的小悲小喜,是否也隱含了以普世性置換社會性的陷阱?以《戀戀風塵》為例,電影講述原本居住在山城的少年阿遠與阿雲,到大城市台北奮鬥求生的故事。相對於彷彿停留在發展之外的山城,台北都會在一開始,就是這群鄉村居民想像中的許諾之地;但在個人與外在社會力的抗爭、協商失敗後,台北逐步顯露出真實的面貌:城市不過是另一個令人窒息的礦坑。如同他們在山城的父親所工作的礦坑,這群年輕人移居的台北也是暗無天日。不只他們最常聚會的電影院後台往往光線昏暗,台北陰暗狹長的巷弄幾乎讓觀眾誤以為是礦坑中的甬道。的確,鐵軌與甬道的意象不只出現在山城與礦坑,也同樣「貫穿」台北,而陰暗的工廠中不斷轉動的機器(如印刷機與裁縫機)與單調的嘎嘎聲,更呼應礦坑裡台車與輸送帶運轉的機械聲。種種場景設計暗示台北作為允諾之地的虛幻,以及鄉村與城市事實上屬於同一個資本主義結構。

從山城到城市的移民,因此並沒有經歷由下而上的階級流動:底邊階層仍然屬於底邊階層。當礦車將阿遠的父親送到地底的礦坑時,火車事實上也將阿遠這一代的年輕人,從山城送到另一個台北的礦坑。當煤礦為資本主義的發展提供動能時,來自鄉村的人力其實不過是「人形的煤礦」,為城市的發展添加動力。不論是挖煤礦的工人或作為煤礦的工人,在政府的宣傳中都是台

---

[13] 盧非易,《台灣電影:政治、經濟、美學1949-1994》(台北:遠流,1998),頁303-305。

灣經濟奇蹟的無名英雄;然而電影清楚告訴我們,他們的「英雄」美名背後的真正身分,乃是促使經濟發展的「無名」的墊腳石,是在現代化的生存場域中,被犧牲利用卻被遺忘忽視的塵埃。如同英文片名「*Dust in the Wind*」所指明的,《戀戀風塵》強調個人在社會力的限制下,不由自主的困境,有如風中的塵埃,風吹到哪,塵埃就落到哪;摶扶搖而直上不過是妄想,地上的塵土終歸要回歸塵土。

阿遠在城市歷經種種挫敗之後回到鄉村,與在大自然背景襯托下的祖父,有一段對話,呈現了從個人的人生困頓到普世性的生命無常的跳躍。祖父說道:「沒種(蕃薯)以前都不下雨,等到種了,牽藤了,颱風卻來了,這些藤你看都被吹斷了」。這段談話所揭示的,無非是大環境的運作豈能盡如人意的道理;也同時說明阿雲在阿遠當兵時嫁人,並非阿遠個人的意志可以掌控。祖父的智慧一方面來自與自然共生共存的生活,體悟了月的陰晴圓缺,乃是自古難全的事實;另一方面來自看盡人生百態,經歷無數人事起伏的生命智慧。不同於年輕人「為伊消得人憔悴」的耽溺,祖父因為「慣看秋月春風」,而最終能有一份領悟。簡而言之,認知到無常的無法超脫,故得以旁觀者視角凝視無常,正是個人得以超脫無常的先決條件。

此處的颱風可以視作自然、宇宙的提喻:個人與社會的抗爭與協商,猶如蕃薯與颱風的協商,二者的失敗均是「自然」現象。換言之,「自然化」的過程將現存的社會力去歷史化,不但暗示社會力的必然存在,甚至是不可改變的,就如諺語所說的「人生不如意十之八、九」,乃是「自然」的規律。既然無可改變,唯有訴諸人的達觀,自己退一步海闊天空。但退一步的同

時，個人也退出了參與歷史、改變歷史的積極角色。抒情的置換因此為個人與社會的矛盾提供了一個象徵性的解決方案：一方面，解決方案賦予電影一種結束感（a sense of ending）；另一方面，貫穿電影的階級矛盾並未真正解決，因此該方案頂多只能是象徵性的。[14]《戀戀風塵》有其社會批判的意識，但最終以個人感悟取代了結構性的批判，削弱了電影本身所具有的社會意識；社會力化約或置換成自然律，又間接昭告了協商與改變的不可能。

電影的最後一個鏡頭，以大遠景呈現陸地、海洋與布滿雲層的天空，呈現大自然的變化無常，暗示人事譎詭與天象相應。同時攝影機將觀眾抽離，以旁觀者視角凝視人世與自然的變化，如陳世驤所言，得以「由自己有限生命之經歷變化，而進觀自然無限時間內之生滅」。[15]古代中國人所謂的自然早已有人在其中，因此不妨名之為包含一切的宇宙；但包含人世行為的宇宙卻又自有其本然的規律（一種循環時間），因為春夏秋冬、成住壞空、悲歡離合、生老病死，在在超越個人的意志與協商的努力。就微觀層面來看，個人生命的開展不斷地直線前進，確實如希臘哲人赫拉克里斯（Heraclitus）所謂的「舉足復入，已非前水」，乃是一種不可逆的一次性時間。就巨觀層面來看，全體人類的命運流轉、人事起伏，如同大自然的四季循環，包容在整個無盡宇宙的規律之中。正因為個人是人類的「一分子」，所以個人生命得以結合人類整體永恆共存的命運，而與無限循環的自然時間相對

---

[14] Fredric Jameson, *The Political Unconscious: Narrative as a Socially Symbolic Act* (Ithaca: Cornell University Press, 1981), 77-81.

[15] 陳世驤，《陳世驤文存》，頁112。

峙、相呼應、相終始。

因此,《戀戀風塵》整部片子從個人的層面出發,開展出個別角色的社會性(亦即作為底邊階層的一分子);但片末的抒情置換以普世性取代了社會性,並以象徵性的解決方案,不只收束了整個敘事開展,也避免了與階級矛盾面對面的直視。

抒情傳統在台灣

雖然抒情文類本來就是中國文學的重要組成,但陳世驤的抒情理論在台灣受到如此的注目,或許不能離開台灣在地的政治、歷史與文化脈絡。[16]戰後台灣在國家機器的推動下,經由排除、選擇與提倡的程序所再建構與再發明的「中國傳統」,為學術論述提供了具體的文化環境,而學術論述又可以反過來強化國家機器建構的傳統。張誦聖指出抒情傳統與戰後台灣的政治脈絡密不可分,並認為1950年代官方獨尊反共文學,導致反映與批判現實的寫實文學失去空間;而抒情文類因為不具有強烈的政治性,反倒可以在國民黨「軟性的威權主義」下蓬勃發展。[17]抒情傳統成為戰後台灣的主導文化(之一),不只有賴於學術論述的建構,也必須建立在國家機器重建中國文化傳統的基礎上。

抒情詩作為抒情傳統的主要媒介,如柯慶明所言,所捕捉的是「超越於社會倫理、政治關懷之外,而直接與宇宙精神交感契

---

16 黃錦樹的文章對此一學術傳統在台灣的發明與轉化,提供了歷史性的梳理,以及批判性的解讀,深具參考價值。黃錦樹,〈抒情傳統與現代性:傳統之發明,或創造性的轉化〉,《中外文學》34卷2期(2005),頁177-178。

17 Yvonne Sung-sheng Chang, *Literary Culture in Taiwan*, 73-89.

合的真理領悟的心靈經驗」,[18] 但放在戰後威權體制的脈絡中,其超越性與宇宙精神的追求是否也有抽離現實的危險?對此,黃錦樹就認為,抒情傳統所建立的美典存在於「超歷史空間」,是一種「免於政治迫害的技藝」。[19] 張誦聖雖未直接點名抒情傳統,但曾以琦君的作品為例,討論戰後抒情散文的意識形態功能。例如,琦君的〈髻〉(1969)中妻妾的長年心結,最終在人生無常的感悟下化解。故事召喚溫柔敦厚的傳統道德,以及佛教與道教的了悟超脫以化解個人的悲傷,然而卻讓一夫多妻制的壓迫性父權結構得以逃脫批判。[20] 類似的抒情置換同樣出現在紀錄片《無米樂》(2004)。片中農民在WTO經濟架構衝擊下面臨滅農的命運,但電影抒情的筆調、受訪者宿命論的觀點、耕田如修行如參禪的說法,以及面對絕境仍然可以「Let It Be」的達觀態度,在在削弱了紀錄片原本的批判意圖與階級觀點。[21] 從〈髻〉到《戀戀風塵》再到《無米樂》,雖然只是茲舉數例,但可以見證抒情傳統在戰後台灣的影響力,以及當抒情文類遇上現實批判時,可能隱含的洞見與侷限。

---

18 柯慶明,《中國文學的美感》(台北:麥田,2000),頁175。
19 黃錦樹,〈抒情傳統與現代性〉,頁177-178。
20 Yvonne Sung-sheng Chang, *Modernism and the Nativist Resistance: Contemporary Chinese Fiction from Taiwan*(Durham: Duke University Press, 1993), 28.
21 從左翼的觀點來看,郭力昕對該片濫情與去政治化的指控,並非無的放矢。見郭力昕著:林郁庭譯,〈濫情主義與去政治化——當代台灣紀錄片文化的一些問題〉,《Fa電影欣賞》125期(2005),頁51-55。

參考書目

西文

Chang, Yvonne Sung-sheng. *Modernism and the Nativist Resistance: Contemporary Chinese Fiction from Taiwan*. Durham: Duke University Press, 1993.

_____. *Literary Culture in Taiwan: Martial Law to Market Law*. New York: Columbia University Press, 2004.

Jameson, Fredric. *The Political Unconscious: Narrative as a Socially Symbolic Act*. Ithaca, NY: Cornell University Press, 1981.

Yeh, Emilie Yueh-yu, and Darrell William Davis. *Taiwan Film Directors: A Treasure Island*. New York: Columbia University Press, 2005.

華文

王德威。2008。〈「有情」的歷史──抒情傳統與中國文學現代性〉,《中國文哲研究集刊》33 期。頁 77-137。

───。2011。《現代抒情傳統四論》。台北:臺大出版中心。

王德威著,宋偉杰譯。2003。《被壓抑的現代性:晚清小說新論》。台北:麥田。

柯慶明。2000。《中國文學的美感》。台北:麥田。

郭力昕著,林郁庭譯。2005。〈濫情主義與去政治化──當代台灣紀錄片文化的一些問題〉,《Fa電影欣賞》125期。頁 51-55。

陳世驤。1972。《陳世驤文存》。台北:志文。

───。1977。〈論時:屈賦發微〉,古添洪譯,葉維廉等著,《中國古典文學比較研究》。台北:黎明文化。頁 47-105。

───。1977。〈中國詩之分析與鑒賞示例〉,劉守宜編,《中國文學評論第一冊》。台北:聯經。頁 1-19。

陳世驤著,張暉編。2015。《中國文學的抒情傳統──陳世驤古典文學論集》。北京:三聯書店。

黃錦樹。2005。〈抒情傳統與現代性：傳統之發明，或創造性的轉化〉，《中外文學》34卷2期。頁157-185。

盧非易。1998。《台灣電影：政治、經濟、美學1949-1994》。台北：遠流。

知識殖民地
(Coloniality of Knowledge)

王敏而

「知識殖民地」一詞意在指出台灣目前學術研究仍相當大程度被歐美學界制約的現況，從而在知識生產層次上依然處於殖民地的地位。然而「知識／台灣」研究學群的成立代表著「知識殖民地」的現況開始成為台灣學術界的問題意識，進而開始探索如何以去殖民的角度開發出既屬於台灣又能與世界對話的「台灣理論」。在知識台灣學群所出版的第一冊論文集《知識臺灣：臺灣理論的可能性》中，陳瑞麟認為，台灣理論的建立與學術社群文化的塑造有著密不可分的關係。陳瑞麟將學術社群的運作模式區分為五個類型：第一類是對本土現象毫不關心，只著重於對歐美理論探討的學術被殖民社群；第二類是只關注本土現象和本土理論，但不與其他社群對話的封閉型社群；第三類是在第一類社群中出現幾位關注本土現象的成員，但卻未還不足以引發足夠的討論進而形成本土理論的社群；第四類較第三類更進一步，其中有部分成員開始嘗試發展本土理論，卻還沒有獲得足夠重視的社群；最後第五類是奠基於本土現象，開發本土理論；卻同時勇於面向其他社群的挑戰，並嘗試在不同社群間激起更多討論的社群。而第五類社群乃是最適宜發展成熟、自信且不被殖民的台灣

理論體系的社群。[1]要想建立這樣的社群，需要一個互動性社群的學者之間「相互閱讀彼此的作品、相互溝通、相互討論，相互對話、相互引證、甚至相互批判」。[2]以此為出發點，本文擬將音樂學研究的視野納入台灣理論的建構過程，並以呂鈺秀的《台灣音樂史》一書為例，在討論台灣音樂的研究方法和視野如何受限於歐美音樂學術發展的同時，也指出這種以外來理論套用到本土現象所產生的不足之處似乎是建構台灣理論的必經過程。最後在結論中提出一些如何更進一步超克台灣「知識殖民地」現況的可能方式，作為延伸並擴充「知識（去）殖民」概念的系譜。

被殖民的《台灣音樂史》

台灣音樂學界對「台灣音樂史」的定位在大約在2000年前後產生了重大的轉變。在90年代本土化潮流興起以前，台灣音樂史相關的研究並沒有太多的開展，這方面的著作也均以「初稿」或「史綱」為名，例如許常惠的《台灣音樂史初稿》及薛宗明的《台灣音樂史綱》，這樣的書名也暗示了2000年以前台灣音樂史研究的不足之處。直到2003年，第一本書名中不帶「初稿」或「史綱」的《台灣音樂史》終於成書，為「台灣音樂史」作為一個獨立研究領域立下重要的里程碑。然而本文以為，在書寫模式上，呂鈺秀的《台灣音樂史》明顯受制於西方音樂學術發展的意

---

[1] 陳瑞麟，〈可以有臺灣理論嗎？如何可能？〉，史書美、梅家玲、廖朝陽、陳東升主編，《知識臺灣：臺灣理論的可能性》（台北：麥田，2016），頁38-40。
[2] 陳瑞麟，〈可以有臺灣理論嗎？如何可能？〉，頁32。

識形態,而沒有在根本的方法論上為台灣音樂開展出新的論述模式,從而形成了一種「殖民式書寫」。在討論《台灣音樂史》的書寫結構前,本段落將簡要回顧西方音樂學術發展的歷程,作為閱讀《台灣音樂史》的脈絡。

1885年桂多・阿德勒(Guido Alder)的論文〈音樂學的範疇、方法與目標〉(The Scope, Method, and Aim of Musicology)為音樂學成為一個獨立研究的學門奠定了重要的基礎。文中阿德勒將音樂學分成「歷史音樂學」(Historical Musicology)與「系統音樂學」(Systematic Musicology)兩大領域,兩者均以歐洲藝術音樂的作品作為主要研究對象。歷史音樂學強調音樂歷史的論述方式;系統音樂學則強調對單一作品結構、風格的深入探討。而對歐洲以外音樂文化的研究則歸類為比較音樂學(Comparative Musicology),是系統音樂學下的其中一個分支。在後續幾十年的發展中,除了比較音樂學在美國於1950年代被更名為「民族音樂學」(Ethnomusicology),並獨立成為音樂學研究的一個次領域外,阿德勒所提出的研究架構仍相當大程度的影響著當前的音樂學研究取向。

這樣的分類法至少蘊含了三個意識形態。首先是顯而易見的歐洲中心主義,在阿德勒為音樂學劃下的研究範疇中幾乎只包含歐洲藝術音樂,而世界其他地區的音樂文化僅被劃入系統音樂學下的其中一個分支。隱含了歐洲藝術音樂文化是獨立且高於世界其他地區音樂文化的意識形態。建立在這個基礎上,第二個意識形態是歐洲音樂文化的發展是自成歷史脈絡,而沒有受到其他民族音樂的影響,意即歐洲音樂與其他民族音樂是彼此獨立,且沒有關聯的兩個概念。最後是延續自阿德勒的意識形態,即便在民

族音樂學獨立為次領域後，音樂學的研究長時間是以所謂「藝術音樂」和「傳統音樂」為研究對象。在這個架構下，「流行音樂」的研究大約到二戰後才被納入音樂學的研究範疇中。

即便成書於2003年，在《台灣音樂史》的書寫結構中依然可以清楚的看到來自阿德勒的影響，同時也承襲了上述的意識形態。《台灣音樂史》的結構為上、下兩篇，分別是「時間長流下的音樂生活」，討論歷史上不同時期台灣的音樂活動；「音樂特色的發展與變化」，著重於各種音樂類型的分析。各章節又再細分為「原住民音樂」、「漢族傳統音樂」與「西式音樂」三個大類。這樣的書寫策略既隱含西方音樂學發展的意識型態，同時也限制了讀者對台灣音樂史的理解。

首先是將西式音樂和漢族傳統音樂彼此獨立，這樣的架構無法解釋20世紀上半葉至中葉許多的音樂文化現象，例如現代國樂團的誕生與發展。《台灣音樂史》將現代國樂團在台灣的發展歸入漢族傳統音樂的範疇，卻沒有提及這個演奏形式與其他漢族傳統音樂的關係，原因是現代國樂團是19世紀後半葉受到西方文化衝擊之後，中國知識分子為了尋求音樂現代化而將中國樂器依據交響樂團架構組織而成的合奏形式。中廣國樂團的團員高子銘在其著作《現代國樂》中清楚地揭示了國樂團中各個樂器與交響樂團的參照關係。[3]但在西式音樂／漢族傳統音樂的二分法中，國樂團固然無法被歸類為西式音樂，但歸類在漢族傳統音樂也同樣無法使讀者充分的了解現代國樂團的歷史。於是，當前在台灣享有大量公家資源的國樂團只在《台灣音樂史》的上篇中分配到不足

3　高子銘，《現代國樂》（台北：正中書局，1959）。

五頁的篇幅；下篇漢族傳統音樂分析的章節完全沒有提及關於國樂團的作品。這個缺漏背後根本的原因即在於《台灣音樂史》依循著西方音樂學的意識形態，將西式音樂與漢族傳統音樂各自獨立論述；而過於簡化了背後彼此交纏的複雜音樂文化，乃至於整個現代化進程對台灣音樂史造成的影響。

其次，將音樂去脈絡化的簡化為「作品」，分析其和聲走向和美學價值的意識形態則明顯影響了《台灣音樂史》中關於原住民音樂的描述。書中布農族〈祈禱小米豐收歌〉（pasi-but-but，俗稱布農族的八部合音）的段落可以做為這方面的例證。〈祈禱小米豐收歌〉是布農族祭典中不可或缺的一部分，但在後續的行文中卻完全忽略了〈祈禱小米豐收歌〉的儀式與意義脈絡，而將注意力轉移到音樂分析。書中呂鈺秀將〈祈禱小米豐收歌〉視為一個有如「作品」般的客體存在，並企圖找出這部作品的基本共通型態。由於忽略了〈祈禱小米豐收歌〉作為儀式音樂，因此難以具有固定型態的本質，呂鈺秀只能訴諸系統音樂學式的美學探討來做結：「如此多樣的變化，使此曲動聽而不呆板，也展現布農族天生敏銳的和諧音程追逐概念」。[4]將原住民音樂去脈絡化的套入系統音樂學的解釋框架中，相當大程度上簡化了原住民音樂文化，〈祈禱小米豐收歌〉只是《台灣音樂史》中的其中一例。

最後是關於流行音樂的意識形態。從20世紀下半葉開始，台灣在華語流行音樂中一直扮演著舉足輕重的地位；但在《台灣音樂史》中，流行音樂文化只分配到不足二十頁的篇幅。同時，呂鈺秀將流行音樂被劃分在西式音樂的範疇下的做法，同樣也限縮

4　呂鈺秀，《台灣音樂史》（台北：五南圖書，2003），頁277-78。

了關於流行音樂多樣性和各種音樂文化彼此交互影響的理解。在第五章中，呂鈺秀勾勒出戒嚴時期流行音樂與國族塑造之間的關係，並舉歌曲〈梅花〉、〈龍的傳人〉為例。這固然概括了台灣流行音樂的其中一條軸線，[5] 但這樣的架構無法解釋許多原住民歌手的誕生，例如胡德夫、陳建年、紀曉君……等等。此外，若依據書中關於流行音樂的論述模式，同樣無法解釋許多過去十五年來在台灣具有代表性的音樂事件。例如從張惠妹到阿密特的轉變，該被歸類在原住民音樂還是流行音樂的分類下進行探討？2010年由兩廳院推動的旗艦製作《很久沒有敬我了你》，結合了原住民歌手、流行音樂和交響樂團等許多音樂元素，又該如何用《台灣音樂史》的架構找到定位？

上文的的三個短例凸顯了《台灣音樂史》的方法論結構延續了西方音樂學術發展的歷史／系統／民族三分法意識形態，和這些意識形態如何箝制了《台灣音樂史》對台灣音樂文化的解釋。

建構以台灣為主體的方法論

縱然《台灣音樂史》的寫作有許多不完美之處，但其出版在台灣音樂學界引起了高度的重視，也引發了討論。金立群便將《台灣音樂史》和奧地利音樂史的寫作史觀進行比較研究，認為兩者皆不應被「國界」限制了音樂史的寫作。舉例而言，莫札特普遍被認為是一個相當「奧地利」的音樂家，但布拉格同樣在莫札特的創作生涯中扮演著舉足輕重的地位，那麼在奧地利音樂史

5　呂鈺秀，《台灣音樂史》。

中該如何處理莫札特與布拉格相關的創作呢？[6]同理，《台灣音樂史》為了凸顯台灣的主體性，將大量的篇幅集中在原住民音樂的介紹上，從而淡化與中國音樂有連結的台灣音樂文化，例如國樂團，同樣是《台灣音樂史》被「國界」侷限音樂史書寫的可惜之處。[7]套用陳瑞麟關於學術文化塑造的分類法，本文以為這樣的討論標誌著從第三區域邁向第五區域的學術進展，意即從以外來理論詮釋本土現象的狀況轉向以開放態度進行批判，並與其他學術社群對話，進而形成理論系譜的過程。

奠基在這些討論上，筆者提出三點作為深化台灣音樂史該如何論述，乃至於如何讓音樂學在台灣理論的建構中，扮演更主動的角色的可能性。首先在台灣音樂史的方法論層面，應該要能夠跳脫以曲種為標籤的分類方式，重新審視在台灣這塊土地上究竟發生過哪些音樂活動，而這些音樂活動又該如何被納入更廣泛的台灣史脈絡中進行解讀。例如90年代本土化的潮流如何影響台灣歌手的創作與表演風格、各職業樂團的曲目規劃以及南北管的分布情形……等等；同時嘗試發掘音樂文化間的交互影響，而非涇渭分明的以曲種作為標籤各自論述。

其次是不應把西方音樂／傳統音樂視為對立的對象，從而假定在所謂西方音樂傳入之前（特別指19世紀後半葉以降），傳統音樂有一個固定的型態，之後產生的變遷都是因西方音樂的傳入而起。舉例而言，教會音樂在荷蘭／西班牙殖民時期就已傳入台

---

[6] Lap-Kwan Kam, "Writing Music History in Austria and in Taiwan: Some Preliminary Observations"，《臺大文史哲學報》61期（2004），頁166。

[7] Lap-Kwan Kam, "Writing Music History in Austria and in Taiwan," 122。

灣進而與原住民音樂產生互動,這些互動的結果是否在後續的17、18世紀中成為台灣音樂文化的DNA,進而被視為一種「傳統音樂」的一部分?

最後是後續台灣音樂史寫作的方法論與史觀如何能夠跟其他學科,有如台灣文學史、繪畫史、建築史、社會史,甚至科學史和經濟發展史進行更深入的對話,進而從這些互動中共同建構出台灣理論?例如Fosler-Lussier指出古典音樂在美國的冷戰文化外交中扮演著舉足輕重的地位。[8]這樣的觀點如何能夠進一步解釋古典音樂在台灣的發展史,而音樂又如何能提供另一種視角讓台灣的冷戰歷史能有更進一步的研究?

結論:邁向知識去殖民

1996年,Apffel-Marglin和Marglin提出了「由發展到對話」的概念作為討論知識去殖民的方法。他們指出從啟蒙運動以後,西方國家的知識象徵著普世和進步;在地知識則被視為侷限且落伍的。當其他地區的人民為了想要「發展」知識,而主動求取「進步」的西方知識時便落入了知識殖民的狀態。因此Apffel-Marglin和Marglin認為西方知識和在地知識的關係應該由「發展」轉向「對話」,進而打破「西方/其他地區」這樣位階高低關係的二分法與知識殖民的現況。[9]2000年,查克拉巴提(Dipesh

---

[8] Danielle Fosler-Lussier, *Music in America's Cold War Diplomacy* (Oakland, CA: University of California Press, 2015).

[9] Fredric Jameson, *The Political Unconscious: Narrative as a Socially Symbolic Act* (Ithaca: Cornell University Press, 1981), 77–81.

Chakrabarty）進一步提出「省級化歐洲」（provincializing Europe）的概念，意指政治、文化、經濟……等等各面向均不應再將西方的標準視作唯一的準則。[10]

這些倡議為台灣學術社群文化的塑造提供了兩點思考。第一是關於西方理論的態度，本文以為台灣學術社群應不再將西方學術理論當作唯一依歸，而應「省級化」西方理論，並批判性地把西方理論引入台灣；第二是「對話」，台灣學術社群的對話應該要是多面向的，應包括台灣內部跨學科的對話、台灣與其他亞洲國家，乃至於第三世界國家學術圈的對話，而不能僅止於面向西方，與西方理論對話。筆者相信這種多面向的對話將成為台灣學術社群邁向第五類型進而發展台灣理論的養分，使台灣的知識生產跳脫殖民地的現況，邁向知識去殖民。

參考書目

西文

Apffel-Marglin, Frédérique, and Stephen A. Marglin, eds. Decolonizing Knowledge: From Development to Dialogue. Oxford, UK: Oxford University Press, 1996.

Chakrabarty, Dipesh. *Provincializing Europe: Postcolonial Thought and Historical Difference*. Princeton, N.J.: Princeton University Press, 2000.

Fosler-Lussier, Danielle. *Music in America's Cold War Diplomacy*. Oakland, California: University of California Press, 2015.

---

[10] Dipesh Chakrabarty, *Provincializing Europe: Postcolonial Thought and Historical Difference* (Princeton, N.J.: Princeton University Press, 2000).

Jameson, Fredric. *The Political Unconscious: Narrative as a socially Symbolic Act*. Ithaca: Cornell University Press, 1981.

Kam, Lap-Kwan. "Writing Music History in Austria and in Taiwan: Some Preliminary Observations."《臺大文史哲學報》61 (2004): 103–138.

Mugglestone, Erica, and Guido Adler. "Guido Adler's 'The Scope, Method, and Aim of Musicology' (1885): An English Translation with an Historico-Analytical Commentary." *Yearbook for Traditional Music* 13 (1981): 1–21.

華文

呂鈺秀。2003。《台灣音樂史》。台北:五南圖書。

高子銘。1959。《現代國樂》。台北:正中書局。

陳瑞麟。2016。〈可以有臺灣理論嗎?如何可能?〉。史書美、梅家玲、廖朝陽、陳東升主編。《知識臺灣:臺灣理論的可能性》。台北:麥田。頁15-54。

罔兩[1]
(Penumbra)

王智明

> 罔兩問景曰：「曩子行，今子止；曩子坐，今子起；何其無特操與？」景曰：「吾有待而然者邪！吾所待，又有待而然者邪？吾待蛇蚹蜩翼邪！惡識所以然？惡識所以不然？」
> ——《莊子・齊物論》

> 到哪裡去找台灣的理論的問題，事實上是世界史的問題，是台灣為世界史構成的一分子的問題。
> ——史書美（2016: 63）[2]

關於台灣的討論，在兩岸與國際關係的限制中，向來帶有一種「自述自立而不可得」的憤怒與焦慮；想要擺脫被帝國宰制，期待「島嶼天光」。因此，關於台灣的知識積累與理論思考傾向「實證」的觀點，欲從主觀意志出發，重新解釋歷史記憶與敘

---

1 本文改寫自作者專著《落地轉譯：臺灣外文研究的百年軌跡》第七章之部分章節。
2 史書美，〈理論臺灣初論〉，收錄在史書美、梅家玲、廖朝陽和陳東升主編，《知識臺灣：臺灣理論的可能性》（台北：麥田，2016），頁63。

述，在普世性的基盤上訴諸自身殊性之自然與必然。[3]「台灣理論」的想像也反映了這樣的心情，希望台灣不只引介和應用理論，也能夠生產理論，將台灣的經驗帶入普世性的討論，或是以「台灣學」的形式重構理論的風貌。[4]不過，史書美認為台灣與理論的關連必須回到世界史的構成中思考，因為西歐和漢人的殖民主義將台灣帶入了世界史之中，而美國的帝國影響又構造了台灣對理論的欲望。[5]因此，我們不僅該批判西歐殖民世界的歷史、反省帝國主義的文化；[6]也要檢討漢人移墾對台灣原住民文化與環境的破壞，以及台灣主權、多元知識與文化混成的意義。易言之，關於

---

[3] 例如黃得時的〈台灣文學史序說〉即是批評其師島田謹二，以日文書寫斷定台灣文學，失之狹隘；故改以漢文書寫為基體，自述台灣文學史的嘗試。吳叡人指出，黃得時以「土著化」或「本土化」為主導邏輯，強調各代移民融入台灣的史觀，展開「混血民族的開放敘事」，來重構台灣文學。見吳叡人，〈重層土著化下的歷史意識：日治後期黃得時與島田謹二的文學史論述之初步比較分析〉，《台灣史研究》16卷3期（2009），頁133-163。

[4] 例如陳瑞麟認為，「『臺灣學』提供了臺灣理論的充分條件，因為臺灣學的研究對象就是在臺灣的歷史經驗與脈絡下產生的臺灣現象」，而且「臺灣學的研究社群是臺灣學的必要條件」（2016: 30-31）。見陳瑞麟，〈可以有臺灣理論嗎？如何可能？〉，收錄在史書美、梅家玲、廖朝陽和陳東升編，《知識臺灣：臺灣理論的可能性》（台北：麥田，2016），頁30-31。

[5] 史書美，〈關係的比較學〉，楊露譯，《中山人文學報》39期（2015），頁1-19；史書美，〈理論台灣初論〉，頁55-94。

[6] 史書美特別提到，1945年後，國民黨在台灣的統治仰賴美國的多方支持：經濟援助、武器銷售、知識轉移與政治支持，不一而足。Shih, Shu-mei. "Introduction: Decolonizing Taiwan Studies." In *Indigenous Knowledge in Taiwan and Beyond*, edited by Shu-mei Shih and Lin-chin Tsai, v–xiii. Berlin: Springer, 2021. 這樣的支持也延續到民進黨主政時期，足見台灣的移居殖民性與西方帝國的關係密切。

台灣理論的討論，需要關係性的思考，追問台灣的身世及與世界的關係。

本文認為，罔兩問景的寓言提出了一種關係性的質問，巧妙轉喻了台灣的構成與世界的關係；也要求我們反思台灣多元混雜背後的文化、知識與權力邏輯。作為「影外微陰」的罔兩，是自覺且批判的提問者；透過對影的質問，它直指構成主體的依附邏輯與權力布署，提醒我們在主體背後總有幢幢疊影，不同地理、身體與文化的罔兩棲身其中，而帝國的威脅則使我們成為主體的欲望愈發強烈。因此，若借用德里達（Jacques Derrida）的說法，罔兩表達的不是一種本體論（ontology），而是一種「魂在論」（hauntology）；它指向構築本體的另類譜系以及世界構成中的無名裂隙。透過質問，它挑戰世界構成的秩序與邏輯，追問無名裂隙裡不被看見、無法命名的生命。[7]

在以下的篇幅裡，我將回顧罔兩一詞在台灣的發展與演化，指出它與同志和酷兒運動的關係，如何從位置性的質問轉向情動的倫理關懷；再回到台灣理論的命題，思考罔兩作為關鍵詞的意義。

「罔兩問景」的再詮釋

「罔兩」一詞源於莊子，但它成為一個理論性的詞彙始於台灣性別研究學者對於女性主義與同志運動的反思；特別是在1990

---

[7] Derrida, Jacques. *Specters of Marx: The State of the Debt, the Work of Mourning, and the New International*. New York: Routledge, 1994.

年代後期婦運裂解的餘波中展開的酷兒批判,一開始是針對性少數與性工作汙名的反省,之後深化為「毀家滅婚」的「酷兒馬克思」路徑,[8]再展開為對憂鬱的文化政治與殘障(包括精神的與身體的)的思考。[9]她們認為,女性解放的議題不能單獨看待,而要同時從階級與性向的角度看到女性的疊影,即圍繞在妻子之外的種種魅影:妾、妓與女同性戀等等,從而反思婚家的權力和道德構造,展開對各類社會邊緣群體的關懷。不同於國家女性主義者欲透過「美德風俗」的論述,強化「良家婦女」的角色,以保障和保護的方式,進行性別治理;[10]這些學者質疑「良家婦女」中「寬容」與「含蓄」的論述本身就是性別化的規訓力量,內在於婚姻和家庭,是異性戀父權體制得以不斷複製的日常機制。因此,婦女解放不僅要從根本上質疑婚家連續體,更要關照同樣受其壓抑與壓迫的性少數與性工作者;因為他們若不是被關進婚家

---

8 Petrus Liu, *Queer Marxism in Two Chinas* (Durham: Duke University, 2015).

9 劉人鵬、白瑞梅與丁乃非在《罔兩問景》的序中提及,她們的合作源於1990年代參與、感受、探索與思考彼時「表面蓬勃同時暗潮洶湧的性/別論述與運動」,也受惠於1998年在芬蘭舉行的國際文化研究會議(Crossroads)。〈含蓄美學與酷兒政略〉的初稿就是在會議後的暑假成形和出版的。見劉人鵬、白瑞梅、丁乃非編,《罔兩問景:酷兒閱讀攻略》(中壢:中央大學性/別研究室,2007)頁iii。這個酷兒馬克思的路線,至少還應該包括何春蕤、甯應斌、張小虹和朱偉誠等人,但篇幅所限,在此只能集中討論《罔兩問景》。關於1990年代台灣重要的性/別事件與運動,見何春蕤、丁乃非、甯應斌,《性政治入門:台灣性運演講集》(中壢:中央大學性/別研究室,2005),頁42-98。

10 Hans Tao-Ming Huang, "State Power, Prostitution, and Sexual Order in Taiwan: Towards a Genealogical Critique of 'Virtuous Customs,'" *Inter-Asia Cultural Studies* 5, no. 2 (2004): 237–262.

體制的櫃中，成為妻妾，就是被放逐其外，成為妓與妾，成為不被家族祭祀與記憶的遊魂。

劉人鵬與丁乃非合著的〈含蓄美學與酷兒攻略〉是這條批判思路上最具開創性的論文。它最早在1998年發表於《性／別研究》，再收錄在劉人鵬、丁乃非與白瑞梅合作編寫的論文選集《罔兩問景：酷兒閱讀攻略》中；[11] 英文版則在2005年發表於《亞際文化研究》。她們提出兩個論點：一，反駁香港同志學者周華山對中國文化包容同志的宣稱。她們指出，寬容與含蓄的論述其實是一種壓抑與壓迫的美學修辭，它是一種話語政治（discursive politics），以話語來規範行為，透過包容予以規訓，因此它是傅柯意義上的生命政治；二，在「罔兩問景」這則古典寓言的啟發下，她們找到一種理論化的方法，將性少數（如同性戀）與性異端（如性工作者和婢妾）在當前華人社會中存在的樣態理解為一種現代性的秩序。但或許更為重要的，是他們從中國經典中找到解構華人傳統的資源。

所謂「罔兩」就是影子外緣模糊、難以識別之物。在《莊子》的寓言裡，罔兩質問影子，為何無法脫離形式而獨立行動；影子回答：因為我仰賴形式才得以存在，所以我無法知道我為何無法脫離形式而獨立行動。傳統上「罔兩問景」被視為一種唯心論的寓言，強調主體存在各有依附，萬物依附自然而存在；是故存在不必仰賴形式，或追究形式的平等，而在於存乎一心的主體

---

11 劉人鵬、丁乃非，〈含蓄美學與酷兒政略〉，收錄在劉人鵬、白瑞梅、丁乃非編，《罔兩問景：酷兒閱讀攻略》（中壢：中央大學性／別研究室，2007），頁3-44。

意識。這樣的詮釋將重心放置於景的本體之上，但劉與丁則將重心轉向罔兩，強調「問」的意義，因為唯有發問、出聲，那個沒有明確形體，「無法說、說不出來、難以辨識、不被承認」的影外微陰才得以被聽見和辨識。[12] 罔兩之所以是社會符號結構中那個無法被說出、辨識與認知的存在，是因為華人社會的運行包含了寬容含蓄的力道，使得他們必須保持透明、自我規訓，以維護正常秩序所要求的和諧和莊重，即便這必須以其汙名為代價。

劉人鵬與丁乃非發現：「自律」與「守己」不只是儒家修身哲學中如何對待或鍛練自己的問題，更是在社會關係中面對別人該如何表現合宜的問題，故「行動與言語上不安分守己而逸軌者，通常被要求含蓄自律」；如此一來，含蓄委婉的修辭表現就「成為一種約制力，假設共享某個空間的一群都只有一心，那麼秩序就可以用一種不需明說的含蓄力道，使得秩序中心之外的個體，喪失生存或活躍的可能」。[13] 透過這個分析，含蓄和恐同就產生了一種有機的連結：由於恐同恰恰是一種不可說的政治——它不只是情緒上的恐怖和討厭，向外形成汙名的指控；更是內在化的恐懼和規訓，表現為否認與否定——與含蓄的修辭（不說，或拐了彎說），社會得以不需要訴諸暴力和法律即可壓抑同志，以一種溫柔敦厚的姿態，發出含蓄的警告，讓當事人在默言寬容的壓力下無限期地隱藏或否認自身的傾向，繼續將性少數與性異端安置在婚家結構的內裡與外緣，可見而不可說，可說而不可碰，

---

12 劉人鵬、丁乃非，〈含蓄美學與酷兒政略〉，頁8。
13 劉人鵬、丁乃非，〈含蓄美學與酷兒政略〉，頁11。

而形成「一個可怕的恐同與歧視的有效形式」。[14]

不過,她們的分析不僅僅是為了指出同性戀遭受壓抑與壓迫的事實而已,更是要鍛造一種從「質問」出發的「酷兒攻略」,重點不在於罔兩無以名之、沒有形體與缺乏個性,而在於它的「現形」緣於「問」這一事實。是故,罔兩「問景」不是為了特定的社群和身分服務,而是為了展開更具交界性(intersectional)的思考。[15] 比方說,劉人鵬將罔兩的視角投向了「科幻小說」這個曖昧——介於墮落與僭越之間的——的文類,去思考界定類別屬性的政治。她發現科幻小說打開的,與其說是天馬行空的未來想像,還不如說是對於既有文類和領域界定的質疑;科幻小說的「旁若性」就在於似是而非或似非而是的曖昧,[16] 透過混成與類同的方式,反思傳統人文主義所設定的身體和主體。丁乃非指出,傳統「婢妾」的隱晦位置其實與當代的性工作者和外傭互為疊影,她們隱而未現,或現而不見的存在狀態,正如罔兩。這也意

---

14 劉人鵬、丁乃非,〈含蓄美學與酷兒政略〉,頁37。

15 「交界性」是美國黑人女性學者克蘭蕭(Kimberlé Williams Crenshaw)在1989年發展出來的概念,以說明黑人女性受到的壓迫,不僅僅來自於種族;而往往是由種族、性別、階級,乃至性傾向等因素交織而成的。這個觀念後來受到廣泛的引用。見Kimberlé Crenshaw, "Mapping the Margins: Intersectionality, Identity Politics, and Violence against Women of Color," *Stanford Law Review* 43, no. 6 (1991): 1241–1299.

16 按洪凌的說法,「旁若」一詞指向以para這個字根組構起的一系列關鍵字,如寄生(parasite)、比喻(parable)與平行宇宙(parallel universe)等,強調一種「共存」(being side by side)與「邪擬」(parody)的狀態,以打開跨時與跨物種的政治討論與世界想像。見洪凌,〈「旁若文學專輯」弁言:比喻、人外、去臉、語奏〉,《中外文學》48卷4期(2019),頁7-17

味著罔兩並不是固著的身分,而是一個時隱時現的批判位置:一方面在移民與階級的軸線上連繫起性工作者與外傭;另一方面在汙名與恥辱的論述規訓下聚合各種各樣的女性身體——情婦與妓女、婢妾與奴婢、女性主義者與家傭、好女人與壞女人、女同志與跨性別——既折射,又互斥。在其閃現與疊影中,我們得以看見與同理被汙名與賤斥的罔兩諸眾,追索權力與知識的籠罩。

因此,重點不在於主體「是什麼」,該如何稱呼,是否符合科學和文學的規律;而在於這些無法以常規辨識、指認的東西如何呈顯了常規與秩序的暴力和無意義。旁若的想像不只是罔兩的提問,也是對常軌現實的否認,因為唯有否認常軌的必然和絕對,我們才能追問:現實與超現實行之久遠的二元分立,在政治實踐上究竟發揮了什麼作用?這是否也是西方現代性下的秩序想像和知識暴力?在此,罔兩之問不僅針對主流的性別論述,亦指向支持一整套進步論述背後的意識形態與地緣政治,甚或是世界史中被殖民暴力所侵佔的「無主之地」(terra nullius)。[17]一如莎士比亞筆下的原住民卡力班,張揚的「旁若」想像或是倒退的「壞」情感的不被接受,揭露了主流論述與文明馴化其實並不含蓄寬容。我們需要從情動的倫理出發,批判以殖民現代性為模版的政治無意識。

---

[17] 丁乃非指出,1990年代台灣社運界裡的「性戰爭」——即圍繞著性少數與性工作所發生的爭議與後來婦女團體的分裂——其實部分承接了冷戰時期英美女性主義的相關辯論,見Naifei Ding, In the Eye of International Feminism: Cold Sex Wars in Taiwan, *Economic and Political Weekly* 50.17(2015): pp, 56-62.

情動的倫理

在此,「情動」不只是理論性的闡釋,更是經驗性的認識,具體展現為對性少數、精神病與身障者的關懷與同理;因為儘管性別平等,婚姻平權的想法已為主流社會所接受,但歧視與汙名的問題依舊根深柢固,處在劣勢的底層勞動階級和跨國伴侶——不論是否為同性戀——更往往被排拒在主流想像的幸福之外。不同於西方較為哲學性的討論,情動在此強調的是對罔兩位置的情感認同,反思情緒與主體、正向與負面的情感,面對哀悼和憂鬱、批判婚家體制;並試著從殘障者的經驗出發,進一步探索「包容」與「多元」的文化與政治邏輯。

比方說,在劉人鵬、鄭聖勳和宋玉雯共同編輯的《憂鬱的文化政治》裡,憂鬱被理解為一條可以聽見、認知與辨識罔兩的線索。劉人鵬寫道:「許多的憂鬱同樣有衣櫃現象,於是,要尋找語言述說憂鬱也就彷彿在不同的投資位置之間進行不同層次的翻譯,這中間體會到的難以『順暢』通常會成為不得不進一步反思的起點」。[18] 鄭聖勳則點出,翻譯的不可能性——也就是找到一種完整而精確的表達——深刻地與恥辱及其他惡感相互交纏;因為那意味完美常軌的無法企及,不論譯者多麼努力。是故,病理化憂鬱和負面情感,非但無法有效治療憂鬱,反倒以專業話語的權威否定了憂鬱的意義。憂鬱的訴說不在於訴說本身,而在於訴說之障礙與不能,以及耽溺其中的絮絮叨叨和斷斷續續。鄭聖勳寫

---

18 劉人鵬,〈憂鬱,投資與罔兩翻譯〉。收錄在劉人鵬、宋玉雯編,《憂鬱的文化政治》(台北:蜃樓,2010),頁5。

道：

> 當我們最終狀態的軟弱，是不現代、不進步的，是落後、倒退、上不了檯面，是不正確、不好說的。當生命已成為了風化後的空洞遺跡，其實我也早就放棄了關於未來的所有問題了。但海澀・愛說，未來應該是要「倒退到我們之中即便最不情願的人也可能想住在那裡」〔的地方〕，真感動，我好像有點想這麼開始希望，如果有一個這樣的未來。[19]

鄭聖勳詩意的文字勾勒出憂鬱的深度與難處，因為是落後、倒退的，未來也就不再伸手可及；因為是不正確、不好說的，生命也就成為無法擺上檯面的遺跡，也因此「想住在那裡」不僅僅是憂鬱主體尚未放棄生命的一線生機，也是未來可以長的不一樣的一絲線索；因而也就是對現實的一種針砭、批評，甚或是卑微的請求，希冀「最不情願的人」也能獲得生存的機會。在這本書裡，對憂鬱的關注不是病理和醫療論述的刻意為之，也不是為了引導出左翼抵抗與革命的契機，而是緣於受難的同理共情。此書編者致力的，不是將憂鬱視為一種賦權理論或啟蒙大義；而是藉以增強我們感知人情事理的方法，在情感的指引下思考如何哀悼那些尚未被哀悼，或不能被哀悼的人生，那些影外微光的罔兩之眾。

同樣的，在《抱殘守缺：21世紀殘障研究讀本》裡，劉人鵬

---

[19] 鄭聖勳，〈哀悼有時〉。劉人鵬、宋玉雯編，《憂鬱的文化政治》（台北：蜃樓，2010），頁xxvii。

師徒將殘障視為「邊緣性的存在」,[20]因為他們遭受的汙名太過根深柢固,幾乎被視而不見。在導論中,劉人鵬提出台灣日常中各種各樣的例子來說明社會對障礙者的歧視無所不在,而且無心之過往往最為傷人。殘障歧視不只銘刻在出於善意而設置的殘障者特殊待遇中,更殘酷地存在於他們進入社會生活——就業、友誼及性愛——時遭遇的阻礙。殘障者被視為常規的例外,是需要被照顧與協助的一群,卻鮮少被納入常規制定的過程中;他們只能仰賴社會的仁慈,而無法自主參與社會。因此劉人鵬強調殘障研究尋求的「不是一種包容的弱勢邏輯,也不是一種政治利益的代表權,而是全然的抗拒『社會規範的體制』」。[21]唯有如此,我們才得以從展現仁慈(一般人應該關照障礙者)轉向創造平等(他們得以平等參與社會),重新思考殘障的社會意涵。在〈青少年殘障者們的占領游泳池計畫〉這章中,鄭聖勳更指出:

> 「拒絕成為常人的你所想像的主體」,比(即便是為數不那麼多的)「以善良、純真抬高弱勢者」更重要。在知識人尚不能夠完整地認識與敘述弱勢者生活全貌之前,往往得因為人文主義與該要政治正確的同情心,急著讓弱勢成為自己所認同與想像的好的弱勢;一旦能夠以普遍階級的位置去詮釋、掌握弱勢者的醜陋與苦難,弱勢就可以被寫下、可以被完成與可以被投資予知識人自己想投資的純真與良知。

---

20 劉人鵬,〈沒有眼睛可以跳舞嗎?——汙名、差異與健全主義〉,劉人鵬、宋玉雯、蔡孟哲、鄭聖勳編,《抱殘守缺:21世紀殘障研究讀本》(台北:蜃樓,2014),頁12。
21 劉人鵬,〈沒有眼睛可以跳舞嗎?——汙名、差異與健全主義〉,頁24。

以晦黯而清明之眼，鄭聖勳全然透視了在弱勢和擁有知識資本的人們——包含他自己——之間的交換邏輯。因此他的批判不是朝向他者，而是朝向具有權力與資本，在心中想像與定義著弱勢者的自己。在知識人的自我情感投資，人文主義的溫情款款之中，身障者雖然被看見了，卻處於其陰影之中；但就他觀察所及，來到泳池的障礙者單純只想要不受側目地、不受同情與特殊待遇地游泳，感受一次不受歧視、不被障蔽的行動自由。

　　鄭聖勳的另一篇文章〈髒掉的藍色〉，更直接展現了這樣的情動詩學。這篇文章表面上是關於日本動畫導演今敏作品的評論；但評論卻又夾纏在他個人的工作日誌當中，呈現為某種精神症狀（如恍惚與渙散）的書寫。文章的關鍵就在於從動畫評論往個人經驗的滑坡。鄭聖勳想起了他第一次的恍神與渙散發生在「兩周前小舅舅過世後」，那是近十年不曾謀面、住在民間精神療養院裡的親戚。他去整理舅舅遺物時，被舅舅的室友質問：「你什麼時候要來住」？[22] 這一質問讓他發現，自己「對這個已經遺忘多年，或者根本不記得過的面孔，會是這麼熟悉。小舅舅的眼神跟我一模一樣。這一切就像小舅舅的室友們知道怎麼辨識我一樣」。[23] 此處的重點當然不是臉部特徵的相似性，而是療養院友的提問，使鄭聖勳的自我認知產生了變化；他意識到，當他從「正常人」的眼光，把叔叔當成精神障礙的同時，他人也以同樣的方式看待著患有憂鬱症的自己。這個體會驚嚇了他，因為它反射出自己未曾想過的認識框架：即令他一度以為自己可以勇敢堅定地

---

22 鄭聖勳，〈髒掉的藍色〉，《人間思想》13期（2016），頁62。
23 鄭聖勳，〈髒掉的藍色〉，《人間思想》13期（2016），頁62-63。

拒絕社會常軌的眼光；但當他被精神病友「召喚」時，那「將會成真的感覺」，對他而言，還是「太恐怖、太逼真」了。[24]同樣，在他拜訪貴州原住民部落的民族誌速寫中，最讓他驚奇的不是這個地區生活品質落後，而是受訪者對他整潔程度的抱怨。這些評價使他感到羞愧，因為這提醒了他自己的祖母也曾蒙受原住民與不潔淨連結的汙名；但除了感到羞恥外，他怎麼也無法認同她。[25]

鄭聖勳的情動詩學將酷兒批評擴展到其他的罔兩主體，並以更為批判的立場探問身分認同的倫理。當我們不再以他我差異來定義自己，而是被彼此分享的共性，甚或是略嫌恐怖的負面相似性定義的時候，我們該如何思考身分認同的倫理——如何看清我們也想要認同的現代性以及我們也想要劃清界線、與之無涉的罔兩之間的關係呢？我們是否能夠超越性別、階級和種族的劃分，看到情感如何跨越、動搖或鞏固那條劃分他我不可逼視之界線？

同志／原住民／台灣

雖然只是一筆帶過，鄭聖勳的原住民身分提醒我們台灣身世的混雜和離亂。原該是主人的原住民，卻成為台灣社會中的少數與弱勢，承擔著不同的汙名。在漢人移居台灣四百年來的歷史中，原住民被驅趕到島嶼的邊緣，被混血與同化，承受著殖民的苦難。就他們的經驗而言，殖民仍在進行，這是台灣主體必須正

---

24 鄭聖勳，〈髒掉的藍色〉，《人間思想》13期（2016），頁62。
25 鄭聖勳，〈世紀‧彼岸回顧：在貴州遇見香港〉，《人間思想》13期（2016），頁72。

視與救贖的黑歷史。關懷原住民經驗的台灣研究，因此，自然具有反殖民的傾向，對現行的社會結構、知識傳統與權力機制予以批判和挑戰。

同時，原住民的文化傳統與部落結構亦承載著異性戀的父權枷鎖，使同志成為原住民部落中難以現身的罔兩。雖然2019年「同婚專法」三讀通過後，原住民同志聯盟成立，原民同志比以往有更高的能見度，但多元性別的原民社群仍在族群、家庭和傳統的櫃中彷徨與掙扎。[26]這也意味著罔兩的質問仍須穿越族群的邊界，對結構性的制約提出更深刻的反省和批判。

此外，同志／原民的掙扎不只轉喻了原民／台灣的關係，也暗喻了台灣與世界的糾纏，提醒我們不能只是被動接受國際現實的安排；而要主動質問與挑戰秩序與權力的不義，從知識與世界的交界中尋找台灣的位置。台灣歷史上數度發生的原住民反抗（如牡丹社事件與霧社事件），便是對殖民權力和現代知識體系的質疑與挑戰。儘管反抗失敗以終，它們仍是台灣歷史和理論的豐富遺產，是構成了世界史的無名縫隙，也是形塑未來台灣的歷史前影。

罔兩脫胎於莊子，演化於台灣。作為理解台灣理論的關鍵詞，它指向的不只是弱勢的集結與顯影；更是一種質問與異議的姿態，一種同理無名的探索，以及在殖民與現代的夾縫中尋找真理的嘗試。透過不斷的質疑，罔兩作為「魂在」，追求的不是本質化的主體，而是秩序的挪移與世界的改造。它敦促我們拆解移

---

26 莊泰富，〈我眼中的原住民同志：族群認同的愛，多過性別的偏見〉，《獨立評論》2020年12月1日：https://opinion.cw.com.tw/blog/profile/503/article/10204。

居殖民主義的權力邏輯，向世界史的縫隙中探去，在「無主之地」的疊影中體會台灣的身世與責任。

參考書目

西文

Crenshaw, Kimberlé. "Mapping the Margins: Intersectionality, Identity Politics, and Violence against Women of Color." *Stanford Law Review* 43, no. 6 (1991): 1241–1299.

Derrida, Jacques. *Specters of Marx: The State of the Debt, the Work of Mourning, and the New International.* New York: Routledge, 1994.

Ding, Naifei. "In the Eye of International Feminism: Cold Sex Wars in Taiwan." *Economic and Political Weekly* 50, no. 17 (2015): 56–62.

Huang, Hans Tao-Ming. "State Power, Prostitution, and Sexual Order in Taiwan: Towards a Genealogical Critique of 'Virtuous Customs.'" *Inter-Asia Cultural Studies* 5, no. 2 (2004): 237–262.

Liu, Petrus. *Queer Marxism in Two Chinas.* Durham: Duke University Press, 2015.

Shih, Shu-mei. "Introduction: Decolonizing Taiwan Studies." In *Indigenous Knowledge in Taiwan and Beyond*, edited by Shu-mei Shih and Lin-chin Tsai, v–xiii. Berlin: Springer, 2021.

華文

史書美。2015。〈關係的比較學〉，楊露譯，《中山人文學報》39期。頁1-19。

———。2016。〈理論臺灣初論〉。史書美、梅家玲、廖朝陽和陳東升主編，《知識臺灣：臺灣理論的可能性》。台北：麥田。頁55-94。

何春蕤、丁乃非、甯應斌。2005。《性政治入門：台灣性運演講集》。中

壢：中央大學性／別研究室。

洪凌。2019。〈「旁若文學專輯」弁言：比喻、人外、去臉、語奏〉。《中外文學》48卷4期。頁7-17。

吳叡人。2009。〈重層土著化下的歷史意識：日治後期黃得時與島田謹二的文學史論述之初步比較分析〉，《台灣史研究》16卷3期。頁133-163。

莊泰富。2020。〈我眼中的原住民同志：族群認同的愛，多過性別的偏見〉。《獨立評論》2020年12月1日：https://opinion.cw.com.tw/blog/profile/503/article/10204。檢索日期：2022年1月31日。

陳瑞麟。2016。〈可以有臺灣理論嗎？如何可能？〉，收錄在史書美、梅家玲、廖朝陽和陳東升主編，《知識臺灣：臺灣理論的可能性》。台北：麥田。頁15-54。

鄭聖勳。2010。〈哀悼有時〉，劉人鵬、宋玉雯編，《憂鬱的文化政治》。台北：蜃樓。頁ix-xxviii。

———。2014。〈青少年殘障者們的占領游泳池計畫〉，劉人鵬、宋玉雯、蔡孟哲、鄭聖勳編，《抱殘守缺：21世紀殘障研究讀本》。台北：蜃樓。

———。2016a。〈世紀・彼岸回顧：在貴州遇見香港〉，《人間思想》13期。頁70-72。

———。2016b。〈髒掉的藍色〉，《人間思想》13期。頁9-69。

劉人鵬。2007。〈在「經典」與「人類」的旁邊：1994幼獅科幻文學獎酷兒科幻小說美麗新世界〉，收錄在劉人鵬、白瑞梅、丁乃非編，《罔兩問景：酷兒閱讀攻略》。中壢：中央大學性／別研究室。頁161-208。

———。2010。〈憂鬱，投資與罔兩翻譯〉，劉人鵬、宋玉雯編，《憂鬱的文化政治》。台北：蜃樓。頁i-viii。

———。2014。〈沒有眼睛可以跳舞嗎？——汙名、差異與健全主義〉，劉人鵬、宋玉雯、蔡孟哲、鄭聖勳編，《抱殘守缺：21世紀殘障研究讀本》。台北：蜃樓。頁9-35。

劉人鵬、丁乃非。2007。〈含蓄美學與酷兒政略〉，劉人鵬、白瑞梅、丁乃非編，《罔兩問景：酷兒閱讀攻略》。中壢：中央大學性／別研究室。頁3-44。

流動群聚
(mob-ility)

黃厚銘

流動群聚 (mob-ility) 理論與社會學基本問題

　　社會學家的首要職志理應皆為理解自身所屬時代或社會的特性。像是馬克思（Karl Marx）分析工業化或資本主義社會的基本運作，並置於整體人類歷史進程中予以理解，特別是從手工業到工業化的發展。[1] 韋伯（Max Weber）對西方特有的理性化資本主義起源的探討，與相應對其他文明的比較研究，也是基於其身為西方文明之子的身分而為之。[2] 涂爾幹（Émile Durkheim）在機械連帶與有機連帶之間的對照，及其所對話對象Ferdinand Toennies之Gemeinschaft與Gesellschaft的概念區分，也都是為了凸顯其所屬當代社會之特性，而以過去的傳統社會為比較基準。[3] 當代社會

---

[1] Karl Marx, *Capital: A Critique of Political Economy*, Volume 1, trans. Ben Fowkes (London:Penguin Classics, 1992).

[2] Max Weber, *The Protestant Ethics and the Spirit of Capitalism*, trans. Talcott Parsons (New York: Charles Scribner's Sons, 1958).

[3] Emile Durkheim, *The Division of Labor in Society,* trans. W. D. Halls (London: Macmillan, 1984); Ferdinand Tönnies, *Community and Society*, with a new

學家所提出的理論概念往往也如此。例如，Zygmunt Bauman的液態現代性概念，即是主張我們所處的當代社會已然和早先的現代社會有所不同。因而在傳統與現代的比較之外，又做出固態現代性與液態現代性之分。[4]Anthony Giddens與Ulrich Beck、Scott Lash所提出的反身現代化也是如此，而區分出缺乏反思的現代化，與當今理性開始將矛頭指向自身的第二現代化。[5]循此，身為東方文明之子的我們，也當有此一自我期許：一方面不再輕易地以我們「現代」人自居，而無視於歷經數百年來的差距，我們的當代或許已經和以上學者所謂的現代社會有所不同；另一方面，台灣本土的社會，即便在西方文明的強勢影響下，也可能仍有自己的特色。或至少，植基於此時此地來源於東、西方的思想資源，而能夠對理解整體當代社會文化特性做出我們獨有的貢獻。我認為，台灣理論關鍵詞的建立，亦當有如此的自許。流動群聚（mob-ility）理論的提出即是此一努力的開端。[6]

---

    introduction by John Samples (East Lansing: Michigan State University Press, 1988).

[4] Zygmunt Bauman, *Liquid Modernity* (London: Polity Press, 2000).

[5] Ulrich Beck, Anthony Giddens, and Scott Lash, *Reflexive Modernization: Politics, Tradition and Aesthetics in the Modern Social Order* (Stanford: Stanford University Press, 1994).

[6] 不論是mob一字的傳統與當代字意，都未必有類似「暴民」之強烈負面意涵。根據*Shorter Oxford English Dictionary*的考證，該字亦有尋常人、群聚之意。而當代資訊社會研究的先驅之一H. Reingold；也是早在1993年就以書名提出virtual community一詞之人，亦曾於2002年出版*Smart Mobs*一書，中譯書名為《聰明行動族》。書中所描繪的對象，包括曾蔚為風潮的「(街頭)快閃族」（原文為flash mob，這包括突然在商場、街頭表演一段古典音樂或舞蹈，未必是暴亂）。由此可見，mob一字，即使在當代西方學者與一般人眼

不同於幾年前過世的英國社會學家John Urry所提出的流動性（mobility）研究典範，[7]加上了連字號的流動群聚（mob-ility）一字，並不只是強調當今網際網路與個人行動通訊技術與交通運輸工具所帶來的全球化資金流動、個人移動等面向；而是企圖以傳統、現代與當代之比較，來凸顯當代社會文化的特色，以便承續社會學傳統理解當代社會特色的問題意識。並且，流動群聚理論一方面還特別著重於社會心理的面向；另一方面，卻也和前述流動性研究典範一樣，注意到科技與媒介等技術面向在形塑當代社會特性的關鍵作用。甚至，流動群聚概念也與《台灣理論關鍵詞》先前的條目「混昧」密切相關，[8]構成了一個理論體系，而不只是一個孤立的概念或詞彙而已。

個體性與集體性的愛恨交織：
超越Bauman和Maffesoli的對立

關於當代社會的特性之議題，馬克思曾說：「一切堅固的事物皆已煙消雲散。」（All that is solid melts into air.）這句話被Marshall Berman論述現代經驗的著作引為書名。[9]但後來的Bauman則提出他的不同看法，而主張現代社會固然摧毀了傳統

中，都仍然可以意指鬆散的、無負面意涵的群聚，該書中譯書名亦然。
7　John Urry, *Mobilities* (London: Polity Press, 2007).
8　蘇碩斌，〈混昧（ambivalence）〉，史書美、梅家玲、廖朝陽、陳東升主編，《台灣理論關鍵詞》（新北：聯經，2019），頁229-239。
9　Marshall Berman, *All that is Solid Melts into Air: The Experience of Modernity* (New York: Simon and Schuster, 1982).

社會的體制,卻又在工業化與資本主義的基礎上建立起新的體制。此一以機械技術為主的體制,著重於空間的佔有,像是殖民、軍事佔領等等,是為固態現代性,以致堅固的事物尚未煙消雲散。但Bauman進一步指出,當代以即時性電子媒介為主要技術的社會,則轉向於時間上的彈性與流動。其在戰爭上的典範則是波灣戰爭,而不同於過去的越戰。這種強調機動的運作模式,當然也展現在商管領域所強調的速度與彈性。所以,Bauman認為當代社會文化的特色為「液態現代性」,以有別於之前的傳統社會、與固態現代性社會。這時,固態的事物才真的煙消雲散為液態。進而,他還指出這三階段所分別對應的技術:濕體(獸力或人力)、硬體(機械與工業化)與軟體(電子媒介)。[10]

此一說法極其類似於Marshall McLuhan從傳播媒介的角度對人類文明發展所做的階段劃分。他將歷史分為三個階段,分別是口語、拼音文字與印刷術,以及電子媒介,而這三者各自對應到部落社會、民族國家(個人主義)與地球村。McLuhan還進一步指出,從口語到印刷術等機械媒介在技術上的加速是相對速度的加速,其結果是打破部落社會的「去部落化」(detribalization)過程,因而導致個人主義的社會。而從機械媒介到電子媒介的光速之加速,則是進至絕對速度而產生逆轉(reverse),使得去部落化的過程轉而為再部落化(retribalization),「人類把其他人穿在皮膚上」而能夠同情共感。相對於去部落化的外爆(explosion),再部落化的內爆(implosion)讓人類重新凝聚在一

---

[10] Zygmunt Bauman, *Liquid Modernity* (London, UK: Polity Press, 2000), pp. 110-123.

起而構成了地球村。相應於這三個階段，McLuhan也分別以聽覺、視覺與觸覺來分別對應其個別的社會文化特性。這證明了再部落化並非完全回到歷史的原點，否則，人類文明發展的第三階段應該釋回復到聽覺社會才對。實際上，歷經個人主義洗禮的人類，是不可能完全放棄其所帶來的自由與解放的。[11]

此外，Bauman在論述當代人類的社會心理時還提到了自由與安全這兩大基本需求，及其間的愛恨交織（ambivalence）。簡言之，追求自由勢必需要冒險而放棄安全，而只想要安全就只能犧牲自由，兩者在本質上是相互矛盾的。[12]Bauman所沒有做到的是，用此一愛恨交織來說明液態現代性的流動多變與彈性特質。對我來說，正是因為自由與安全的難以兼得，使得人們必須隨時在兩個狀態中切換，而無法穩定地同時保有兩者，滿足這兩個基本需求。而Bauman以自由和安全為人類的兩大基本需求之說法，也在更早的人文地理學者段義孚的著作中得到印證。段義孚認為地理學所面對的空間（space）與地方（place）這兩大核心概念正是彰顯出人類對自由與安全的兩大基本需求。[13]

若以社會學的措詞來重構兩位學者的討論，我們可以說，傳統社會的人類所面對的基本問題是安全問題，而在還無法以技術來滿足此一需求時，社群或集體即是人類所擁有的工具技術。亦

---

[11] Marshall McLuhan, *Understanding Media: The Extension of Man* (London: Routledge, 1964).

[12] Zygmunt Bauman, *Community: Seeking Safety in an Insecure World* (London: Polity Press, 2001), pp. 4-5.

[13] Yi-Fu Tuan, *Space and Place: The Perspective of Experience* (Minneapolis: University of Minnesota Press, 1977), pp. 49-50.

即，藉由犧牲個人，與他人密切合作來換取安全。這無論是在S. Kubrick的《2001太空漫遊》開頭對人猿生活的描繪，還是水族館或海洋中小型魚類的行動模式都可以得到印證。此一歷史階段正是Bauman所謂的傳統社會或是McLuhan所謂的部落社會。也因此，Durkheim曾說，在傳統社會之中，只有社會，沒有個人。直至技術的進展逐漸解決了安全的疑慮以後，人類開始追求自由與個體性，個人主義才日漸抬頭，人類進入了現代社會。此即Bauman所謂的固態現代性，或是McLuhan所謂去部落化後的個人主義社會。但既然Bauman與McLuhan都認為電子媒介（或軟體）技術使得當代人類文明進入了液態現代性或地球村的階段，那麼此一第三階段的社會心理，即是隨著歷史鐘擺的擺盪，充分享受了自由與個體性的人類，又再回頭追求在集體之中的認同與情緒共感。然而，由於自由與安全、個體與集體之間必然的矛盾，當代的人們也就只能在兩者的愛恨交織中不斷遊走變化。以致，當代社會文化的特色既非社群（community），也不是社會（society），而必須另外創造一個理論概念來加以描述。這就是流動群聚。

此一理論概念的提出，還可以解決Bauman與M. Maffesoli之間的對立。如前所述，儘管Bauman指出了自由與安全之間的愛恨交織，在說明液態現代性的社會心理時，卻偏重於個體化的面向，而寫就《個體化社會》一書。[14] 其在《液態之愛》一書的論述，也類似於Beck夫婦，主要是以個體化來說明當代人親密關係的脆弱多變。其結果是錯失了個體與集體之間的愛恨交織，但

---

14 Zygmunt Bauman, *The Individualized Society* (London: Polity Press, 2001).

如果當代人類的社會心理僅有個體化的傾向，又為何仍不斷追求愛情、婚姻或其他形式的親密關係呢？[15] 相對於此，Maffesoli 則使用著類似 McLuhan 的措詞而以《部落時代》(*The Time of The Tribes*) 一書的副標題宣告個體主義的衰亡，故而與 Bauman 的說法完全對立。但也為了強調當代人類對集體共感的需求，儘管 Maffesoli 已經在書中注意到當代人群結合方式的流動多變，卻未能正視之，而忽略了此一現象可能仍然蘊含人類的個體性需求。[16] 換言之，Bauman 與 Maffesoli 分別強調當代社會心理的個體化與集體化面向，卻也未能循其原本的理論架構或筆下經驗現象而注意到自由與安全之間、個體與集體之間的愛恨交織才是理解當代社會心理與人群結合方式的關鍵。而這正是流動群聚理論所企圖達成的。

總之，流動群聚理論首先是承接社會學理解當代社會文化特性的基本問題，主張當代社會已然有別於傳統社會與現代社會。其次，也同意 McLuhan 與 Bauman 從媒介或技術的角度來將歷史發展劃分階段的做法。再者，卻也超越了 Bauman 與 Maffesoli 的對立，而主張人類對自由與安全、個體與集體基本需求，是直到當代社會才因著電子媒介的發展同時解放出來；但也因此產生了愛恨交織的心理，進而是以流動多變、時聚時散的方式展現為流動群聚。加上連字號的 mob-ility 既是要彰顯其流動性，也是要掌

---

[15] Zygmunt Bauman, *Liquid Love* (London: Polity Press, 2003); Ulrich Beck and Elisabeth Beck-Gernsheim, *The Normal Chaos of Love* (London: Polity Press, 1995).

[16] Michel Maffesoli, *The Time of the Tribes: The Decline of Individualism in Mass Society*, trans. Don Smith (London: Sage, 1996).

握其群聚性。

愛恨交織與含混歧異（ambiguity）

　　Barry Wellman曾經以社區議題（community question）來定位都市社會心理學的核心議題。[17]這涉及了前述Toennies的Gemeinschaft與Gesellschaft之概念區分。換言之，都市社會心理學對都市人際關係的討論中，所爭辯的是都市中親密、全面與情感性的人際關係的存續問題。用前述的措詞來說，即是社區（community）的存續問題，也同時是社區與社會、Gemeinschaft與Gesellschaft的比較。此一論題實際上也如本文開頭所言，目的在於以都市生活為當代社會文化的代表，探討鄉村與都市、傳統與現代之別，是否即是社區與社會、初級關係與次級關係，或Gemeinschaft與Gesellschaft的不同。而早期的討論很自然地分裂為社區失落或社區續存的兩大對立主張。但Wellman自己則傾向於第三種所謂社區解放論的立場，主張都市人的親密關係已然藉由傳播媒介超越了地域限制，拓展為人際關係的網絡。亦即，即便其鄰里關係是冷漠疏離的，但仍然藉由傳播與溝通媒介之助，維繫著情感性的與頻繁緊密的人際關係。[18]以致Wellman也必須新

---

[17] Barry Wellman, "The Community Question: The Intimate Networks of East Yorkers," *American Journal of Sociology* 84, no. 5 (1979): 1201-1231; Barry Wellman, "The Community Question Re-evaluated," *Comparative Urban & Community Research* 1 (1988): 81-107.

[18] 黃厚銘、林意仁，〈流動群聚：網路起鬨的社會心理基礎〉，《新聞學研究》115期（2013），頁9-10。

創個人社區（personal community）的概念來予以掌握。即便如此，在其經驗研究中，Wellman卻偏重於舉證都市居民關係網絡或網路人際關係中的親密性，以否定人際關係疏離的說法。[19]這一點有實證主義研究上的原因，本文將在本節末尾進一步說明。無論如何，個人社區這既有個體性又有集體性意涵的概念，正凸顯出超越二元對立的必要。這也是流動群聚概念主張當代人群的結合方式，既非社區亦非社會的理論意涵，所不同的是，Wellman在後續的著作中並未延伸發揮「個人社區」概念在理論上與經驗研究上的意義，也沒有深入其底層的愛恨交織社會心理。

循此，流動群聚理論概念的提出，要進一步挑戰西方啟蒙理性植基於形式邏輯之慣有二元對立思考，而彰顯出含混歧異（ambiguity）與含混思考（ambiguous thinking）的重要性。[20]事實上，Bauman在其分析現代性的名著《現代性與含混性》（*Modernity and Ambivalence*），書名中所使用的是ambivalence這個字。然而，在該書一開頭，為了說明現代性刻意排除含混性的傾向，所採用的「命名」例證並無評價的意涵，而只有事實上或認知上的指稱。[21]因此，葉啟政很犀利地指出，Bauman所謂的含混性應該是ambiguity的意思。這是因為，ambivalence的字根是價值、評價的意思，故而本文將之翻譯為愛恨交織，[22]或是葉啟政

---

[19] Barry Wellman, "Studying Personal Communities," in *Social Structure and Network Analysis*, ed. P. V. Marsden and N. Lin (Beverly Hills: Sage, 1982), 61-80.

[20] 黃厚銘，〈含混思考的力量〉，《社會理論學報》16卷2期（2013），頁193-212。

[21] Zygmunt Bauman, *Modernity and Ambivalence* (London: Polity Press, 1993).

[22] 葉啟政，〈象徵交換與「正負情愫並存」現象〉，應星、李猛主編。《社會理

將之翻譯為「正負情愫交融」。[23] 相對於此，Bauman例證中的命名比較適合於ambiguity在字根上的存在狀態之意義。甚至Bauman自己在書中也偶爾混用了ambivalence與ambiguity這兩個字。[24] 但不論字眼的選擇如何，Bauman這本書所要論證的正是現代性以其二元對立的思考排斥含混歧異的傾向。而這樣的主張，也在Bruno Latour的《我們從未現代過》一書中得到呼應。該書也指出現代性的憲章即是在自然與人文、客體與主體、傳統的他者與現代的我們等面向做出二元對立的區分並加以純化。[25] 只是相較於Bauman主張在當代的含混性復歸，Latour則認為前述的純化從未完成過，是為「我們從未現代過」。[26] 進而，我們可以這麼說，啟蒙現代性所抬高的理性，被認為是以形式邏輯的矛盾律、排中律，與同一律為思考規則，並以此支撐起實證科學。這特別表現在假設檢定時，是間接地以虛無假設來檢定理論假設的成立機率，此一做法非得建立在前述二元對立的思考不可；否則，否定虛無假設未必有助提高理論假設成立的可能性。唐力權將此一現代西方典型的思考模式稱為「斷而再斷」的思考，並以之與典型

論：現代性與本土化》（北京：三聯書店，2012），頁341-387

[23] 葉啟政，《象徵交換與正負情愫交融：一項後現代現象的透析》（台北：遠流，2013）。

[24] Zygmunt Bauman, *Modernity and Ambivalence* (London, UK: Polity Press, 1993), pp. 3.

[25] 布魯諾・拉圖著，余曉嵐、林文源、許全義譯，《我們從未現代過》（台北：群學，2012）。

[26] 黃厚銘，〈Nietzsche道德思想的當代意義：相對主義或多元主義？〉，《政治與社會哲學評論》70期（2019），頁1-56。

東方思考的「斷而未斷」特色相對照。[27]雖然,我認為斷而未斷的思考在西方也是有其傳統的,這包括黑格爾的辯證法,或是詮釋學等等。

大約二十年前,我在有關網路人際關係的研究中,就曾指出網際網路「既隔離又連結」的媒介特性,並以此說明網友們在網路上從事探索自我認同的遊戲時「既隱匿又顯露」之自我呈現方式,進而主張網路人際關係是「似近實遠而又似遠實近」的。[28]當時深受Georg Simmel特有的辯證思考影響,而高度倚賴其〈陌生人〉、〈橋與門〉與〈社交性〉等文章的我,即充分感受到含混思考的魅力。[29]此外,馬克思分析資本主義運作邏輯與人類歷史發展的著作,當然也處處體現了黑格爾的辯證法。

從而,我近幾年所提出之「流動群聚」理論,在思考方式上正是企圖超越現代西方啟蒙理性與實證主義慣有的「斷而再斷」思考邏輯。而在前述傳統社區或現代社會、Gemeinschaft與Gesellschaft的二元對立上主張,當代人群結合的方式是既有傳統社區也有現代社會的特色。從這個角度回頭看,前述Wellman所提出的「個人社區」概念,其實也是一個具有含混性的概念。亦即,當代的社會心理是既要集體的情緒共感與安全,也要個體的解放與自由。但因為這兩者之間的難以兼得,太強調個體自由不免孤單不安;過於融入集體之中,又嫌失去自我,因而產生愛恨

---

[27] 唐力權,《周易與懷海德之間:場有哲學序論》(台北:黎明文化,1989)。

[28] 黃厚銘,〈網路人際關係的親疏遠近〉。《國立臺灣大學社會學刊》28期(2000),頁119-154

[29] Georg Simmel, "Fashion," in *Georg Simmel on Individuality and Social Forms*, ed. Donald N. Levine (Chicago: University of Chicago Press, 1971), 294-323.

交織的心理狀態,並隨之以隨時機彈性變化的方式,形成流動多變、時聚時散之「流動群聚」(mob-ility)。此一概念運用了流動性(mobility)與群聚(mob)的歧義,因而也是個具有含混性的概念,而表達了當代個體性與集體性的愛恨交織在人群結合上的具體表現。

「流動群聚」之經驗研究意涵[30]

「流動群聚」這個概念既是基於與 Bauman 與 Maffesoli 等人關於當代社會文化的論述相對話而發展出來的,卻也是根據作者自身對於當代網路文化的經驗研究所得。所以,此一概念當然也有助於分析理解具體的經驗現象。

首先是台灣在全球網路文化的特色之一的 PTT BBS 上,長期以來就不時發生 ×× 之亂的亂版現象。此類被我稱為「網路起鬨」的現象,及其背後的鄉民文化,標誌著台灣網路文化的轉變。早期,網友們藉由網路既隔離又連結的媒介特性探索身分認同(identity),因而在 BBS 或虛擬實境線上遊戲等模控空間中,既隱匿又顯露地以化名而非匿名,在面具(persona)的掩護下,長期固定經營呈現一個具有其人格特質(personality)的角色。[31]

---

30 本文的目的在於提出「流動群聚」之概念,循此本節是以幾個經驗現象為例,印證此一概念在經驗研究上能帶來的啟發。因此,作者並未主張 PTT BBS 上僅有亂版現象,甚或企圖以此代表台灣的網路文化,同理亦未認為 Pokémon GO 只有群聚狂歡的玩法。相關既有研究之文獻回顧,請參閱本節末尾兩段所引註本人已發表之研究論文。

31 黃厚銘,〈網路上探索自我認同的遊戲〉,《教育與社會研究》3期(2002)。頁

如今以PTT BBS為例的網路文化,卻轉向愛湊熱鬧的「鄉民」,在八卦版等討論區以推噓文或貼文等方式,遊走於版規的邊緣亂版,呼嘯而來,又隨即一哄而散。或是在熱門戲劇首播、重大運動賽事實況轉播之時,不滿足於獨自在家觀賞,還同時湧向日劇版或棒球版等討論區,以Live文的方式參與文字直播。這些網路起鬨的現象都顯示出,當代人並不滿足於個人可以舒適方便地近用媒介獲取資訊,還希冀獲得情緒共感。因此,即便只是沒沒無聞的大眾之一,但見證或參與一次網路起鬨的盛況,看著討論區藍爆、紫爆,或是推噓文與貼文不斷疊加捲動;那句「媽,我在這裡」,並不真的要說自己成名了,而是我來了、我參與了,我是其中的一員。與此同時,許多參與其中的鄉民,卻也在過程中比拼著各自的創意。這從早年的「包子與麵條」的笑話接龍,或是多年前台北市施放煙火後在八卦版上引發的「煙煙之亂」等等都可以得到印證。換言之,鄉民們不再如此在意個人網路身分認同的經營,而比較重視此類風潮的參與,這是網路起鬨中集體亢奮的面向。但在另一方面,卻又如Simmel筆下的時尚一般,努力在集體中凸顯自我,因而塑造了時尚的流動性。[32]也就呈現出流動群聚之現象。[33]

其次,幾年前曾帶動風潮的Pokémon GO擴增實境遊戲是另

65-106。

[32] Georg. Simmel, "Fashion," in Donald N. Levine (eds.), *Georg Simmel on Individuality and Social Forms.* (Chicago, IL: University of Chicago Press,1971), 294-323.

[33] 黃厚銘、林意仁,〈流動群聚:網路起鬨的社會心理基礎〉,《新聞學研究》115期(2013),頁1-50。

一個例子。那些在街頭呼嘯而來、隨即又呼嘯而去的玩家，即便造成交通阻塞，引來警察的關切或路人異樣的眼光，也毫不在乎。或是，在新竹南寮漁港、北投公園、新莊運動公園等寶可夢的巢穴，動輒數百人、數千人的群聚，甚至形成有如動物星球頻道影片中的動物大遷徙狂潮。實際上，連身為大學教授的我也參與其中，在街頭群聚、南寮漁港狂奔，在中和二二八公園如喪屍般和數以百計的玩家不斷繞圈。這都是因為隱身為群眾的一員，我才能夠抵擋世俗不解的眼光，或是一旁房屋仲介以利相誘的呼喚。這是集體亢奮的情緒共感壓倒理性利害計算的時刻，也是集體保護了個體，並逆轉了偏差行為與少數族群（minority）的意義之時刻。因此，不論是在街頭上或南寮漁港等群聚之處，溫馨互助的行為不時可見。這是不管關係親疏或相識與否的。而在捕捉稀有大怪的願望完成後，要不根據雷達的指示湧向另一處，要不趁著空檔跟旁邊未必認識的玩家分享（展示）自己上次在哪裡幸運捕捉到的完美大怪。換言之，在熱潮中仍要凸顯自己特別的幸運或努力。仍舊是既要融入於集體之中，又要凸顯自我。[34]

結論：經驗與理論、全球與在地

因此，Simmel所謂，人類歷史以同一性的平等來追求解放之後，隨之轉向以個體之間的差異來追求解放；但在這之後的當代，我們必須再加上既要集體（相同），也要個體（差異）的愛

---

[34] 黃厚銘，〈擴增實境遊戲Pokémon GO的流動性：遊戲機制、文化與變遷〉。《傳播與社會學刊》47期（2019）。頁233-263。

恨交織的第三階段,才能理解我們所處的時代之社會文化特性。[35] 而流動群聚即是其具體表現。如此,既能超越 Bauman 與 Maffesoli 的對立,也更能吻合 McLuhan 與 Bauman 將人類文明發展劃分為三個階段的說法。並確立了以愛恨交織和含混性來理解當代社會文化特性的正當性,而有別於啟蒙現代性底下理性的形式邏輯斷而再斷的思考邏輯。更重要的是,流動群聚以經驗事實為根據而發展出來的,因而也可以再被應用到更廣大的經驗現象上。正如 Clifford Geertz 在〈厚描〉一文所言,將理論應用於經驗,是為了讓理論的論辯更為細緻,而不是簡單的驗證。[36] 流動群聚並不是一個單一的概念,其所蘊含的自由與安全、個體與集體的愛恨交織,以及含混性等次級概念,都有助於讓理論概念與經驗事實之間有更具體的對話關係。具體的經驗現象可以讓抽象的理論概念更有血肉,在理論概念的引導下也可以讓經驗現象的意義更清楚地浮現。以及,既能與西方的核心學術傳統對話,也有在地經驗現象的基礎,我深信這才是發展台灣理論關鍵詞的努力方向。

---

[35] Georg Simmel, "Freedom and the Individual," in *Georg Simmel on Individuality and Social Forms*, ed. Donald N. Levine (Chicago: University of Chicago Press, 1971), 217-226.

[36] Clifford Geertz, "Thick Description," *in The Interpretation of Cultures* (New York: Basic Books, 1973), 26-29.

參考書目

西文

Bauman, Zygmunt. *Modernity and Ambivalence*. London: Polity Press, 1993.

—— . *Liquid Modernity*. London, UK: Polity Press, 2000.

—— . *Community: Seeking Safety in an Insecure World*. London, UK: Polity Press, 2001.

—— . *The Individualized Society*. London, UK: Polity Press, 2001.

—— . *Liquid Love*. London, UK: Polity Press, 2003.

Beck, Ulrich., Giddens, Anthony., & Lash, Scott. *Reflexive Modernization: Politics, Tradition and Aesthetics in the Modern Social Order*. Stanford, CA: Stanford University Press, 1994.

Beck, Ulrich., & Beck-Gernsheim, Elisabeth. *The Normal Chaos of Love*. London, UK: Polity Press, 1995.

Berman, Marshall. *All that is Solid Melts into Air: The Experience of Modernity*. New York: Simon and Schuster, 1982.

Geertz, Clifford. *Thick Description*. in *The Interpretation of Cultures*. New York, NY: Basic Books, 1973.

Durkheim, Émile., W. D. Halls(Trans.) *The Division of Labor in Society*. London, UK: Macmillan, 1893/1984.

Maffesoli, Michel. *The Time of the Tribes: The Decline of Individualism in Mass Society*, trans. Don Smith. London, UK; Thousand Oaks, CA: Sage, 1988/1996.

Marx, Karl. Capital:A Critique of Political Economy, Volume 1, trans. Ben Fowkes(London:Penguin Classics, 1992).

McLuhan, Marshall. *Understanding Media: The Extension of Man*. London: Routledge, 1964.

Simmel, Georg. *Fashion*, in Donald N. Levine (eds.), *Georg Simmel on Individuality and Social Forms* (pp. 294-323). Chicago, IL: University of Chicago Press, 1971.

―――. *Freedom and the Individual*, in Donald N. Levine (eds.), *Georg Simmel on Individuality and Social Forms* (pp. 217-226). Chicago, IL: University of Chicago Press, 1971.

Tönnies, Ferdinand. *Community and Society*. With a new introduction by John Samples. East Lansing: Michigan State University Press, 1887/1988.

Tuan, Yi-Fu. *Space and Place: The Perspective of Experience*. Minneapolis: University of Minnesota Press, 1977.

Weber, Max., Talcott Parsons(Trans.) *The Protestant Ethics and the Spirit of Capitalism*. New York: Charles Scribner's Sons, 1905/1958.

Wellman, Barry. "The Community Question: The Intimate Networks of East Yorkers." *American Journal of Sociology* 84.5, pp.1201-1231, 1979.

―――. "Studying Personal Communities." In P. V. Marsden & N. Lin (Eds.), *Social Structure and Network Analysis* (pp. 61-80). Beverly Hills, CA: Sage Pub, 1982.

―――. "The Community Question Re-evaluated." *Comparative Urban & Community Research* 1, pp.81-107, 1988.

Urry, John. *Mobilities*. London, UK: Polity Press, 2007.

華文

Howard Rheingold；張逸安譯。2004。《聰明行動族：下一場社會革命》。台北：聯經。

葉啟政。2012。〈象徵交換與「正負情愫並存」現象〉，應星、李猛主編，《社會理論：現代性與本土化》。北京：三聯書店。頁341-387。

―――。2013。《象徵交換與正負情愫交融：一項後現代現象的透析》。台北：遠流。

布魯諾・拉圖著，余曉嵐、林文源、許全義譯。2012。《我們從未現代過》。台北：群學。

唐力權。1989。《周易與懷海德之間：場有哲學序論》。台北：黎明文化。

黃厚銘。2000。〈網路人際關係的親疏遠近〉，《國立臺灣大學社會學刊》28期。頁119-154。

──。2002。〈網路上探索自我認同的遊戲〉,《教育與社會研究》3期。頁65-106。

──。2013。〈含混思考的力量〉,《社會理論學報》16卷2期。頁193-212。

──。2019a。〈擴增實境遊戲Pokémon GO的流動性:遊戲機制、文化與變遷〉,《傳播與社會學刊》47期。頁233-263。

──。2019b。〈Nietzsche道德思想的當代意義:相對主義或多元主義?〉,《政治與社會哲學評論》70期。頁1-56。

黃厚銘、林意仁。2013。〈流動群聚:網路起鬨的社會心理基礎〉,《新聞學研究》115期。頁1-50。

蘇碩斌。2019。〈混昧(ambivalence)〉。史書美、梅家玲、廖朝陽、陳東升主編,《台灣理論關鍵詞》。新北:聯經。頁229-239。

研究倫理
(Research Ethics)

甘偵蓉

　　研究倫理在本文是狹義地指，保護人類作為研究對象的行為規範，而它作為理論關鍵詞，其理論內涵是在制度化發展過程中，由以下四項特徵所形塑：[1]（1）從學科自律朝向他律的全球制度化風潮；（2）美國研究倫理的知識殖民；（3）台灣摹仿美國倫審制的二波行動；[2]（4）台灣原住民族拿回人體研究的知識建構權。

　　以這四項特徵來說明台灣的研究倫理，或有機會擺脫來自標準化的西方研究倫理論述；且不只是西方研究倫理的觀念拼裝，

---

[1] 本文是在筆者與Mark Israel合著（2020）的 "Transnational Policy Migration, Interdisciplinary Policy Transfer and Decolonization: Tracing the Patterns of Research Ethics Regulation in Taiwan" 此文基礎上，以不同角度重新思考台灣的研究倫理知識建構特徵。另涉及台灣原住民族的部分，感謝兩位審查人相當具啟發性的建議。

[2] 史書美（2019）在〈摹仿〉指出在全球知識新殖民分配的版圖裡，台灣知識與文化界對於西方理論與文化實際上扮演著下游挪用、引介與摹仿者的角色。見史書美，〈摹仿〉，史書美、梅家玲、廖朝陽、陳東升主編，《台灣理論關鍵詞》（新北：聯經，2019），頁327-336。

而是以風格化觀念拼裝的方式來逐步建構台灣的研究倫理知識。[3]

從學科自律朝向他律的全球制度化風潮

研究倫理嚴格來說本無獨立理論,而是散見在各學科當中,依照學科旨趣、研究目的、研究方法、研究對象、研究時程與環境,甚至研究者本身的性格等特徵差異,逐漸發展出獲得學科內部社群成員支持如何與研究對象互動的行為規範,通常是合法、適當且能在道德上合理說明的。有些規範或進一步歸納成倫理原則,並從倫理原則推導出相關行動指引。例如,以人作為經驗資料搜集對象的學科領域,大抵都會認同尊重自主原則,而這項原則在醫學研究領域所蘊含的行動指引基本上就是知情同意;然而,在偏向以田野觀察或敘述作為研究方法者,無論是從人類學、社會學還是教育學等學科觀點出發,或許採取互為主體的態度及方式對待研究對象,更適合是從尊重自主原則推論出來的行動指引。由於研究者在與研究對象互動過程中,無時不刻都得獲得對方的知情同意,正是彼此互信關係可建立且繼續維繫下去的基本要件,無需贅言。

但隨著有愈來愈多國家將研究倫理制度／法制化後,[4]由政府

---

[3] 陳瑞麟(2019)在〈拼裝〉指出台灣人社學界論述常援引歐美理論的觀念拼裝現象,並探問有無可能朝有台灣特色／風格化的方向來發展個人或社會性的理論。陳瑞麟,2019,〈拼裝〉,史書美、梅家玲、廖朝陽、陳東升編,《台灣理論關鍵詞》(新北:聯經,2019),頁167-179。

[4] M. Israel, *Research Ethics and Integrity for Social Scientists: Beyond Regulatory Compliance*. London: Sage, 2015.

監管單位及研究倫理審查制度從業人員所逐漸發展出來的研究倫理論述，某程度上可能會脫離各學科研究脈絡，而是從如何符合研究法規及倫理審查規範的角度來論述何謂研究倫理。研究倫理不再只是專業學科中研究者的自律規範，而是由國家法令、政府經費補助單位、倫審會所制訂出來有強制性且有罰則的他律規範。所以今日要了解一國的研究倫理論述，不能忽視該國在研究倫理制度化過程中，究竟如何形塑相關倫理內涵。甚至目前含美國在內，都面臨著原來存在於各專業學科的研究倫理論述，有逐漸被保護受試者的法規及倫審規定所完全取代的窘境。

美國研究倫理的知識殖民

台灣不論在政治地位還是知識文化權力版圖，都位處邊緣地帶，[5]所以在制定法規政策時，很難純就自己社會需求及現況來規劃擬定，總是參考或摹仿強權國家的政策法規制度與知識，而主要參考國家，則與自己國家的知識精英分子主要留學的國家有關。過往多留學殖民國，所以就是參考、摹仿殖民國的法規政策與制度；爾後愈來愈多知識分子轉往英美歐，尤其是吸納全球最多留學生的美國，在留學回國且逐漸掌握相關法規的政策建議與決議權之後，便直接將美國法規制度或美國大學相關政策措施等知識，整套摹仿過來或稍加調整後直接施行，至今已成常態。這點在台灣建立倫審制度時也不例外，對於台灣的研究倫理有本質上的影響。許多像台灣一樣以美國為主要留學地的國家，不論最

5　史書美，〈摹仿〉，頁327-336。

終能否從摹仿美國到創造有自己特色的研究倫理論述,可說都以美國研究倫理論述為基本的論述框架。

那麼,美國的研究倫理論述有什麼特色?生醫化論述是它的重要特色。由於美國在1976年建立倫理審查制度的主因,是為了回應其國內研究長達四十年的塔斯基吉梅毒試驗(Tuskegee syphilis study)事件,黑人受試者權益在該事件中遭受嚴重侵害,而引發社會強烈批評,並高度關注人類受試者權益。因此在訂定相關管制法規時,便傾向以高風險的人體試驗等醫學研究類型來作為擬定管制的想像;即使在實施時,卻是以「人類受試者研究」(human subjects research)如此相當廣泛的定義來涵括受管制的人類研究類型。這是為何多年來美國人社學者批評這套制度是任務偏離(mission creep),[6]甚至譏諷是在建立倫理帝國。[7]但即便如此,美國在研究知識上的霸權,仍讓這套倫審制度包含台灣在內的全球南方國家競相摹仿,尤其1979年公布的貝爾蒙特報告裡面所提出的研究倫理三原則,以及各原則所指涉的行為規範:尊重個人(知情同意)、不傷害與善益(風險與研究效益評估)、正義(研究對象選擇),更成為當代研究倫理論述的基本信條。

---

[6] K. Haggerty, Ethics Creep: Governing Social Science Research in the Name of Ethics. *Qualitative Sociology*. 27. (2004), pp. 391-414; & C. K. Gunsalus, E. M. Bruner and N. C.Burbules, et al., Mission creep in the IRB world. *Science*. 312.5779 (2006), pp. 1441; M. Hammersley, Creeping Ethical Regulation and the Strangling of Research, *Sociological Research Online*. 15.4(2010), pp. 1-3.

[7] Z.M. Schrag, *Ethical Imperialism: Institutional Review Boards and the Social Sciences 1965-2000*, Baltimore: Johns Hopkins University Press,2010.

台灣摹仿美國倫審制的二波行動

　　台灣為何要摹仿美國倫審制度？在目前總共發生的兩波摹仿潮，雖然不能說目的不是為了保護人類受試者；但與台灣社會及高教環境的改變，研究社群渴求參與主要由英美建構的國際知識社會，以被視為研究進步，其實有相當密切關係。[8]

　　第一波發生在1987到2009年的台灣醫療機構及醫學研究領域。背景是台灣政治解嚴朝向民主化發展，政經環境所相應帶來的改變，社會各行各業蓬勃發展。研究領域也不例外，尤其是醫學研究率先期待能發表在國際期刊、爭取國際藥廠來台人體試驗、申請美國國衛院（NIH）研究經費補助等。因此在這些誘因驅使下，必須盡可能消除相關阻礙。其中障礙之一，就是以人類作為受試者的醫學研究都須通過倫審才能執行之規定，否則無法滿足美國受試者保護聯邦法規45CFR46、美國食藥監管局（FDA）的合規要求。但當時台灣完全無相關規定與運作機制，所以最有效率的方式，就是由衛福部訂定行政命令來直接摹仿美國相關法規，不經過曠日費時的立法程序，並推動在衛福部轄下的醫療機構摹仿美國建立倫審機制將會最有效率。[9]

　　第二波則發生在2010到2015年的台灣高教機構以及醫學以外的研究領域，但以人社領域最為活躍。主因是有人社學者積極

---

[8] Z. R. Gan & M. Israel, "Transnational Policy Migration, Interdisciplinary Policy Transfer and Decolonization: Tracing the Patterns of Research Ethics Regulation in Taiwan," *Journal of Developing World Bioethics*. 20.1(2020): 5-15.

[9] 林志六，〈台灣研究倫理審查機制簡介〉，《月旦醫事法報告》10期（2017），台北：元照。

協助政府推動大學的人類研究管制,而管制方法或者直接摹仿美國大學,或者摹仿在運作上相對成熟的台灣醫療機構。當時台灣人社學者為避免美國倫審制過度生醫化的弊病,其實有主動規劃相關配套措施,像是在大學建立以人社為主的研究管制架構,並鼓勵人社學者發展自己專業學科的倫理守則等。[10]

但台灣醫界在推動倫審制度二十多年後,決定提升人體研究的管制層級至法律,而在2011年底通過人體研究法(以下簡稱「人體法」)。該法管制了全國的人體研究,並不限定是醫院還是大學等哪類型的研究機構所做的人體研究機構,且對於違法的機構及倫審會訂有嚴格罰則。頓時教育部與各大學為求合規,緊急修改成適於人體研究而非專屬人社的管制架構。[11] 此外,人體法如同美國聯邦法規,對於「人體研究」採取廣泛的定義,大學及倫審會為避免違法,除了將許多未必屬於人體研究的人社研究全納入審查範圍外,也盡可能以最保守的方式解釋人體法所能允許的研究行為。至於無強制性且部分與人體法有相容之虞的人社各專業倫理守則,則被大學倫審會與部分人社學者棄置一旁了。

在第二波摹仿過程中值得一提的是,有些人社學者並不排斥

---

[10] 邱文聰、莊惠凱,〈建置當代人類研究倫理的治理架構:一個反身凝視的契機〉,《人文與社會科學簡訊》12卷1期(2010),頁33-39;戴華、甘偵蓉、鄭育萍,〈人文社會科學與研究倫理審查:執行研究倫理治理架構計畫的考察與反思〉,《人文與社會科學簡訊》12卷1期(2010),頁10-18;劉紹華〈倫理規範的發展與公共性反思:以美國及台灣人類學為例〉。《文化研究》14期(2012),頁197-228。

[11] 甘偵蓉、黃美智、戴華,〈成功大學人類研究倫理治理架構的運作模式及內涵〉,《台灣生命倫理學刊》3期(2016),頁75-98。

將人社研究也提升至法律層級管制,反倒是衛福部對此有所猶豫,這點與美國人社研究領域當時完全被動接受管制,頗為不同。爾後又有十幾個人社專業學會連署抗議大學倫審的生醫化,不少學者跳出來指責大學倫審會哪些做法不同於他們在美國的求學經驗;更援引美國學會的專業倫理守則來說明其學科獨特性,如何不同於生醫研究。這些抗議行動雖然讓科技部與教育部更不情願將人社研究納入倫審管制,即使後來仍透過計畫經費補助要求等行政手段,以模糊甚至有些任意適用人體法的判定標準,還是將部分人社研究納入管制了。但時至今日看來,不論當初是贊成還是反對倫審制的人社學者,不只是倫審制度而是連專業倫理論述,基本上都傾向摹仿美國,且某程度上抽離了當時台灣高教環境與研究現況。所以,他們基本上都被本文列為第二波台灣摹仿美國倫審制的具體行動。

台灣原住民族拿回人體研究的知識建構權

而涉及台灣原住民族的研究倫理規範轉折,則是另一個掌握研究倫理知識在台灣如何發展的重要面向。

台灣漢人研究原住民族的歷史,就如同多數有原住民族的國家,是由許多侵害原住民權益等不當的研究行為所鋪寫而成。在無倫審時代,就不多說了,但有了倫審後,原住民族的受試者權益是否就獲得了保障?在台灣的情況是否定的。台灣自1987年從醫學領域開始兩波推動倫審迄今,至少就發生過三件嚴重違反原

住民受試者權益事件。[12]這三事件的共同特徵是：都發生在醫學研究領域、所侵害的受試者權益主要是個人與群體的知情同意權、發生時間都在台灣二波摹仿美國倫審制期間。

有關這三事件在研究過程中，研究團隊對於原民研究受試者未能善盡徵求其個人同意的研究責任，以及研究團隊對於目標研究的原住民所屬族群普遍缺乏徵求集體同意的概念，國內外已有長期關注原住民族研究倫理權益的學者撰寫數文探討，[13]此處不重

---

12 這三件事分別是：（1）2003年高雄醫學大學副校長葛應欽在新竹縣五峰鄉與尖石鄉抽取泰雅族原住民血液做痛風基因研究後，在未告知他們的情況下逕自向美國申請專利，爾後經國外原住民團體舉報後撤回申請，此即為著名的台灣原住民族研究權益遭受違反的「我的血液、你的專利」新聞事件；（2）2007年馬偕醫院林媽利醫師向29位葛瑪蘭族人蒐集唾液，但違反其知情同意權，未被完整告知研究目的及權益，爾後在國科會定調以溝通不良而非違反醫學研究倫理的判定下，研究者出面道歉及返還、銷毀唾液了結；（3）2009年中研院負責執行台灣生物資料庫的先期計畫團隊在雲嘉南地區為「基因資料庫」向民眾收案採血，其中包括原住民族，但被抽血者多以為是社區健檢活動，在台灣人權促進會偕同立委黃淑英召開記者會揭發暫停執行。王瑞伶、林秀美，〈「我的血液、你的專利」……原住民成為研究的「犧牲者」？〉，《聯合報》（2010）http://blog.udn.com/giveman/3874766；李宗祐，〈研究葛瑪蘭唾液 林媽利遭糾正〉，《中國時報》（2007）（https://www.coolloud.org.tw/node/7488；台灣人權促進會〈科學逾越倫理，犧牲人權代價！〉，《台灣人權促進會》（2009）https://www.tahr.org.tw/news/166。

13 陳叔倬、陳張培倫，〈社群研究同意權在台灣的實踐——以噶瑪蘭社群否決與西拉雅社群同意為例〉，《台灣原住民族研究季刊》4卷3期（2011），頁1-27；蔡志偉 Awi Mona，〈人體研究與原住民族集體權：人權規範與發展的新課題〉，《刑事政策與犯罪研究論文集（15）》（台北：法務部，2012），頁103-116；M. Munsterhjelm & F. Gilbert, How do researcher duties conflict with Aboriginal rights? Genetics research and biobank problems in Taiwan, *Dilemata*, 4(2010), pp. 33-56；陳張培倫、黃毓超，〈台灣原住民族研究倫理發展概

複討論。

另外，人體法在以第14條保障個人於人體研究上的知情同意權外，還以第15條保障原住民族於人體研究上的群體同意權，雖凸顯了群體同意權在涉及原住民族研究中的重要性，但相關規範與實踐會不會逐漸行政官僚化，甚至各別原住民族部落內的實踐是否會被所謂集體同意權這樣的大帽所凌駕，[14]也值得更多觀察，此處無法深入探討。

本文主要針對這三事件提出以下二個問題：（1）為何這三個主要都未能獲得族群同意的事件，都發生在醫學研究？（2）這三事件當時發生的時間，台灣已經完成第一波推動倫審制，也就是醫療院所皆已普遍實施倫理審查了，但為何仍不足以保障原住民族擔任研究受試者的權益？

首先針對第一個問題，有關三個研究不當事件為何都發生在醫學研究，本文認為可能與主流的研究倫理論述長期強調個人自主同意的重要性，卻不強調或刻意忽視族群同意的重要性有關。

這麼說並不意味三事件中的研究團隊未徵求族群同意是可接受的，而是希望凸顯依據當代被國內外倫審會視為研究倫理信條的美國貝爾蒙特報告，裡面雖然有包含針對群體的正義原則，但該原則著重在受試者群的納入與排除挑選應該符合公平性，且不剝削特定或少數群體。然而，一旦個人有符合納入研究的資格後，徵求知情同意的事就會回到個人身上。即便個人不具有足夠

述〉，《護理雜誌》63卷3期，（2016），頁25-30。
14 黃居正、邱盈翠，〈台灣原住民族集體同意權之規範與實踐〉。《台灣民主季刊》，12卷3期（2015），頁43-82。

知情同意能力，亦是由其家長或監護代理等個人而非群體來代為行使同意權。這些要求在醫學研究可以理解，是因為醫學研究常涉及侵入個人身體，而對自己的身體享有絕對自主權，早已深植西方文化中，所以明確獲得個人的知情同意便顯得相當重要。甚至在由代理人行使同意的案例中，過去會認為只要代理人同意（consent）即可，但現在逐漸地會認為，除非當事人尚無或不能自主表達意願（像是嬰兒或植物人），否則還是得以如畫圖等方式，盡可能取得當事人的接受（assent）才行。

上述目前在國內也很熟悉的研究倫理論述，其實主要來自美國白人這個主流群體。像前述影響美國建立倫審制最關鍵的塔斯基吉梅毒試驗，當初引發眾怒的原因，雖然在於該實驗所有受試者都是黑人，觸及了該國敏感的種族偏見議題。美國主流社會從該案例中所得到的反省，卻是如何遵循更公平地挑選受試者群體的正義原則，並讓個別受試者都了解參加研究內容的尊重個人自主原則，而不是涉及種族的群體同意。顯然這與黑人在美國被定位為後來移入的種族，故無權要求自治有關。再加上美國醫學臨床界長期被詬病有種族偏見，例如面對有色人種，尤其是非裔與拉丁裔，可能提供較差的醫療照護。所以，相關矯正方式如果是要求醫生應該更重視個體需求，並盡可能忽略種族的差異，似乎也頗合理。

或許正是如此，美國醫學不論在研究及臨床上，似乎都更願意強調個人式而非集體式同意權。事實上美國有關受試者權益的聯邦法規，在訂定有哪些易受傷害的受試者群應該受到更多保護時，總共列出兒童、囚犯、孕婦等六種類型的群體，竟然沒有任何一類群體與種族這項特徵有關，同樣可印證美國的主流研究論

述為何缺乏對於集體同意的重視。

當然這不表示美國社會不需要面對或沒有種族的群體同意權問題。例如，美國亦發生亞利桑那州立大學將有關從印第安部落Havasupai糖尿病研究中所蒐集到的檢體，在未告知且未獲得族群同意下，就逕自拿去研究有關遷移、近親繁殖與精神分裂症等，而引起該部落強烈抗議。最後在該大學公開致歉、賠款、銷毀與返還檢體等之後，該事件才獲得落幕。即便涉及印第安族人的醫學不當研究事件，爾後在美國研究倫理論述中有獲得關注，但比較常見於美國的法律或醫學人類學相關研究倫理論述當中，而不是在美國的主流研究倫理論述裡。

其次，針對第二個問題：這三事件當時發生的時間，台灣各醫療院所皆已普遍實施倫理審查了，但為何仍不足以保障原住民族擔任研究受試者的權益？本文認為這可從考察人體法的立法歷程獲得解釋。[15]該法第15條將原住民族群的群體同意權列入保障，其實是一個意外。當初兩版本草案，一個是行政院送立法院審議的人體研究法草案，其規範對象是衛生署轄下的生物醫學研究，由台灣醫學人士所主導；另一個是立委黃淑英提出的人類研究法草案，其規範對象是涵蓋所有學科領域的人類研究，主導者有醫學、法律、社會科學者等。兩版本的管制研究類型雖然不同，但相同的是，都沒有任何與原住民族有關的條文。即使當中協助立法的漢人學者，有些不乏曾在前述涉及原民的不當研究三事件中積極協助過原民學者聲討權益。但諷刺的是，目前的人體

---

[15] Z. R. Gan & M. Israel, "Transnational Policy Migration, Interdisciplinary Policy Transfer and Decolonization."

法第15條,其實是前述兩草案在二讀的廣泛討論過程中,卑南族的民進黨立委突然提出臨時動議,結果就意外被保留下來通過三讀。

　　從上述人體法立法歷程或可推論出,台灣的漢人政府、政治人物及多數學者對於台灣原住民族有關要求自治的主張,似乎長期採取漠視的心態,即便在訂定保護受試者權益時亦然。對他們來說,保護個別研究受試者是需要的,保護個別研究受試者當中易受傷害族群也是需要的;但保護非漢人種族,則不一定需要,或者根本沒想到需要額外保護。因為對他們來說,一旦政府立了法,每個人在這方面的權益就會受到保障了,不是嗎?

　　這樣的心態與想法或許從衛福部的免除審查公告,也多少可解讀出來。由於研究倫理論述向來強調要額外保護易受傷害族群,當衛福部公告人體研究計畫以七類群體作為研究對象將不得採取免除審查時,在這七類群體中,原住民族雖然有被匡列在內,不若美國聯邦法規完全無涉及種族特徵。但從研究倫理的脈絡來看,與其說漢人政府願意承認原住民族是獨立自治的種族,倒不如說是將原住民族視同未成年人、收容人、孕婦等之類的弱勢族群,因此在涉及人體受試者權益保障事務上,願意給予更多的保護措施。顯然這是從相同國族或單一政體的視角來看群體的差異,並不是建立在肯認原住民族是獨立於漢民族的基礎上。

　　所以台灣漢人在建構研究倫理論述時,其實如同其他領域的論述,似乎都未能肯認原住民族作為整體是獨立於漢人的。在這個意義上,漢人對待原住民族正是蔡林縉指出的「定居殖民」:亦即身為定居者的漢人,首要目的是「取代」(replacement)在台灣這塊土地上原先居住者是原住民族的事實,以便自己可成為這塊

土地的主人。[16] 過去人們比較熟知的典型殖民關係是，殖民者對原居住者進行政治壓迫與經濟剝削的主要目的，是為了其宗主國的利益，而非為了取代原居住者成為土地上的主人。所以，人體法第15條雖然能解釋為承認原住民族是自治且獨立於漢人的民族，但其實也能相當弱化地解釋為，只有在保護人體研究受試者這項事務上，原住民族是有權自治的，而在此同時並不承認原住民族的獨立自治。

換言之，台灣的研究倫理論述雖繼受美國，但在漢人對待台灣原住民族這件事情上，並不是繼受美國；而是如同美加紐澳等境內有原住民族的國家，都是以定居殖民的方式在對待境內原住民族。這些國家的原住民族，陸續都透過倫審這個途徑來重塑掌握政權者應如何與他們接觸、溝通、互動或是進入其傳統領域，[17] 倫審可視為原住民族對定居殖民者去殖民的行動。但對於要求獨立自治的原住民族來說，只要原住民族在該國家尚未被承認是政治上有權自治的，去殖民就必須是現在進行式而非完成式。[18]

以台灣原住民族來說，早在1987年台灣原住民族權利促進會就提出《台灣原住民族權利宣言》；2005年原住民族基本法第4條亦規定「政府應依原住民族意願，保障原住民族之平等地位及

---

[16] 蔡林縉（2019）在〈定居者〉主張，台灣漢人與原住民族的關係是定居殖民而非殖民，並建議以定居殖民的自我批判框架來看待這項關係。蔡林縉，〈定居者〉，史書美、梅家玲、廖朝陽、陳東升主編，《台灣理論關鍵詞》（新北：聯經，2019），頁113-130。

[17] Z. R. Gan & M. Israel, "Transnational Policy Migration, Interdisciplinary Policy Transfer and Decolonization."

[18] 這點謝謝審查人的提醒。

自主發展，實行原住民族自治；其相關事項，另以法律定之」。而近年包含前述三事件，原住民族不但積極抗爭個別原住民受試者權益不該在人體研究中被侵害，也不斷主張他們的族群同意權未受到適當尊重。有關個人的研究受試權益在人體法訂定後，不論是否屬於原住民族，每位人體研究受試者的權益都獲得保障；有關族群同意權，則在該法第15條終究獲得保障。人體法因此可視為原住民族在爭取民族自治運動過程中的一個里程碑，只是在最終達成自治目標前，尚有許多去殖民工作必須持續進行。

結論

史書美提到台灣原住民族的知識建構，是處於雙層知識殖民的結構當中：原住民族受到台灣漢人的知識殖民、台灣漢人則受到西方的知識殖民。[19] 若以此來看有關人體研究的知識建構，儘管人體法第15條所約束的不只是漢人研究者，也約束原住民研究者。但透過此法及原住民族所自行成立的人體研究計畫相關諮詢機制，原住民族或有機會逐漸擺脫漢人與西方在人體研究上的雙層知識殖民。

在台灣的研究倫理知識建構上，值得擔憂的問題有：台灣漢人仍持續摹仿西方的研究倫理論述；台灣各學科亦有摹仿醫學的研究倫理論述的傾向；或許，台灣原住民族無意間也在摹仿紐加澳原住民族所發展出來的研究倫理論述。但從本文前述說明可看出，目前最嚴重的問題是，包含台灣在內幾乎所有將研究倫理制

---

19 史書美，〈摹仿〉。

度化的國家都出現以下現象：倫審法規與審查標準，不僅僅只是作為規範人類研究相關知識應該如何生產的工具，而是正逐漸取代各學科的研究倫理論述。若從定居殖民的概念來看，倫審規範可說是一種在倫理上對於各學科研究倫理知識的定居殖民。此外，醫學研究倫理雖然是強勢的主流論述，人社研究倫理是弱勢論述，但他們都不是生產研究倫理知識的定居殖民者，而是各國那些有權主導倫審規範的倫審會及政府相關單位才是定居殖民者。

那麼，各學術研究領域如要抵抗生產研究倫理知識上的全球定居殖民，可以怎麼做呢？或許各領域的研究人員持續撰文傳遞其所屬領域的研究倫理實踐作為，並積極主動參與倫審機制，且就算被要求送審而被迫參與，也要努力讓倫審單位看到所屬研究類型及學科差異，有意識地提醒倫審單位相關文化環境與在地的差異。如此做，或許就是一種在研究倫理知識建構上的去殖民行動，也是以風格化的方式在建立台灣本土的研究倫理知識。儘管我們可能無法太樂觀的期待這種去知識殖民有完成的一天，而只能是永遠的現在進行式。但堅持多元且來自不同學科的研究倫理論述，總是值得期待及努力。

參考書目

西文

Gan, Zhen-Rong, and Mark Gan, Zhen-Rong, and Mark Israel. "Transnational Policy Migration, Interdisciplinary Policy Transfer and Decolonization: Tracing the Patterns of Research Ethics Regulation in Taiwan." *Developing*

World Bioethics 20, no. 1 (2020): 5–15. https://doi.org/10.1111/dewb.12224.

Gunsalus, C. Kristina, Edward M. Bruner, Nicholas C. Burbules, et al. "Mission Creep in the IRB World." *Science* 312, no. 5779 (2006): 1441. https://doi.org/10.1126/science.1121479.

Haggerty, Kevin D. "Ethics Creep: Governing Social Science Research in the Name of Ethics." *Qualitative Sociology* 27, no. 4 (2004): 391–414.

Hammersley, Martyn. "Creeping Ethical Regulation and the Strangling of Research." *Sociological Research Online* 15, no. 4 (2010): 1–3.

Israel, Mark. *Research Ethics and Integrity for Social Scientists: Beyond Regulatory Compliance*. London: Sage, 2015.

Munsterhjelm, Mark, and Frances Gilbert. "How Do Researcher Duties Conflict with Aboriginal Rights? Genetics Research and Biobank Problems in Taiwan." *Dilemata* 4 (2010): 33–56.

Schrag, Zachary M. *Ethical Imperialism: Institutional Review Boards and the Social Sciences, 1965–2009*. Baltimore: Johns Hopkins University Press, 2010.

華文

王瑞伶、林秀美。2010。〈「我的血液、你的專利」……原住民成為研究的「犧牲者」?〉,《聯合報》http://blog.udn.com/giveman/3874766。

台灣人權促進會。2009。〈科學逾越倫理,犧牲人權代價!〉,台灣人權促進會 https://www.tahr.org.tw/news/166。

史書美。2019。〈摹仿〉,史書美、梅家玲、廖朝陽、陳東升主編,《台灣理論關鍵詞》。新北:聯經。頁327-36。

甘偵蓉、黃美智、戴華。2016。〈成功大學人類研究倫理治理架構的運作模式及內涵〉,《台灣生命倫理學刊》3期。頁75-98。

李宗祐。2007。〈研究葛瑪蘭唾液 林媽利遭糾正〉。《中國時報》https://www.coolloud.org.tw/node/7488。

林志六。2017。〈台灣研究倫理審查機制簡介〉,《月旦醫事法報告》10期。台北:元照。

邱文聰、莊惠凱。2010。〈建置當代人類研究倫理的治理架構：一個反身凝視的契機〉，《人文與社會科學簡訊》12卷1期。頁33-39。

陳叔倬、陳張培倫。2011。〈社群研究同意權在台灣的實踐——以噶瑪蘭社群否決與西拉雅社群同意為例〉，《台灣原住民族研究季刊》4卷3期。頁1-27。

陳張培倫、黃毓超。2016。〈台灣原住民族研究倫理發展概述〉，《護理雜誌》63卷3期。頁25-30。

陳淑倬。2016。〈原住民族基因研究倫理爭議與台灣研究倫理審查制度發展〉，《台灣生命倫理學刊》3期。頁115-126。

陳瑞麟。2019。〈拼裝〉，史書美、梅家玲、廖朝陽、陳東升主編，《台灣理論關鍵詞》。新北：聯經。頁167-179。

黃居正、邱盈翠。2015。〈台灣原住民族集體同意權之規範與實踐〉，《臺灣民主季刊》12卷3期。頁43-82。

劉紹華。2012。〈倫理規範的發展與公共性反思：以美國及台灣人類學為例〉，《文化研究》，14期。頁197-228。

蔡志偉Awi Mona。2012。〈人體研究與原住民族集體權：人權規範與發展的新課題〉，《刑事政策與犯罪研究論文集（15）》。台北：法務部，頁103-116。

蔡林縉。2019。〈定居者〉，史書美、梅家玲、廖朝陽、陳東升主編，《台灣理論關鍵詞》。新北：聯經。頁113-130。

戴華、甘偵蓉、鄭育萍。2010。〈人文社會科學與研究倫理審查：執行研究倫理治理架構計畫的考察與反思〉，《人文與社會科學簡訊》12卷1期。頁10-18。

原住民族主義
(indigenism)

陳張培倫 Tunkan Tansikian

原住民族運動與原住民族主義

隨著1980年代開展的民主化進程，歷史上久經殖民壓迫的台灣原住民族，如同其他受壓抑的社會聲音，開始完整地提出其權利訴求，並訴諸於體制內外各種倡議及改革行動，這一段歷程，被稱之為台灣原住民族運動。

晚近對台灣原住民族運動的回顧或研究中，開始出現原住民族主義此一概念，不過對該概念的內涵範圍，尚未有較為明確的界定。原住民族主義最廣義的用法，涉及原住民族運動的思想基礎、權利訴求及制度實踐；就此面向而言，原住民族主義幾乎是原住民族運動的同義詞。就狹義的用法而言，該概念專指原住民族運動在規範或可欲性層次所涉及議題，也就是權利訴求的特性及道德正當性基礎。本文主要是就此一面向，釐清原住民族主義的思想內涵及其可能引發的爭辯；至於更廣義的原住民族主義或即原住民族運動，則是作為思想層次的原住民族主義背景脈絡，在必要時才會述及。

原住民族權利：全球性與在地性

原住民族權利議題，有其全球性及在地性。就全球性而言，由於各國原住民族所遭遇的內部殖民處境高度雷同，譬如語言文化面臨同化威脅、生存空間遭到掠奪、族群自主性備受侵蝕，故多數都會提出包括語言文化、傳統土地及民族自治在內的權利訴求。這些權利訴求之目的，如同Ronald Niezen所言，是為了「抵抗由國家所致力推動的文化一致性，以及國家對原住民族主權之竊取行為」。[1] 此一目的透顯出權利訴求正當性基礎的兩個論點：要求國家社會尊重原住民族的差異文化，及其曾經擁有的主權地位，而這正是國際社會論及原住民族主義的主要內涵。

就在地性而言，雖然台灣原住民族運動與國際間兄弟民族的抵殖行動有一定程度的相似性或甚至連結；但在台灣既有的原住民族、墾殖者／定居者（閩／客／外省）及統治政權（荷／西／明鄭／清／日本／中華民國）的歷史過程三元結構中，也發展出了著根於在地經驗的原住民族運動及其論述基礎。暫且不論1980至1990年代狂飆時期，原住民族運動在行動倡議層面上的策略及作為有何特殊性；在這些表象背後，當時的原住民族運動組織，早就對原住民族權利訴求及其正當性基礎，產出論點具體明確的文本，而形成屬於台灣本土的原住民族主義思想內涵。1987年由當時「臺灣原住民族權利促進會」所提出的《台灣原住民族權利

---

[1] Ronald Niezen, *The Origins of Indigenism: Human Rights and Politics of Identity* (Berkeley, CA: University of California Press, 2003), pp. 2.

宣言》(《宣言》),就是其中最具代表者。[2]

權利:性質與目的

身為原住民族運動主要推手的「台灣原住民族權利促進會」,於1984年成立初始階段,主要以特定事件(譬如礦災、東埔挖墳案或吳鳳神話故事等)作為運動焦點,並連結特定政黨活動,自身較缺乏完整且具自主性的論述主張。故此,該組織於1988年提出約1200字的《宣言》,算是原住民族運動最早且少見的理論文本。其內容除羅列十七項原住民族權利訴求,更提出了三段前言,論述原住民族為何有資格擁有該等權利。

《宣言》所羅列的權利訴求,廣及基本人權、政治權、經濟權、文化權及教育權等,包括在街頭運動標語中常出現的正名、自治與還我土地等訴求均在其中。

就權利性質而言,部分權利訴求主要為個人權利層次,譬如提及「原住民有生活基本保障權」,其中所列工作權,無非是主張原住民族個別成員有權不因其身分而於求職就業過程中遭受歧視待遇。部分權利訴求則主要為集體權利層次,譬如主張原住民族有權於「傳統聚居的地方實施區域自治」,這就是由族群集體(以部落或各族為單位)行使的權利。

就權利目的而言,《宣言》明示「質言之,[原住民族]有權決定自己的政治地位及自由謀求自己經濟、社會與文化發展的方

---

[2] 該《宣言》全文見夷將・拔路兒(編)(2008),《臺灣原住民族運動史料彙編(上)》,台北:國史館,頁192。

向。」換言之，民族自決為原住民族權利的核心要素。國際間有關原住民族權利研究也有類似說法，譬如James Anaya就指出，民族自決為原住民族權利的基礎性原則，討論原住民族權利若未觸及自決權，就不會是完整的權利論述。[3]

這種以民族集體自決為核心的權利特性，貫穿多數原住民族權利訴求項目，甚至某些在傳統意義下被視為個人權利的項目，也被賦予集體權利色彩。譬如《宣言》在列舉教育權訴求時，除了屬於個人生活基本保障層次的教育機會均等權利之外，同時還主張原住民族有權「成立自己的學校」，後者明顯是教育自決權的展現。

總結觀之，相對於一般以個人為單元的基本人權，原住民族權利除了與其重疊之處，更凸顯著某種集體權利色彩，亦即在民族發展事務應尊重族群集體自我或自主決定的地位與權利。

正當性基礎：差異文化論與歷史主權論

但是，原住民族為何有資格擁有以民族自決為核心的各類集體權利？《宣言》的前言提出了回應，該處文字，可以說是台灣原住民族首次完整地對主流社會論述其權利訴求的正當性理由。

《宣言》前言第一段言及：

> 台灣原住民族不是炎黃的子孫。原住民[族]全屬南島語系

---

[3] James Anaya, *Indigenous Peoples in International Law*. (New York: Oxford University Press, 2004), 97、124。

（Anstronesian 或 Malayo-Polynesian），與認為自己是炎黃子孫且均屬漢族的閩南人、客家人和外省人不同。[4]

此段字面上明示原住民族與後來的漢人群體為不同族群，其背後意涵有二：第一，兩者雖為不同族群，但在歷史進程中，原住民族自身的文化發展，卻橫遭歷來的統治政權以各種同化政策干預之，或在墾殖者強大勢力下被迫同化；第二，伴隨著1980年代台灣社會開始出現的「四大族群」及「族群平等」的說法，該段文字形同要求國家及社會放棄同化政策，尊重原住民族差異文化發展的權利。

前述意涵，可稱之為「差異文化論」，亦即某些原住民族權利訴求的正當性，在於原、漢既為不同族群，且族群平等若為社會共識，理應讓原住民族保有的差異文化有自主發展的空間，而非事事要求原住民族配合主流族群文化所形成的社會制度運作。

譬如在十七項權利訴求中，就包括了原住民族有「恢復固有姓氏的權利」以及「國家必須尊敬原住民[族]的文化、習俗。原住民[族]有使用和發展自己的語言、文字以及保持或者改革自己的習俗習慣的自由。」這些訴求，就是要糾正歷史上施之於原住民族的強迫更名、語言同化等政策，並保留其自我決定文化發展前景的權利。

《宣言》前言第二段言及：

> 台灣原住民族是台灣島的主人。在公元一六二〇年外來勢

---

[4] 本文所引該《宣言》文本有若干錯漏字，為還原故，不做修正。

力尚未入侵之前，原住民[族]是台灣島唯一的主人；公元一六二四年荷西入到一九四九年中華民國政府遷台迄今的近四百年間，由於荷西以優勢的物質力量及宗教宣揚的狂熱來影響原住民[族]、鄭氏及清帝國則以漢人絕對數量人口及更有效的農耕和土地經營技術來威脅原住民、日本更依其殖民南洋的目標，以開發台灣經濟資源的行動來壓迫原住民、中國取回台灣後，以「台灣屬於中國」的理念及「原住民[族]漢化是天經地義的事」的信念來同化原住民族由台灣島「唯一的主人」、「主人之一」、而到完全失去主人的地位。但是，原住民[族]在意識上仍完全肯定自己是台灣島的主人。

此段字面上敘明，原住民族本來在這塊土地上自給自足、自我決定其部落運作；但在後來的政權及族群來到之後，其主人地位遭剝奪，終至完全被併入現代國家，在政治、經濟、土地、文化上處於被宰制地位。其意涵同樣有二：第一，原住民族喪失其自主自決地位被併入國家的過程，並沒有取得原住民族的同意，這是一種歷史不正義；第二，當代國家應對前述剝奪原住民族主人地位的歷史過程進行反思及回應，並以特殊權利設計進行歷史正義修復工程，某種程度地恢復其主人地位。

前述意涵，可稱之為「歷史主權論」，亦即某些原住民族權利訴求的正當性，係出自於國家社會對原住民族自主自決地位在歷史上所遭受不當傷害之彌補義務。

無論是前述帶有民族自決意涵的宣示，或《宣言》多處提及自治權、土地權、自然資源權、教育權及文化權等具體權利訴求項目，無非是要求國家社會在其族群涉己事務上，歸還其某種程

度的自主性。換言之，如果四大族群都是國家的主人族群，歷史上的殖民宰制關係就應該加以矯正，讓原住民族在自身事務上有當自己主人的感受及地位。

憲政體制與原住民族主義

基於對族群差異文化以及歷史主人地位的尊重，原住民族有資格擁有以民族自決為核心的各類集體權利，此一原住民族主義論述，不僅存在於原運街頭運動或宣示文件，更於1990年代的憲政改革過程中，趁著本土化趨勢及政黨運作空間，成為當代台灣憲政體制的一部分。

先是在1994年以「原住民」取代憲法增修條文中原有的「山胞」一詞；後又於1997年再正名為「原住民族」，正名成功形同國家承認該族群的集體政治地位。尤其在1997年修憲時，更納入了肯定多元文化及尊重民族意願這兩項原住民族權利條款：

> 國家肯定多元文化，並積極維護發展原住民族語言及文化。（第10條第11項）

> 國家應依民族意願，保障原住民族之地位及政治參與，並對其教育文化、交通水利、衛生醫療、經濟土地及社會福利事業予以保障扶助並促其發展……（第10條第12項）

將這兩項條文與《宣言》中的差異文化論及歷史主權論對比，會發現兩者在思想底蘊上頗為相通。肯定多元文化條款呼應

了差異文化論要求國家社會尊重原住民族差異文化,以及保有文化自主發展前景的權利。至於尊重民族意願條款,雖然沒有出現前述主權、自決、自主等字眼,但也很委婉地規定,當國家保障扶助原住民族政治、教育文化、交通水利、衛生醫療、經濟土地及社會福利等民族發展事務時,「應依民族意願」為之。這等於承認原住民族對於其族群事務有某種程度的自主決定空間,國家或外部社會不能單方面決定之,應該也算是回應了歷史主權論,某種程度歸還其歷史上曾保有的主人地位。

前述兩項原住民族權利條款,在2005年通過的《原住民族基本法》更獲得了進一步的具體闡述。該法中列舉多項原住民族集體權利項目,或者用以尊重原住民族差異文化,或者彰顯其自主決定權,其細節此處不再贅述。總之,透過1990年代的憲政改革,原住民族主義內涵已某種程度為我國憲政體制所接受,並接續在其他法律中嘗試進一步落實。

原住民族主義實踐現況及其反思

原住民族主義看來在台灣社會獲得了某些程度的進展。首先,其所蘊涵的差異文化論,符合當代台灣多元文化主義思潮脈絡,因此較容易為人們所理解;相應與此論點的制度實踐,包括使用傳統命名、族語及文化傳承、司法訴訟尊重傳統慣習等權利,也逐步落實於國家社會運作各領域。

其次,歷史主權論雖然比較容易挑動族群關係敏感神經,畢竟身為歷史上主要宰制者的政權或主流族群,通常不太願意回身返視那段過程。不過除了憲法很委婉地默認了此理念,更在諸如

《原住民族基本法》第21條部落諮商同意權、《人體研究法》第15條民族集體同意權等制度中，某種程度歸還族群對於涉己事務的決定權。

更具體來說，譬如近年原住民族實驗教育興起，嘗試推動一般教育與民族教育兼重的課程實驗，以及「原住民族學校法草案」的討論，頗有趨近《宣言》所言原住民族有權「成立自己的學校」的主張。從差異文化論角度，這是國家教育部門重新思考更為公平地對待原住民族在文化傳承上的差異需求，而在制度上有所變革，而非要求各族群只能接受單一制度（尤其是以主流族群經驗需求為主的教育制度）。從歷史主權論的角度，這也是尊重該族群在教育發展上的集體自主選擇權，而不再由外部社會單方面決定原住民族學生應接受什麼樣的教育。

不過，尊重差異文化作為一項社會正義原則，並非不會遇到與其他正義原則的競合問題。尤其就算對少數族群文化保持尊重，但若其訴諸於差異文化的族群權利訴求，與當代自由民主社會對基本人權的承諾出現不一致，就可能引發爭議，而這會是原住民族主義在現實社會運作中所必然要接受的挑戰。

譬如在台灣原住民族的某些文化實踐中，仍保留著男女分工的傳統。像是阿美族家庭事務由女性作主（包括婚姻成立與否），公共事務則由男性年齡階級承擔。這種社會運作模式，就容易招來性別平等倡議者的疑慮。

此外，差異文化論入憲成為憲政基本價值的一部分，也同樣可能面對其他憲政價值的挑戰。譬如近年對原住民族狩獵權的討論，就是最典型的爭議。憲法增修條文肯定原住民族多元文化並承諾積極發展之（第10條第11項），《原住民族基本法》也明列

原住民族狩獵權的應用範圍,以傳統文化、祭儀或自用為限(第19條)。但是,憲法增修條文同樣也明定,「經濟及科學技術發展,應與環境及生態保護兼籌並顧。(第10條第2項)」為維護自然生態平衡,我國亦制定有《野生動物保育法》。雖為尊重原住民族文化,該法亦列有原住民族狩獵條款(第21-1條),但其限制明顯比《原住民族基本法》嚴格,形成了多元文化權與環境生態權間的競合問題。

歷史主權論也遇到挑戰。或許在前述教育自主自決權上,比較容易有進展。但在涉及土地權訴求時,無論傳統領域的劃設或部落諮商同意權的推動儘管已有法源依據,在執行時卻時常遭到限縮或甚至形同擱置,致使主人地位的恢復實屬有限。

當然,執政者或主流社會在這些敏感議題上的保守立場,並不能單從政治社會學或政治經濟學現實面因素評析。事實上,預設著歷史正義原則的歷史主權論,也有可能必須面對與其他正義原則的競合問題。以土地權議題為例,原則上,未經同意即奪取其他族群的土地,即使被認定為歷史不正義,但在現世代社會情境中,歸還土地的訴求,勢必面對來自分配正義原則的挑戰。畢竟,基於分配正義理念,社會成員間對彼此的基本生存需求都有一定的責任。在各族群混居情況相當明顯的台灣社會,如果還我土地的實際訴求內容,是要求在土地空間的配置上重回墾殖者尚未來到的狀態,顯然會對墾殖者後代的基本生存需求造成影響。換言之,歷史正義與分配正義出現了競合關係。

結語：原住民族主義的未來展望

　　以原住民族主義為底蘊的原住民族權利訴求，歷經過去近四十年的民主化及本土化浪潮，而能從行動倡議走向體制化階段，雖有所進展但也有其挑戰，不過顯然已成為台灣民主化經驗中的重要特色之一。當前其所面臨的挑戰，於實然面向，主要為主流族群尚未完全褪去的刻板印象或偶然顯出的歧視態度，對既有經濟利益的衝擊或傳統族群階層化結構的若隱若現等。暫且不論這些實然面向議題，在應然面向，原住民族主義所立基的論述基礎，看來也得與其他同樣重要的社會價值或正義原則多一些對話空間。

　　直言之，無論自正義原則或憲政基本價值的視角，從多元文化權角度主張原住民族權利時，對差異文化的尊重應該到達什麼樣的範圍才算合理？尤其當與其他正義原則或憲政基本價值可能產生衝突時，又該如何調和之，以避免陷入不尊重原住民族文化的疑慮？再者，從歷史正義角度，恢復原住民族在歷史上的主人地位，即使原則上為大社會所接受，但在一些特定具體議題上，又該如何在民族自主自決與其他正義原則間取得平衡？此類問題，都是台灣本土的原住民族主義在歷經理論奠基、行動倡議及體制化階段之後，有待進一步深入論述的課題，或許也會是台灣在深化民主過程中最艱鉅的挑戰之一。

參考書目

西文

Anaya, S. James. *International Human Rights and Indigenous Peoples*. 2010 ed. New York: Aspen Publishing, 2009.

Niezen, Ronald. *The Origins of Indigenism: Human Rights and Politics of Identity*. Berkeley, CA: University of California Press, 2003.

Waldron, Jeremy. "Superseding Historical Injustice." *Ethics* 103 (1992): 4–28.

華文

夷將・拔路兒編。2008。《臺灣原住民族運動史料彙編》。台北：國史館。

若林正丈。2016。《戰後臺灣政治史：中華民國臺灣化的歷程》。台北：國立臺灣大學出版社。

陳張培倫。2015。〈《原住民族基本法》的前世今生：思想系譜篇〉，《原住民族文獻》22期，https://ihc.cip.gov.tw/EJournal/EJournalDetail/22。

笑詼
(tshiò-khue)

鍾秩維

「笑詼」的賴和

　　被譽為台灣新文學之父的賴和（1894-1943），在其短篇故事〈蛇先生〉（1930）中，[1] 透過奠定在傳統民間智慧之上的「蛇先生」，與作為現代科學文明代表的「西醫」，雙方就著前者據說靈驗無比的治療蛇咬傷的藥方所做的辯論，來反省「迷信vs理性」、「土方vs西藥」等等對比。與此前寫下的名篇〈一桿稱仔〉（1926）展現了大異其趣的氣氛，〈一桿稱仔〉對殖民者，及由殖民者所頒定的「法律」——以「稱仔」來象徵——其橫暴幾乎是毫無保留的義憤填膺；〈蛇先生〉雖然同樣涉及本土與外來缺乏互信，多有摩擦，但小說的敘述整體而言平靜緩和。在一個交代蛇先生「督龜」（tok-ku，所列漢字為原文表記）的段落裡，賴和還岔出了和情節無涉的一大段落，透過寫生文的筆法，抒情地描寫了下午短暫陣雨過後的閒靜風景。而相對於來訪的西醫正襟危

---

[1] 賴和，〈蛇先生〉，林瑞明編，《賴和全集：小說卷》（台北：前衛，2000），頁89-104。以下於徵引處直接附上出處頁碼。

坐地請教學問，務求清楚分析蛇先生解毒藥方的成分；親切的蛇先生親自為西醫破解坊間所謂解藥的迷思，「古意」（kóo-ì）交代他替傷者治療的經驗，竟連藥方也不吝於分享。而也由於小說的情節是環繞造形深具鄉土氣味的蛇先生，而不是嚴肅於學問的西醫來展開，〈蛇先生〉的故事遂也繚繞著「笑詼（tshiò-khue）」的可愛喜感。[2]

　　換句話說，在〈蛇先生〉中，賴和除了一方面持續螺旋交織「本土」與「外來」的排列組合，在主題上拓寬了他對於台灣殖民現代性的思考與反省——如上所述，〈一桿稱仔〉聚焦在「法律」，而〈蛇先生〉則著重在「醫學」——賴和更將問題進一步複雜化，他避免本質主義式地化約殖民現代性的後果，並不直接以「本土」和「外來」區分台灣處境的難題。以〈蛇先生〉而言，賴和的「本土」實現為差異的屬性，例如橫跨底層庶民、地方有名望者，乃至知識人等等不同階級；而其之「外來」既表象為殖民者，也投影在受殖民現代性洗禮的本島人身上，故事中的「西醫」可援以為例。如此一來，賴和意圖呈現的殖民現代視野遂遠遠不是敵我分明、正負情感各就各位的二元主張；實情恐怕恰恰相反，對賴和而言，「殖民他者」與「被殖民自我」，儘管或

---

[2] 為求討論的精確，首先必須對詞彙的使用做簡單的界定。一般文學批評在談及「笑」的時候，也時常連帶援用「喜劇」（comedy）、「喜感」（comic）等詞彙藉以義界，不過這些在意思上本就高度地相互滲透的詞彙大部分的時候其實不容易清楚區辨。本文以下也僅能做原則性地分別——簡單來說，在提及「喜劇」的時候著重的是其文類（genre）、文體風格（style）方面的指涉；而「喜感」則是「喜劇」意圖烘托的效果，促使讀者發笑的理由。雖然在後一個意義上，「喜感」也幾乎等同於「喜劇的風格」。

許不情不願，早已經曖昧地牽扯在一起。

若然，身為寫作者的賴和勢必就得在直白的控訴、簡單的反應憤懣之外，為這種本然的無法區分（indistinction），實驗另一種說故事的方法。而從〈蛇先生〉說故事的方法看來，賴和顯然嘗試在述說台灣人迷信偏方、民智未開（所以淪入被殖民的處境中）的「悲情／悲劇」之外，同時納入「喜感／喜劇」的「笑」果；透過將兩種殊異的風格參差對照，賴和鬆動了由「本土vs外來」的比喻輻輳而出的思維框架，也跨出了由它所主導的情感模式之界限。在這個意義上，賴和毋寧是一位對於文學的「形式」，亦即它賴以表意的程序，帶有自覺的寫作者。奠定在這一份自覺之上，〈蛇先生〉環繞殖民現代性難題不刻意簡化的探討，因為搭配相得益彰的形式來述說，而有了更多層次的顯現。

其實如同〈蛇先生〉一般的「悲」、「喜」交錯，在賴和整個的創作歷程並不罕見。除了漢詩中閒適、享樂的情調所在多有之外，賴和的小說，尤其在〈蛇先生〉以後，也時常在批判時局、關懷弱勢台灣人的同時，也凸顯故事情境中的喜（劇）感。講話帶「剾洗」（khau-sé）的〈棋盤邊〉；〈惹事〉（1932）宛如諷刺漫畫般誇張的情節以及人設；〈一個同志的批信〉（1935）的「我」縱情於肉身的享樂歡愉；〈鬪鬧熱〉（1930），如題目所示——「鬪鬧熱」在台灣話中原就是「玩笑」之意——通篇說一個「懶先生」被作弄的故事，沒有、也無涉什麼「宏旨」。換句話說，賴和實為一個樂在開玩笑的作家，而這般富於喜感的賴和與既有的日治、甚至整個台灣現代文學史敘述的基調，其實格格不入。究其實質，現行主流的日治時期文學史論——以「台灣新文學運動」為嚆矢——主要打著「悲情」的旗幟來號招台灣（文

化）民族主義的啟動；而目前賴和文學研究所著眼的，也多是這位「台灣新文學之父」他「發**憤**以抒情」，亦即悲憤的面向。但是（太過）偏重「悲情」的趨勢，無疑嚴重限縮了對「喜感」表現的注意，使得後者要不是以聊備一格的方式清淡帶過，就是逕自視而不見。若然，那麼賴和，乃至於台灣文學，研究的視野不免也就此被侷限在以「悲情」為終極所指的反帝反殖民論述中。

本文好奇的是，賴和故事中的歡笑聲，乃至後來台灣文學史上各式各樣引人發笑的情節，其為何而「笑」，「笑」如何發生，而所產生的「笑」果又該怎樣評估？對這一系列問題的探討所牽涉的不僅僅關係到個別作家作品的重新解釋，在更廣泛的意義上，它更有助於啟動我們對於「說」台灣文學「故事」的方法的反思。以下將分別從理論與範例兩個方向，實測「笑」在理論性地闡述台灣文學史工作上有何可能的嶄新意義。

違背常理的「笑」[3]

這一小節將試著從理論的層次來反思文學中的「笑」。然而

---

[3] 本小節著眼的是歸納發「笑」的一般原則，希望藉此找到談「笑詼」理論意義的切入點。也因為處理的是原則性的理論意涵，在此援用的文本是經典性較高（而具通則性）的曹雪芹、巴赫欽與巴塔耶的相關論述；因為相對於賴和或台灣文學一般仍側重於悲情的抒發，他們的作品更有自覺地在展現「笑」之各種層面，也更深入闡釋「笑」所衍生的不同效果。識者或要質疑經由「中國」與「西方」的例子來推論台灣（文學）理論的合法性，但是訴求某種土生土長、原汁原味的「台灣理論」，恐怕是緣木求魚。畢竟就如史書美、梅家玲、陳東升、廖朝陽所編《台灣理論關鍵詞》一書中，大部分的詞條都以台灣處境的「混雜」作為設想本土理論的出發點所示，「跨文化」或許才是台灣（非）人

若要列舉文學理論中最難界定的術語,「笑」肯定是其中之一。雖然「笑」常常以「動物性」的比喻來傳達或體現。例如《紅樓夢》中的喜劇角色劉姥姥將自己形容為「老劉老劉食量大如牛」來插科打諢,林黛玉也取笑劉姥姥為「母蝗蟲」。[4] 不過「笑」的現象實與人類文化賴以示意(signification)的基礎,亦即「語言」,緊密相關。在所有讓人覺得好笑,終於忍俊不住,乃至爆笑、狂喜的事件中,我們都可以觀察到其中有著一套「違背常理」的語言(抵)模式在運作。此處所謂的「常理」可理解為連結能指(signifier)與所指(signified)的語意規則,也就是示意本身;若然,那麼「違背常理」遂帶有揭露示意——儘管它「約定俗成」——本質上屬於任意武斷(arbitrariness)的暗示。換言之,「笑」實為語言運作的一個(負面)結果,在語言表述(address)的過程中,透過讓受訊者(addressee)「意想不到」、「意料之外」,「笑」從而否定了既成的意義本身。因此究極的「笑」常常導致混亂失序——例如「劉奶奶逛大觀園」中描寫的,被「食量大如牛」的「老劉」笑得人仰馬翻的失控宴席;此外,「老劉老劉食量大如牛」這一句話的「好笑」也在於玩弄重複、諧音一類的修辭戲法——乃至於「無言以對」,失去了應對進退的符號系統。同樣以《紅樓夢》為例,故事最後當賈寶玉和

存有的本然。請參考:史書美、梅家玲、陳東升、廖朝陽主編,《台灣理論關鍵詞》(新北:聯經,2019)。

4 《紅樓夢》第四十回:「史太君兩宴大觀園 金鴛鴦三宣牙牌令」、第四十二回:「蘅蕪君蘭言解疑癖 瀟湘子雅謔補遺音」。曹雪芹,《紅樓夢》(新北:時報,2016)。關於《紅樓夢》的喜(劇)感可見柯慶明的精彩討論:柯慶明,〈論紅樓夢的喜劇意識〉,《紅樓夢研究》(台北:幼獅,1982 [1972])。

林黛玉兩人的愛情終究要為正統秩序給斷送，而最後一次見面時，與一般對這部鉅著充滿眼淚的悲劇印象不同，寶黛兩人始終帶笑──

> 黛玉笑著道：「寶二爺在家麼？」襲人不知底裏，剛要答言，只見紫鵑在黛玉身後和他努嘴兒，指著黛玉，又搖搖手兒。襲人不解何意，也不敢言語。黛玉卻也不理會，自己走進房來。看見寶玉在那裡坐著，也不起來讓坐，只瞅著嘻嘻的傻笑。黛玉自己坐下，卻也瞅著寶玉笑。兩個人也不問好，也不說話，也無推讓，只管對著臉傻笑起來。[5]

歸根究柢，這一個場面所描寫的無非是語言失去了「意義」，以至於處於局中的角色一時都失去了定奪、判斷的「理」據。

前一種類型（笑得「混亂失序」）大可借助當代文學理論家巴赫欽（Mikhail Bakhtin）所提倡的「狂歡（節）」（carnival; carnivalesque）觀念，來做初步的釐清。巴赫欽在以拉伯雷（François Rabelais）為例的文論裡分析，在拉伯雷描寫中世紀民間節慶的敘述中──拉氏風格從現代之眼看來，充滿「不知何以」的古怪歡暢──可以歸納出「降格（降低）」、「強調下體、下位」，以及「世俗化」的趨向。這些趨勢在故事中體現為海量的有關食慾、性慾，乃至於屎溺的描繪，而拉伯雷進一步將之化為「生」（分娩、孕育）與「死」（老醜、墳墓）一體共生的詼諧

---

[5]《紅樓夢》第九十六回：「瞞消息鳳姐設奇謀 洩機關顰兒迷本性」，頁1688。

意象。簡單來說，巴赫欽認為拉伯雷透過葷腥不忌的下半身笑話，連同褻瀆神聖的怪誕（grotesque）笑談，在在挑戰，乃至打破了刻板、停滯的官方教條；除此之外，也是在或歡快，或淫猥，或挑釁的諸多「笑」聲中，某種跨越了各式各樣——尤其「官方（the official）vs 民間（the folk）」——界限的有機整體感油然而生。換言之，「笑」之於巴赫欽而言至少有兩重層次的意義：首先是將民間文化的活水導入趨於僵固、死板的官方渠道；其次為循此而向世界揭露一個朝向未來（重生）的歷史轉折的契機。[6]

至於後一種類型（笑得「無言以對」），有鑑於它交織了喜劇與悲劇的文類特徵，意圖喚起讀者宛若「悲欣交集」一般極限的情感反應，巴塔耶（Georges Bataille）的情色論（erotism）或許有助於本文對它的理論化程序。巴塔耶踵繼尼采的哲學，而聚焦於「情色」，巴塔耶最讓人印象深刻的就是他繞道「情色」來論結構人類社會的「禁忌」（taboo），以及人之存有對於「禁忌」本然的「踰越」（transgression）意志。而在描述情色究極的高潮——一種性（踰越）和禁忌（死）共同顯露的情境——時，巴塔耶一方面就是以「淚」（悲劇）和「笑」（喜劇）的無法區分來加以形容；另一方面，從這種既悲且喜的極端情感反應中，巴塔耶更解讀出人之存有對於規定了「我」之為「我」的界限其之本質的洞悉。扼要來說，在界限之內者為「我」（存有），而界限之外者，如國家、資本、乃至宗教，非但沒有超越於（遂亦無從界

---

[6] Mikhail M. Bakhtin, Hélène Iswolsky (Trans.), *Rabelais and His World*（Cambridge, MA: MIT Press, 1968）.

定)「我」;相對地,所有「我」之外者實不過為「我」之「存有」所表出的「虛無」罷了。在這個意義上,人之存有的(能)笑,無非在暗示其之能識破那偽裝成超越的虛無。如此一來,則「笑」毋寧是對於「我」之有限,無法達至任何「超越」的肯認。[7]

儘管仍十分簡略,不過藉由前一段落的分析,仍可大致整理出幾個當代理論在談論「笑」時主要的側重點。其一為「界限」,不論是巴赫欽意圖在民間節慶的狂歡感中鉤沉的,超越所有既成界限的有機整體感;抑或是巴塔耶透過暴露「愉悅」和「踰越」之相依並存,從而顯示的人之存有看待界限的反身性。其人的說法都在質疑「界限」本身的顛撲不破、「界限」內外的優劣層級。而這也就呼應了本小節一開始的觀察,「笑」總是與違背常理有關,它暴露了「示意」的可疑,使得行為者(agent)可以在喜(劇)感的環繞中挑戰,乃至重構「意義」。這於是牽動了「笑」的理論的第二個層次,亦即既然因循的示意被挑戰、甚至推翻了,那麼新的示意的該如何運作?它所形成的意義有什麼特徵?雖然巴赫欽推崇的廣場(billingsgate)語言,也就是能夠容納各種文類、風格的「眾聲喧嘩」(heteroglossia)風格,以及巴塔耶描繪的,有限的「我」與生俱來(存)、永不停歇的踰越意志,二者的哲學淵源與旨趣都頗有扞格,不過就這兩條路線都講究存有橫跨多層面的複數構成來看,似乎仍可從中歸結出一

---

[7] Georges Bataille, Mary Dalwood (Trans.), *Erotism: Death and Sensuality*, (San Francisco : City Lights Books, 1986[1962]); Georges Bataille著,吳懷晨譯,《愛神之淚》(台北:麥田,2020)。

種對「我」之為「我」實屬「混雜」的反本質主義強調。

本土「笑詼」的實現

綜合上一小節分梳的兩條主軸，我們固然可以繼續在當代西方理論中尋覓與「笑」息息相關的論述；然而本文打算回到本土，為台灣文學散發的喜感另外提供一個新的關鍵字，也就是「笑詼」（tshiò-khue）。「笑詼」是一個台語詞彙。檢閱「教育部台灣閩南語常用字典」，其對「笑詼」的解釋主要有二：其一是名詞，指「笑話、笑料。令人發笑歡樂的事物」。其二則是形容詞「詼諧、風趣。形容人或言談風趣幽默，笑料百出」。[8] 就字面意義來說，「笑詼」其實接近喜感、幽默，而在台灣庶民的文化中，也一直有所謂「笑詼戲」的喜劇文類傳統。換句話說，「笑詼」毋寧是台灣本土語言中非常適合用來翻譯「comedy」、「comic」或「humor」這一系列「笑」之術語的詞彙。不過本文特意提出「笑詼」的目的主要不在於挑戰「國語」的喜感、喜劇等既有譯法的合用與否，而是想要藉由提示本土台語的用法，來帶出台灣文學有關「笑」的獨一實現。

在第一小節中，本文引用了賴和〈蛇先生〉的例子，藉由「笑」以顯示前行研究對於賴和作家作品，乃至整個台灣文學（史）的討論，都鮮少觸及的喜劇與喜感的面向。不過第一小節的強調仍較偏重歷史的意義——不論範疇是作家個人的創作史，或者整體性的文學史——而賴和的「笑」其理論暗示究竟伊於胡

8　https://sutian.moe.edu.tw/zh-hant/su/6462/。檢索日期：2024年8月20日。

底仍未可知。這遂涉及第二小節所做的分梳，當我們試圖在「笑」的現象中提煉某種理論性思維時，一個基本的轆轤是「違背常理」，也就是對於既成的規範以及體制懷抱挑戰的意圖。循著這個轉軸輻輳而出的概念則包括了巴赫欽的「狂歡」、巴塔耶的「踰越」，乃至本文未及申論的諸多後學理論。而前面第二小節所條列的「笑」的主要類型，在賴和的〈蛇先生〉中，我們亦可找到能相互對應、印證的敘述。

比如小說中一場描寫蛇先生和西醫在「庄口的店仔頭」談話的場面——「庄口的店仔頭」是一個讓村民相互交流的公共空間，人群在這裡送往迎來，各路人馬也可經此交換情報、互通有無。在某種程度上，「庄口的店仔頭」大可被視為西方中世紀文學「廣場」意象的台灣對應——兩人談話時，來來往往的路人、村民你一言我一語地或「相褒」（sio-po），或「黜臭」（thuh-tshàu）蛇先生，整個場面繚繞著止不住的笑聲：[9]

「哈哈！」西醫笑了。

「哈哈！」蛇先生似覺旁人講了有些不好意思，也笑著攔住他們說：「大家不去做各人的工，在此圍著做甚？！」〈蛇

---

[9] 識者或要質疑，只是「相褒」、「黜臭」為何會引發止不住的笑聲？賴和在這裡其實也沒有多做鋪陳。不過民間「笑詼」的傳統（例如「相褒歌」、婚喪喜慶的「說好話」，乃至電台賣藥）似乎原就不以情節的張力為訴求；相對地，「笑詼」主要著墨於言詞本身音韻效果（如前述的諧音、重複），以及閒散的插科打諢，藉此引發集體性的發笑。賴和似乎預設他的讀者自然而然能體會「庄口的店仔頭」的笑點及後續衍生的「笑」果，遂只呈現了場景，而未深入敘述。

先生〉(頁100)。

換言之,現場已經笑得「混亂失序」,示意的穩定儼然被「笑」給侵蝕得無以為繼,只剩「哈哈」笑的聲音本身。這樣的混亂局面終於促使還想講道理、交換醫療意見的蛇先生和西醫,不得不離開店仔頭,另覓適合談話的地方。

轉移陣地後,蛇先生繼續苦口婆心、條理清楚地「解構」有關自己藥方靈驗的迷思,乃至將眾口鑠金的靈藥送了一份給西醫帶回去化驗。但西醫彷彿仍是不信,面對蛇先生的開示反而「倒剾(tò-khau)」答應:

「世間人本來只會『罕叱』,明白事理的是真少。」蛇先生說。
「也許是你的秘方,太神秘的緣故。」西醫的話已帶有說笑的成分。
「不是這樣,人總不信它有此效,太隨便了,會使人失去信仰。」蛇先生也開始講笑了。〈蛇先生〉(頁102)。

即使蛇先生費盡唇舌拆解自己持有的民俗療法的神話,但是原本應該奉行科學的理性精神之西醫,卻始終不願意相信蛇先生的自剖。而故事在接下來有頗戲劇性地轉折。西醫將蛇先生相贈的草藥送去化驗後不久,蛇先生竟突然溘然長逝。世人聽聞後無不「都在嘆氣可惜,嘆息那不傳的靈藥,被蛇先生帶到別一世界去」。而就在「世人在痛惜追念蛇先生的時候,那西醫的朋友,化驗那祕藥的藥物學者,寄到了一封信給那西醫」,說明分析的

結果:

> 該藥研究的成績,另附論文一冊乞即詳覽,此後要選擇材料,希望你慎重一些,此次的研究,費去了物質上的損失可以不計,虛耗了一年十個月的光陰,是不可再得啊!此次的結果,只有既知巴豆,此外一些也沒有別的有效力的成分……!〈蛇先生〉(頁104)。

從話不投機的各自「說笑」、「講笑」,到最後的結果揭曉,證明了蛇先生確實不打誑語,然而這一結局更發人深省之處在於,對蛇先生的老實交代毫不採信的西醫,其人偏執地認定「祕方」一定有其藥理的「科學」態度——反而蛇先生相當坦然地表白它不過是一種迷思、一套話術——相當弔詭地論證「啟蒙」,日治反殖論述的核心信仰,其之不可能:一個應當最具理性精神的職業,西醫,卻宛如無知無識的鄉民一般,自始至終都不理性地否認蛇先生的真實陳述。在這裡,賴和堆疊出一種讓讀者啞然失笑、啼笑皆非(也皆是)的反諷(irony),亦即笑得「無言以對」。

那麼這一抹「笑」意、乃至笑詼的蛇先生,到底踰越了什麼呢?須知在台灣新文學發展的脈絡中,透過科學理性來啟蒙民智,乃是當時有志的知識人共同懷抱的夙願。而「西醫」更是其中核心的象徵。蔣渭水的〈臨床講義〉(1921)就藉由一帖西醫的處方箋,來揭露一位名為「台灣」的病人之沉痾。更別說作家賴和的「正業」原為一名西醫。若然,則〈蛇先生〉一文對於「西醫」的多重「笑」果,所顯露的其實是賴和對於啟蒙論

述——乃至與之環環相扣的民族主義論述——的反身（reflexive）思考，在笑聲中懸置了既成的示意程式。而這種由「笑詼」衍生而來的對民族主義論述的批判，王德威與雷勤風環繞中國現代文學之「笑」所做的精闢研究，毋寧深具啟發。[10]

結語

經由以上的討論，本文試圖為「笑詼」的來龍去脈稍作解釋。不過「笑詼」的理論之所以值得深思的理由，可能更因為它在「違背常理」之後，勢必尾隨一套為存有重新開啟的、橫跨多層面的複數構造程序。用常識性一點的話來說，也就是身分／認同形構（identification）的「混雜」。與「混雜」相關的比喻，向來是在探討台灣理論時最被聯想到的關鍵字群組，[11]而本文認為，「笑詼」——一個台語詞彙——在這一系譜中的創意在於它本質上是一種文學的風格，一套「文體」。筆者曾在另外一篇文章就賴和的「文體」如何中介了台灣人的個體與共同體意識，而該文所討論的文本乃是前面也有提到的，行文同樣帶著一抹笑意的〈一個同志的批信〉。[12]換言之，從「笑詼」出發，實可以建立起台灣

---

[10] 見王德威一書討論老舍的篇章：王德威，《茅盾，老舍，沈從文：寫實主義與現代中國小說》（台北：麥田，2009）。又參，雷勤風著，許暉林譯，《大不敬的年代：近代中國新笑史》（台北：麥田，2018）。

[11] 如註2指出的，《台灣理論關鍵字》一書就充滿了各式各樣帶有「混雜」暗示的術語，以字面意義上即頗為明顯者舉例，就有比如拼裝、分子化翻譯、符號混成、內建斷層、華語語系、混昧、譯鄉人、接面、交錯配置與前沿地帶等。

[12] 見鍾秩維，〈1935年底 一封台灣話文的「批」寄出〉，王德威編，《哈佛新編

（人）「個體」、「文體」與「共同體」之間的連結，而值得後續更深入的追蹤與探討。

參考書目

西文

Bakhtin, Mikhail M. *Rabelais and His World*. Translated by Hélène Iswolsky. Cambridge, MA: MIT Press, 1968.

Bataille, Georges. *Erotism: Death and Sensuality*. Translated by Mary Dalwood. San Francisco: City Lights Books, 1986 [1962].

華文

王德威。2009。《茅盾，老舍，沈從文：寫實主義與現代中國小說》。台北：麥田。

史書美、梅家玲、陳東升、廖朝陽主編。2019。《台灣理論關鍵詞》。新北：聯經。

柯慶明。1982[1972]。〈論紅樓夢的喜劇意識〉，《紅樓夢研究》。台北：幼獅。

「教育部台灣閩南語常用詞辭典：笑詼」（https://sutian.moe.edu.tw/zh-hant/su/6462/。檢索日期：2024年8月2日。

曹雪芹。2016。《紅樓夢》。台北：時報。

陳培豐。2013。《想像和界限：臺灣語言文體的混生》。台北，群學。

喬治‧巴塔耶（Georges Bataille）著，吳懷晨譯。2020。《愛神之淚》。台

中國現代文學史》（台北：麥田，2021），頁428-433。而在這個問題上，該文受到陳培豐的研究啟發甚多，見陳培豐，《想像和界限：臺灣語言文體的混生》（台北，群學，2013）；亦可參考鍾秩維，〈設想台灣人的華語語系觀點：關於「中國」與「共同體」的提問〉，《台灣文學學報》34期（2019），頁133-164。

北：麥田。

雷勤風（Christopher Rea）著，許暉林譯。2018。大不敬的年代：近代中國新笑史》。台北：麥田。

賴和，林瑞明編。2020。〈蛇先生〉，《賴和全集：小說卷》。台北：前衛。頁89-104。

鍾秩維。2019。〈設想台灣人的華語語系觀點：關於「中國」與「共同體」的提問〉，《台灣文學學報》34期。頁133-164。

鍾秩維，王德威編。2021。〈1935年底 一封台灣話文的「批」寄出〉《哈佛新編中國現代文學史》。台北：麥田。頁428-433。

混沌
(Chaos)

高嘉勵

「混沌」的殖民和後殖民

「第一本」以台灣文學為中心的史綱論著,遲至1980年代才出現。在地論述的遲到,反應出台灣複雜的殖民和後殖民歷史問題,及「台灣文學」本身內在的難以定義或多義性。這些難點當然跟二戰後國內長期的戒嚴體制和國際的冷戰結構脫不了關係;再加上國民政府戰後撤退到「日本2.0」的殖民空間衍生出矛盾複雜的情緒;以及政治論述上以未發生於此地的抗戰史觀,取代確實的被殖民經驗;種種原因長期下來,形成歷史時間的斷裂與語言文字的隔閡,矛盾、代換、斷裂與隔閡等造成了對殖民統治時期的模糊不清印象。釐清模糊印象,仍需回到影響台灣社會發展關鍵的日治時期;若不去探討帝國如何影響台灣社會的知識形塑、日常生活實踐和精神情感等更細緻的層面,很難辨析這些難點的內在複雜性,而這些難點仍困擾著後殖民的台灣社會。

日治時期文學是「混沌」的,在黑暗不明的狀態中,嘗試尋找與創造出屬於在地、未來的文學。《台灣文學史綱》中提到留學中國受到五四新文學影響的張我軍,以「請合力拆下這座敗草

欞中的破舊殿堂」掀起新舊文學論戰；黃石輝以「你頭載台灣天，腳踏台灣地，眼睛所看見的是台灣的狀況」，怎能不提倡鄉土文學之問，提出鄉土文學的概念，並引發影響深遠的台灣話文運動。[1]若文學可視為自身生命和在地歷史的話語權和詮釋權，那麼無論是新舊文學論戰、鄉土文學或台灣話文運動，都是直指這項權利的核心問題──文字。面臨從語言轉成文字時不可能狀況下的可能嘗試，古典漢文、北平白話文、台灣話語、新漢字、日文、羅馬拼音與世界語（Esperanto）等的擇一或混用，都成為創造某種呈現台灣在地新文學的方式；換言之，由不同混合的「克里歐化」（creolization）形成的新文學，彰顯殖民社會內部各種的衝突、挑戰、連結和存在意義。以賴和作品為例，李育霖以「前沿地帶」的概念，來說明他的漢語書寫成為「一個語言學變異與規範之間爭鬥的場域，包括聲音的、語彙的、詞義的、構詞的、文法的，各式各樣的元素都在這裡爭鬥」，形成一種華語語系的特殊表述類型。[2]

除了語言文字外，在殖民地創作文學作品所需面臨的內容和形式之間的緊張關係，因殖民問題和帝國論述的影響而更加複雜。像楊逵一樣堅信「無階級文學負有歷史使命，本來就該以勞工、農民、小市民為對象」的創作者，認為積極進步的文學就是現實主義，藝術是大眾的。[3]這在某種程度是對「為藝術而藝術」（art for art's sake）理念的質疑，這樣的立場在反抗殖民和後殖民

---

[1] 葉石濤，《台灣文學史綱》（高雄：春暉，1987），頁23-28。
[2] 李育霖，〈華語語系的前沿地帶〉，《華語語系十講：幾個台灣文學的案例》（新北：聯經，2020），頁253-294。
[3] 原刊《台灣文藝》2卷2期（1935）。

批判中佔著重要的歷史地位。相對的，以藝術的前衛創新為標竿的詩人或風車詩社等派別，則駁斥前者這種安易的英雄主義與對己方缺乏反抗力的批評，並主張創作時的「知性」及「詩需要越遠離現實以達到純粹性」。[4]這樣的藝術論有其鮮明的特色，但在面對殖民當下的困境時難以成為主流，並且在以批判前殖民者為主的後殖民理論中也較難開展論述。

此外，西川滿在1943年引發的「糞現實主義」（糞リアリズム）論爭，表面上似乎延續寫實和想像、現實主義和現代主義之間的藝術角力；實際上卻是藉由批評烙印「西化」的「現實主義」，來回歸「日本」文學傳統的「純粹的美」，以便回應1940年代戰爭時期針對歐美的敵對狀態。[5]總結來說，日治時期文學無論在語言文字、內容、形式與理論上，都呈現出「混沌」現象，一方面不同的元素在不同的、無確定定義的場域進行各種可能的連結；另一方面在新的連結上演化出某種新的文學表現，成為展示殖民地／在地複雜面貌和存在意義的可能。

「混沌」一詞根據教育部的《國語辭典》，意指（一）「天地未形成時的那種元氣不分、模糊不清的狀態」；（二）「融為一體，不可分割的樣子」。「混沌」的第一義雖然是尚處模糊不明的狀態，但卻不是負面的混亂無秩序，而是「將形成」的天地卻尚未完全形成的狀態，是帶著積極主動嘗試融合的正面意涵，指涉一個「當下」時刻，蘊含萬物已在迸發中的生命力（雖尚未成

4　李張瑞，〈詩人の貧血──この島の文学〉，《台灣新聞》（1935）。
5　林巾力，〈西川滿「糞現實主義」論述中的西方、日本與台灣〉，《中外文學》34卷7期，（2005），頁150-152。

形），以及一個目前雖仍是「虛擬」但可能化為「實質」的「未來」時間；於是「混沌」的第二義則在第一義的基礎上，直指「實質」化後的融為一體的狀態。若以「混沌」概念來觀察日治時期文學的形成，就非常有意思。因為殖民問題和解殖後各種紛紛擾擾所形成的複雜狀況，或許是後殖民社會無法迴避的結果，但並非絕對無可作為的宿命論；如何在解殖後找出在地潛在的生命力，且不受制於前殖民者幽靈的纏擾，或落入法農指出的解殖後因國族主義的收編而導致的部落主義問題，是後殖民社會亟需思考的。

「混沌」概念提供一個積極正面思維來面對殖民和後殖民當下看似紛擾混亂的狀態，不再「只是」反抗（不是不反抗）；而是在模糊不明的現在時刻，看到各種新的可能正在連結融合，並想像即將形成的融為一體的未來。因此，像風車詩社的現代詩創作，不會再因其無直接結合反抗殖民運動而使其重要性低於現實主義小說；像西川滿等在台日人作家的創作，不再因其殖民者身分而只能在政治正確的前提下被批評。「混沌」概念將關注殖民和後殖民的焦點從「反抗」轉移到「創造前的可能性」，鬆綁「反抗」詮釋的緊箍咒，去看到在昏暗不明的殖民狀態中，曾在殖民地上發生的各種文化力量在種種的衝突、妥協、連結與融合中衍生出哪些新的可能，作為在地的表現或話語權表述，並持續影響後殖民的台灣社會。

葛里桑的「混沌」思想：加勒比海諸島和台灣

關於「混沌」概念，最有啟發性和發展性的莫過於葛里桑

(Édouard Glissant)從加勒比海殖民和後殖民經驗中提煉出的「混沌」(Chaos)思想。[6]加勒比海諸島國的歷史經驗，跟台灣很類似，很具有相互參照和參考的價值。就地理環境而言，兩者分別位居美洲／歐亞大陸旁，是相較之下的蕞爾小島和群島，也常面臨熱帶氣候帶來的颶風／颱風災害。就社會發展而言，不同階段的移民在長期移住後，人數和文化話語權遠超過原住民；但有意思的是，在消滅和保護的拉鋸戰中，居少數的原住民卻也成為在地獨特性的代表。就歷史進程來看，層層疊疊的外來統治者，帶來多元文化、語言和文字；但在被不同外來政權拎著走入現代化的過程中，對在地也造成不同層次的衝擊。但是，兩者相似之外仍有差異，加勒比海諸島和台灣的差別在於，對二戰前強勢的歐洲現代文明的接受過程，前者是跟在地直接正面衝突；而台灣主要是透過日語和日本文化的中介，因而某種「歐美＋日本＋中國＋台灣」，既奇特又帶點怪異、有種後現代味道的混合文化在此產生，這也延續到戰後，最常見的就是矗立在台灣鄉間混合各國文化風格的別墅型建築。

這裡所說的混合或混雜，常用來形容殖民過程中的不同異文化接觸現象。葛里桑的「混沌」當然也涵蓋這個層次，但他沒停留在現象表現的觀察和探討；而是以「音樂」的韻律性和「運動」的活躍性概念，更深入殖民和後殖民社會內部並思考裡面各種文化元素「持續地且相互進行」的影響、改變和創造，因而突顯的是文化形成過程中的動態性、開放的可能性，及某種指向未

---

[6] Édouard Glissant (trans.), *Betsy Wing. Poetics of Relation*, Ann Arbor: University of Michigan Press, 1997.

來的現在性。葛里桑首先提出 *echos-monde*（**回響世界**）的概念，[7]來說明「混沌」的整體性是由「互相依賴的變異特質，連合拼湊出某種具互動性的整體」（unities whose interdependent variances jointly piece together the interactive totality）。[8]他用音樂的「回響」來解釋出現的整體並非是靜止不變的，在其內部中彼此相互關係的各種變異元素，仍是不斷在相互作用。因此，為了處理或表達各種匯合的整體，「每個個人、每個社群，從權力、虛榮、苦難或焦急的想像中，會形成各自的**回響世界**」。[9]葛里桑接著說明 *echos-monde*「使我們能去感知與引證在擾動中匯合的民族文化」，其匯合成的世界性（globality）組成了 *chaos-monde*（**混沌世界**）；*chaos-monde* 並不是混亂無序的狀態，*chaos-monde* 的美學是「擁抱這個存在於我們自身的整體性的所有表現元素和形式」（embraces all the elements and forms of expression of this totality within us）。[10]在葛里桑的論述中，「混沌」的最佳代表莫過於持續演變中的「克里歐語」（Creole language）或「克里歐化」（creolization）；透過克里歐語的表達或克里歐化，某種隱藏的文化疆界不斷被打破，各式各樣文化的表現元素和形式不斷匯集並重組，文化整體進而持續演變與創新。

---

[7] 法文 *monde* 包含世界、社會、環境等多義，因為中文無法直譯，本論文以斜體字的「*世界*」來標示其中文翻譯詞中的多義性。

[8] Édouard Glissant, *Poetics of Relation*, trans. Betsy Wing (Ann Arbor: University of Michigan Press, 1997), 92-93.

[9] *Glissant, Poetics of Relation*, 93.

[10] *Glissant, Poetics of Relation,* 94.

註：本文出現的中譯是由本論文作者自己翻譯。

伯恩斯（Lorna Burns）藉由德勒茲和瓜達里理論中的「虛擬」（virtual）和「實質」（actual）概念，把葛里桑「混沌」思想中隱含的創造性能量說明得更為清楚。伯恩斯提到葛里桑特別重視「關係」（Relation）概念，是因為：

> 它涉及到兩個平面間的運動：其一是虛擬整體的實質化，或**混沌世界**；其二是反實質化的過程，即逃逸或去疆域化的路線……各個和每個實質之事，透過「正在破壞」的過程，此過程即是回到一種新組配形成的**混沌世界**，對變成新的、變成克里歐的潛在能力保持開放性。[11]

在此伯恩斯將「混沌世界」定義得更加明確，指出那是將虛擬的整體性轉變成實質的過程；在這之中透過破壞和重組，某種新的組合整體將會形成，這是「變成新的」（becoming-new）和「變成克里歐的」（becoming-creolized）的潛能，展現對「創造力和創新時刻的敏銳性」，標示出充滿活力的力量。[12] 這一方面超越了殖民主義將預先決定的二分法預框在政治和文化上等的限制；另一方面因為對各種潛在能力保持開放性，不被束縛在固定的或特定的殖民脈絡和價值，釋放出屬於在地文化的創新能量，在「元氣不分、模糊不清」的混沌「現在」，承諾某個「融為一體，不可分割」的混沌「未來」，這賦予了殖民和後殖民社會極大的

---

[11] Lorna Burns, *Contemporary Caribbean Writing and Deleuze: Literature Between Postcolonialism and Post-Continental Philosophy*. (London : Bloomsbury Academic, 2014), 135.

[12] Burns, *Contemporary Caribbean Writing and Deleuze*, 140.

動能。因此，混沌是未確定的，是屬於未來的、潛藏的、發展中的與擴展的創造力。

前衛和創新的「混沌」文化

曾短暫出現在日治時期的現代主義詩創作，在消失八十多年後，接連到2016年黃亞歷導演的前衛紀錄片，這個跳接過程，揭示了從殖民到後殖民的「混沌」過程中在地創造的潛在能力。1930年代歐洲標榜前衛技巧、批判當下、挑戰規則、反省傳統的現代主義文學和藝術創作思潮，隨著歐洲各帝國的勢力傳到世界各地，深深吸引各地求新求變的知識青年目光。台南的風車詩社集結了幾位二十歲左右的年輕人，以西歐的文學技巧，日文的中介，創作出連結台灣在地文化的前衛現代詩，同時回應了當時正在世界各地掀起的藝術創新潮流。

> 南街的路面穿戴著感情的睡帽，咖啡廳的留聲機安靜地從哀傷的最低音升起。
>
> 由於無作為因而無形塑出戀愛的哈姆雷特。
>
> 當吸食煙草成為感情的阿斯匹靈之時，棕櫚樹蔭傳來的美麗笑容隱沒了。
>
> 被踩碎的煙蒂與火柴棒。[13]

---

[13] 這裡引用方婉禎、楊雨樵的中譯，正文討論時也會引自李張瑞1935年發表的日文詩。李張瑞著，方婉禎、楊雨樵譯，〈咖啡廳的感情〉，《日曜日式散步者：風車詩社及其時代》第一冊〈暝想的火災：作品／導讀〉（台北：行人文化實驗室，2016），頁79。

風車詩社成員之一李張瑞的這首詩〈咖啡廳的感情〉以日文創作，詩中使用以片假名標示許多由歐洲傳入的事物：台灣人沒在戴的睡帽、新穎飲品的咖啡、Victrola品牌的留聲機、[14]英國文學代表莎士比亞戲劇的哈姆雷特、現代醫學的阿斯匹靈和火柴；同時又特別標明南方島嶼的在地空間（南街）和熱帶風情（棕櫚樹），這些不同的元素包括日文漢字、平假名注音、片假名表記、西方生活習慣和用品、英國文學、台灣環境和自然等重新組合，用來捕捉台灣1930年代受到歐、日影響而正在形成中的新的男女關係——戀愛結婚——的情感現象。在「混沌」中，現代主義的手法打破詞彙和語法原本承載的文字、文學和文化屬性、規則與限制，並有目的性的重新組裝和配置，某種克里歐化的、新的在地文化表達模式得以形成。詩中藉由碎片般的詞語和句型，敏銳地偵測到抽象的情感流動和表現模式因殖民帶進入的異文化而產生了改變；但某種隱藏的社會外部壓力，使得詩中愛戀對象的美麗笑容最終隱沒在棕櫚樹蔭中，主角只能成為哈姆雷特，留下踩碎的煙蒂與火柴棒。

　　風車詩社破壞和創新兼具的現代主義創造力，影響了黃亞歷拍攝此詩社的紀錄片手法。2016年他以高度實驗性手法拍攝了《日曜日式散步者》，呼應1930年代現代主義的前衛特徵。當此片獲得許多獎項肯定的同時，台灣社會似乎才「發現」到1930年代風車詩社的存在。風車詩社和其詩作因其本質的「混沌」，是被寫實主義大旗排拒的他者；是被懷疑難以傳達殖民地心聲的他

---

[14] 原文中因Victrola的流行直接用品牌名，譯文直譯為「留聲機」以略過歷史隔閡。

者;是台灣社會遺忘在過去的他者;也是被白色恐怖歷史淹沒的他者;更是突然被召魂回到現世、卻令人不知如何面對的幽靈他者。難以定位的他者,在黃亞歷的紀錄片創作中,反而潛藏著對回應過去和面對當下的審思,及文化藝術創新的興奮。因為導演和其作品打開對過去(含歷史、文化、拍片)認識的限制,以「前衛紀錄片」的模式,作為未來開展的某種「先行思考」。

混沌:從「整體性」概念到「總體」史

以「混沌」作為「整體性」概念,也呼應了曹永和「台灣島史」論述。曹永和呼籲台灣史應該「跳脫政治史的限制,跳脫國家單位的範圍」、「轉向一般民眾,多層次的社會結構和事態」、「儘量擴大領域、視野,不要侷限在某單一的觀點上,要架構出結構性(structural)、總體性(total)、全球性(global)的史觀」,建立成「一區域總體史,又可以放在世界史上加以探考」。[15] 曹永和注意到社會文化的連續性,不會因政權的交替而斷裂,因而台灣島史應不再只依據統治者立場來進行歷史區分;而應以人民為主,尤其需納入不同文化背景的人的視角,並從多層次的社會結構進行全面考量,才能建立一個屬於在地卻具全球性的「總體」史。無論是葛里桑的「整體性」概念或曹永和的「總體」史,都是觀察到由於15世紀末大航海時代的開啟,加勒比海諸島或台灣島都隨之被捲入了世界的脈動,無法再偏安於世界的角落,殖民者挾著炮火、資本、文字、文化到來,威權且強勢地

---

15 曹永和,《台灣早期歷史研究續集》(台北:聯經,2000),頁457-458。

加諸在島嶼的土地和人民上；回歸純粹的過去已成為幻夢一場，在地擺脫不了世界，「混沌」變成現在的常態與未來可能的創新和立足點。

以鹿野忠雄《山、雲與蕃人》為例，此書在台灣現代自然書寫史上，對其評價已跨過其「身分」和「美學價值」之間的角力，無法否認其作為現代自然書寫先行者的歷史定位。身為譯者和山林專家的楊南郡，稱讚它是台灣高山文學經典巨作。[16]知名自然書寫作家劉克襄對書中嚴謹的自然科學知識及對人和自然間深層關係的刻劃，更是推崇之至。[17]此書呈現了身處東亞／東南亞交界的台灣，如何跟隨世界局勢的變動，因應區域政治競爭和在地殖民狀況，而產生社會文化自身質變的總體面向。這個「總體」顯示了：歐洲各帝國透過科學探險和援助形成的殖民權力並彼此競爭，歐洲上流社會透過自然採集和傳播媒介的普及而促進博物學的蓬勃發展；日本帝國本身體制和知識的現代化，科學學科的建制促成現代自然知識體系的建立；帝國強勢的軍事和文化力量對殖民地山林的主宰；清朝方志和原住民自然觀的收集和考證等，透過書寫將這些要素的混合並重新組織，建立一種新的、對在地自然的認知與觀看模式。

以「混沌」作為理論，所希望的是去看到那些潛藏於台灣社會各層面的個體獨特性及分別串連重組後的整體性，藉此來深入了解後殖民的台灣社會，及其對日本殖民時期錯綜複雜的情感。

---

[16] 楊南郡，〈譯序〉，《山、雲與蕃人：台灣高山紀行》（台北：玉山社，2000），頁25。

[17] 劉克襄，〈集峰遙峙──側記野忠雄與楊南郡〉，《山、雲與蕃人：台灣高山紀行》（台北：玉山社，2000），頁20-23。

回到「混沌」開放出來的可能性和整體性,避免被綁在某種立場的宣示,串連起台灣在地和世界的關係,才更有機會看到某種潛藏於現在卻屬於未來的文化創造和創新能量。

參考書目

西文

Burns, Lorna. *Contemporary Caribbean Writing and Deleuze: Literature Between Postcolonialism and Post-Continental Philosophy*. London : Bloomsbury Academic, 2014.

Fanon, Frantz. Trans. Richard Philcox. *The Wretched of the Earth*. New York: Grove Press, 2004.

Glissant, Édouard. Trans. Betsy Wing. Poetics of Relation. Ann Arbor: University of Michigan Press, 1997.

華文

林巾力。2005。〈西川滿「糞現實主義」論述中的西方、日本與台灣〉,《中外文學》34卷7期。頁145-174。

李育霖。2005。〈華語語系的前沿地帶——幾個台灣文學的案例〉,《華語語系十講》。台北:聯經。頁253-294。

李張瑞。1935。〈詩人の貧血——この島の文学〉,《台灣新聞》。1935年2月20日。

———。1935。〈テールームの感情〉,《台灣新聞》。1935年2月6日。

李張瑞著,方婉禎、楊雨樵譯。2016。〈咖啡廳的感情〉,《日曜日式散步者:風車詩社及其時代》第一冊〈瞑想的火災:作品╱導讀〉。台北:行人文化實驗室。頁79。

曹永和。2000。《台灣早期歷史研究續集》。台北:聯經。

教育部國語推行委員會。《重編國語辭典修訂本》。http://dict.revised.moe.

edu.tw/cgi-bin/cbdic/gsweb.cgi?ccd=eQHJT.&o=e0&sec=sec1&op=v&view=0-1。檢索日期：2020年2月17日。

鹿野忠雄著，楊南郡譯。2000。《山、雲與蕃人：台灣高山紀行》。台北：玉山社。

黃亞歷。2017。《日曜日式散步者》。台北：目宿媒體股份有限公司。

葉石濤。1987。《台灣文學史綱》。高雄：春暉。

楊南郡。2000。〈譯序〉，《山、雲與蕃人：台灣高山紀行》。台北：玉山社。頁24-31。

楊逵著，涂翠花譯。2006。〈文藝時評——藝術是大眾的〉，《日治時期台灣文藝評論集（雜誌篇）第一冊》。台南：國家台灣文學館籌備處。頁133-138。

劉克襄。2000。〈集峰遙岵——側記野忠雄與楊南郡〉，《山、雲與蕃人：台灣高山紀行》。台北：玉山社。頁20-23。

渡來遺民
(Torai-loyalist)

邱怡瑄

理論構思

「渡來遺民」是以「渡來人」的研究思維為啟發，企圖補充遺民論述的空間向度與理論延展性。遺民論述的主軸通常聚焦時間，尤其強調政權興替過程中，主體因內在認同與外緣政治現實存在斷裂，因而產生時間感延滯、文化認同錯位，乃至自我離散於歷史進程等心理徵象。[1] 遺民社會行為的主要表現是時間感錯置——當其認附的政治主權失去實體，仍不願改換認同，致使政

---

[1] 遺民的時間焦慮問題，相關研究頗見申述。趙園研究明清之際士大夫，便提出「遺民是一種時間現象」論點。見趙園，《明清之際士大夫研究》（北京：北京大學出版社，1999），頁373-410。高嘉謙進一步將遺民的時間焦慮與「現代性斷裂」論述結合，指出20世紀後由於時間觀、地理概念與政體改革等衝擊，遺民不再以堅守忠節為核心價值，卻把對時間的焦慮及在空間中的錯置，轉化為新時代底下流亡個體內在的集體意識。見高嘉謙，《遺民、疆界與現代性：漢詩的南方離散與抒情（1895-1945）》（台北：聯經，2016），頁26-40。在中國歷史的興亡脈絡裡，遺民是改朝換代後反覆出現的族群心理。不同政權轉換過程中的「遺民」，各有脈絡，未必能化約成簡單論述。然而無論哪個時代的遺民，都與「和時間脫離的政治認同」相關。

權終結後仍能得到某種精神或文化上的延續。「遺民」被認定為一種眷戀悼亡的時間政治學。「渡來遺民」在遺民論述的既有基礎上，兼而討論此概念下的空間問題與實踐形式。當遺民一方面堅守認同，一方面又大規模地徙居開闢，遺民論述所需探討的論述向度，便不應只聚焦於「終結離散」或「遺民不世襲」的時間邊界，也應探究當中的空間轉化意義。

渡來遺民不同傳統遺民，在其移居事實。「渡來」一詞指涉了族群的遷徙，以及身為外來者對遷居土地必然造成的衝擊。直至今日，香火鼎盛的台南祀典大天后宮仍維持建築前身南明寧靖王府坐東朝西的格局，而非傳統寺廟座北朝南之規制。坐向之擇定，昭示府第原主移居他鄉後，猶保有遙望故土之信念。遷居不只是單純的移住他方，更成為遺民信念之所託。相傳在清軍攻陷澎湖後殉國的寧靖王朱術桂（1617-1683）留有絕命詩——「艱辛避海外，總為數莖髮，於今事已畢，祖宗應容納」。避走海外不只為謀生，更成為一種出處抉擇。透過抵達另一個空間的契機，成就抵抗的可能；渡來遺民的出現，對自身而言是實踐遺民理想的手段，對徙居地來說也必將改寫土地的空間意義。

相傳為明鄭將領後代的江日昇（？－？），撰有記錄明鄭故事的《台灣外記》。當中載述陳永華（1634-1680）規勸鄭經（1642-1681）在台設立孔廟的一番陳詞，正體現「渡來遺民」對徙居地空間的思考：

> 今台灣沃野數千里，遠濱海外，且其俗醇；使國君能舉賢以助理，則十年生長、十年教養、十年成聚，三十年真可與中原相甲乙，何愁其侷促稀少哉？今既足食，則當教之。使

逸居無教,何異禽獸?須擇地建立聖廟,設學校,以收人材。庶國有賢士,邦本自固,而世運日昌矣。[2]

地理上「沃野數千里,遠濱海外」的台灣,有物理空間上的遠隔事實;就人文意義言,舉用人材與落實教化,是期許未來有機會「與中原相甲乙」。對渡來遺民而言,原生地與移居地間,始終保持既遠隔又互相牽制,彼此對抗卻互為對照的獨特關係。前引這段出自陳永華的勸諫語,表層看來是戰略提議,底層則蘊藏渡來遺民設想其「終結離散」的空間動因。遺民所以為遺民,正因其未忍也未能接納改朝換代政治現實的情感與行為。然而論及匡復,諸多現實因素都增加堅守遺民信念的難度。將與原生地更多的「同化」元素加入移居地,不僅是以文化風景之相類,沖淡山河相異的惆悵,更是為空間賦予新的定位。渡來遺民即便落腳他鄉,也仍籌謀部屬著回歸故土的路徑——無論是遠望海隅或志存匡復,消極和積極手段背後,都在力保自身的不屈從與有所待。相較遺留「故土」的遺民總是被迫面對時間對生存處境的消磨,「渡來遺民」則以空間的重新脈絡化,解決自身暫時回不去的困窘。建設落腳處為安身地,渡去的他鄉遂成為故鄉的延續。即便明鄭政權最終難逃傾覆,遺民意識仍銘刻在遷居地空間裡,繼續傳承信念。在台灣,南明寧靖王與國姓爺的忠義形象、民間傳說和信仰儀式,俱未隨政權終止而消亡,反而透過地景、祭祀

---

[2] 江日昇撰,方豪編輯,《台灣外記》,臺灣文獻叢刊第60種(台北:台灣銀行經濟研究室,1960),頁236。

與題詠等銘記空間意義的文化形式繼續流傳。[3]當時間走向終結之際,「渡來遺民」卻因空間的記憶,得以成為一種混融或新生的文化底蘊與精神質地。

「渡來人」原係描述古代日本史中,一群挾帶農耕技術及文化傳承的外來移民群體,對日本文明注入來自異地的文化成分。[4]從空間出發,渡來人首先被內部視為來自外部的他者,但透過移居、安住的歷程,又逐漸融入空間內部。甘懷真在研究「東亞王權」時,便注意到「移民」透過自願或非自願遷徙,為新入土地的政治文化注入新元素。新來族群與原居族群的互動往往能促發該地域獨立文化的形成,這是東亞王權的共性和普遍現

---

[3] 鄭成功信仰在台灣延續至今,和各政權(清領、日治、國府)不斷改造鄭成功形象,使其產出配合統治方意欲弘揚文化價值的手段密不可分。但其「忠」、「義」等形象的價值,仍與效忠、勤王與抗清等遺民性格有關。鄭成功信仰在台的繁衍演變,可參考高致華:〈鄭成功信仰在台灣——異文化之各自表述〉,《東吳外語學報》22期(2006年3月),頁1-38。

[4] 渡來人廣義說來,是日本史學界對歷史中來自朝鮮、中國移民的泛稱。但在日本古史界,又多特指西元3到7世紀之朝鮮、中國等外地移民。其討論多立基於「大和民族／大和王權的起源與組成」為研究視野,以考古方法勾勒日本古代民族與王權的形成軌跡。如平野邦雄,《歸化人と古代國家》(東京:吉川弘文館,2007);大橋信彌、花田勝廣編《ヤマト王權と渡來人》(滋賀:サンライズ出版,2005)。另亦有針對渡來人攜來技術、文明信仰進行專題研究者如針對稻作文化的池橋宏,《稻作渡來民:「日本人」成立の謎迫る》(東京:講談社,2008);或是針對佛教寺院進行探討者,如柳田敏司、森田悌編,《渡来人と仏教信仰:武蔵国寺内廃寺をめぐって》(東京:雄山閣,1994)。然而本文所借重「渡來人」一詞的「渡來」二字,是以其「移動者」的角色為其關鍵,思考移居者對移住地造成的影響。相關討論可參田中史生,《渡來人と歸化人》(東京:角川,2019);或田中史生,《倭國と渡來人:交錯する「內」と「外」》(東京:吉川弘文館,2005),頁1-10。

象。[5]甘懷真亦指出「渡來人」是相類現象中,最被深入系統性探索的族群。延伸來看,在討論諸多東亞文明之共相元素——包括儒學、漢傳佛教、農耕技術與華人信仰時,與「渡來人」相類的媒介角色和作用機制,已不斷出現在歷史進程中。[6]透過徙居,「渡來人」將自身已具相當積澱的文化成分攜往他鄉。被帶進外地的傳統,在新空間中與其接觸族群產生互動,共伴為嶄新能量。外來刺激本就是文明進展的重要變項,移民更是人類社會的變化樞紐,「渡來人」可理解為為空間帶來改變動能的移民群體。

在日本史學研究脈絡裡,「渡來人」一度被稱為「歸化人」,此中牽扯出空間內部文化場域爭奪的痕跡,亦彰顯渡來人文化原初具有的外來性與嫁接性。[7]名稱置換的歷程,顯示新來勢力與固有族群間的競逐力場。但無論稱作「渡來人」或「歸化人」,以空間為思考維度,空間中的他者落地生根後,終將成為空間組成

---

[5] 甘懷真,〈東北亞古代的移民與王權發展:以樂浪郡成立為中心〉,《成大歷史學報》36期,(2009.06),頁79。

[6] 當然「渡來」僅是主要的遷徙模式,實際的移民途徑必然更加周折複雜。但本文使用「渡來」乃著重其透過移居達致的文化現象。移動後而落地,落地後而內化,乃是這組「渡來」概念的關鍵意象。

[7] 沖浦和光回顧日本「渡來人」的研究歷程,指出自1950年代開始,關注朝鮮移民在日本古代史中的影響,因而出現大批以「歸化人」為主題的研究。較具代表性如關晃《歸化人》、水野祐《日本民族的源流》、上田正昭《歸化人》、今井敬一《歸化人と社寺》與平野邦雄《歸化人と古代國家》等。但到了1960年代,包括金達壽等學者,開始以交流史角度思索在日本國土內的朝鮮移民。當這個詞彙進入日本歷史教科書後,「歸化」一詞隱含的概念開始被反省,因此目前「渡來人」是較為通用且正式的用語。見沖浦和光、川上隆志編,《渡來の民と日本文化:歷史の古層から現代を見る》(東京:現代書館,2008),頁22-23。

的內部自身。來自中國、朝鮮,或其他日本島嶼外部的移居人口,早已代代繁衍且水乳交融地進入歷史進程,成為日本文明的基底。「渡來」的積極意義,不只在於強調移居者透過遷徙手段傳播其文化積累,更標誌空間在涵納外部成分後,自身的受容與再生。

「渡來遺民」一詞的創發,借重「渡來人」研究脈絡中正向看待空間中「嫁接」及「外來」質素的思維。創設此關鍵詞之目的,在於重省及調和1661年明鄭入台、1949年國府渡台等兩大歷史時刻中,背負遺民意識的渡來族群們,對台灣土地產生的衝擊。前述歷史時刻,是使台灣歷史必須與中國歷史匯合討論的撞擊點。當渡來族群挾其沛然的文化能量,沖刷覆蓋空間內原有文化。如何回到空間思維裡,重新定位及省思外來移入者的文化意義及其可能性,是本關鍵詞構思時期待的理論視野。

理論應用:
「渡來遺民」在台灣的兩個歷史時刻── 1661與1949

明鄭入台及國府南渡,皆是因大批移民移入定居,致使台灣文化主體與歷史記憶必須重新經歷從去脈絡化到再脈絡化的關鍵時刻。[8]「遺民性移民」,也即「渡來遺民」的移居,使空間被賦義

---

8 此處「去脈絡化」與「再脈絡化」的觀點,原是黃俊傑教授在思考東亞文化交流史中,不同地域間的交流,常會出現「脈絡性轉換」現象。也即以空間為本位,異地傳入的文本、人物或思想,往往先被「去脈絡化」,再予以「再脈絡化」,以適應於本國本地情境。黃俊傑的觀點原係針對兩個文化量體相距不大的文化體間所產生的「脈絡性轉換」而發。但脈絡性轉換,在台灣的文化場域

了抵抗他者及延續前朝政權精神血脈的性格。下文對此關鍵詞的梳理,將以台灣作為「渡來遺民」這一概念生根落腳的情境脈絡。遺民意識的帶入,使台灣的文化基質生產出兩重意義:首先是空間被納入一種競爭、對峙的關係。渡來遺民希望移居地必須急速壯大,以期有朝一日猶能「與中原相甲乙」。其次是空間必須消化來自外部的強勢力量,除了具有殖民性質的政權和文化傳承、道統等意識息息相關的根柢。在兩重意義的交互因果下,台灣的空間意義被完全改造,原以海權為重心的空間動能,漸受陸權觀點影響,從南方海隅蛻變成花果飄零後的海外靈根。在華夷秩序的對峙裡,渡來遺民的空間觀點讓台灣脫夷入華,是猶存天壤的文化堡壘,奮對抗或尋追那丟失的「中華」話語權。

楊儒賓曾以儒學思想史的延續性為主軸,思考明鄭入台和國府渡台的文化意義。楊儒賓拋出「明亡於1683年,而非1644年」的說法,視明鄭為明朝精神血脈的存有實體。渡來遺民選擇台灣落腳,使此地承祧了明社的最後生機。在明末清初「亡國」與「亡天下」的辯證裡,台灣成為「天下」的最後封疆,標誌「正朔」的一息尚存。[9] 如今台灣祭祀文化、民俗與反抗活動的精神內

裡,有時是以政治能量強力加以導引的。如黃英哲分析台灣戰後的文化重建過程,即稱此乃一「去日本化,再中國化」的過程。筆者認為黃俊傑的論點對本文的研究模式頗具啟發。即研究文化交流時,應將現象「放在具體而特殊的歷史背景中加以分析,以尋繹文化交流中的媒介人物進行『再脈絡化』行動的動機與情感」。見黃俊傑,〈東亞文化交流史中的「去脈絡化」與「再脈絡化」〉,《東亞觀念史集刊》3期(2012年6月),頁72-73;黃英哲,《「去日本化」「再中國化」:戰後台灣文化重建(1945-1947)》(修訂版)(台北:麥田,2017)。

9 楊儒賓,〈明鄭亡後無中國〉,《中正漢學研究》31期(2018),頁1-32。楊儒

蘊，皆可回溯至明鄭時期奠定的精神風標。[10]另以「1949禮讚」為題的專著，楊儒賓定位「1949」為「整個中國縮影」渡海來台的關鍵年分。在新中國、新台灣、新香港同時成立的時間點上，台灣透過1949年的大量移民完整結合大陸與島嶼的文化能量與思想資源，開創嶄新的「中華」意義，也形成中國歷史中，最近的一次「文化南渡」。[11]楊儒賓之論述，正向看待「渡來遺民」的影響。但其說法也易被質疑對「渡來遺民」急切建立自身主體性的「再脈絡化」過度正面看待，卻未反省或警覺其對移入地原有文化種種「去脈絡化」之舉措。這股「納中華入台灣」的思維，或能解釋「渡來遺民」的自我文化定位，但也恐將「渡來遺民」的經驗主體在空間中過分中心化，遮蔽其身為「定居殖民者」的考驗與責任。[12]

賓後續也將這部分的觀點，結合他對現代化轉型的論點，撰成《思考中華民國》（新北：聯經，2023）一書。

[10] 楊儒賓曾以日治時期台灣抗日文化運動對明鄭遺民文化符碼的挪用。探討日治時期台灣反對運動領袖如何以保持「中華文化」的對峙姿態面對殖民政府的統治能量。楊儒賓：〈在水一方：日治台灣反對運動的中華文化因素〉，《思考中華民國》。

[11] 楊儒賓，《1949禮讚》（台北：聯經，2015），頁31-41。

[12] 在幾篇針對《1949禮讚》的書評中，對楊儒賓力圖為「1949」的苦難印記注入積極意義的嘗試不乏肯定；但如顏訥便質疑在1949的歷史災難尚未廓結痂，台灣被沉埋的本土意識亦尚未廓清前，這樣的「中華想像」恐未能充分正視「中華民族」過去在文化資源裡的暴力與排他性。匿名發表在《秘密讀者》上的評論者，則以〈依然寂寞的新儒家〉為題，指陳楊儒賓力圖透過新儒家所創構的儒漢文化論述，卻未對台灣在地脈絡中的五四批判精神、左翼思潮、反帝反殖主義與台灣自主意識等話題，有足夠的對接與對話。林桶法亦提醒，楊儒賓書中對移居南渡的相關討論，處理上過於簡單化與理想化。相關研究參閱顏

文化南渡論所遭受的質疑,亦是「渡來遺民」理論須面對的挑戰——「遺民」就自身文化立場言,選擇移居當然是正面意義的「延續」;但對其移入空間來說則無疑是侵入。於是「渡來遺民」能否延續的核心挑戰,以其移入空間看來,是否賡續「正統」反將落於第二義,核心的探問仍應是——當遺民意識落地生根後,能否為空間注入具積極意義的質素?

遺民的回不去或不願回去,在新的空間裡,也必將銘刻各種存在痕跡。這些帶有遺民意識的文化質素,也或將成為再造空間的動能。和未曾離開本土的遺民一樣,渡來遺民同樣面對時間對其存在主體的消蝕——然而空間中遺留的有形或無形文化資產,終將進入移居地的空間脈絡裡,形成它無可抹滅的存在證明。

就本理論關鍵詞的設想而言,渡來遺民在明知不可為而仍為之的堅守,與拒絕同化、始終不棄抵抗的精神質地,賦予了台灣島嶼更堅韌的特質。遺民在放下對抗意識前,其實難言「終結」。然而「對抗」的手段與形式,卻可因地因時而制宜。趙園討論「小一代遺民」處境時,以「參與歷史記憶的敘述工程」探討遺民後代的生命情境。[13]將眼光放眼至移居海外的遺民群體,當朱舜水(1600-1682)或隱元隆琦(1592-1673),選擇在日本經

訥,〈納中華入臺灣的1949創傷癥候,與發明新臺灣的可能:讀《1949禮讚》〉,《文化研究》22期(2016),頁242-251;匿名,〈仍然寂寞的新儒家——讀《1949禮讚》有感〉,《秘密讀者》2015年10月號,頁70-79;鄭鴻生,〈「民國南渡」的多樣面向:回應楊儒賓教授《1949禮讚》〉,《思想》30期(2016),頁317-332;林桶法,〈禮讚背後的省思——評楊儒賓《1949》禮讚〉,《二十一世紀》159期(2017),頁125-134。

13 趙園,《想像與敘述》(北京:北京師範大學出版社,2015),頁133。

邦弘化深耕儒學，或播揚佛法、開宗立派，在他們人生的歸宿言，其「不歸」，正成就其矢志不渝的抵抗與念念不忘的遺民情懷。當「故國」再無興復之望，「異邦」成為渡來遺民們「終身不改衣冠」的埋骨之鄉[14]，或是「聊通一脈貫東海」的慧命所續。[15]遺民的出處選擇在「異鄉」，不再只有仕與不仕、死或不死的僵局，而是落地之後，將抵抗轉換為另種可被記憶、可被持續理解實踐的歷史脈絡和文化形式，且將之銘刻在空間紋理中。

楊儒賓分析明鄭政權的文化意義時，曾指出「在台二十三年的明鄭政權受限於歷史條件，沒有留下文化種子大幅成長的空間，但它卻是抵抗滅亡它的文化母體的異族政權最倔強的反抗者」[16]。就實際事功論之，台南孔廟、延平郡王祠、寧靖王的忠義形象等，都有恃後之來者的追憶、神聖化與重新脈絡化。「倔強反抗者」的基因，透過空間為線索，代代相傳在文化體質裡。台灣的文化想像及國族論述裡，必有透過「渡來遺民」形構而成的抵抗性格與文化層累。

---

[14] 鄭毓瑜分析朱舜水〈遊後樂園賦〉，文中以海外天地的風景與理想實現，終結其無所依傍的遺民心事。參鄭毓瑜，〈流亡的風景──〈遊後樂園賦〉與朱舜水的遺民書寫〉，《文本風景：自我與空間的相互定義》（修訂版）（台北：麥田，2014），頁193-236。

[15] 廖肇亨指出東渡日本，創立黃檗宗的隱元禪師遺民立場堅定，晚年卻以隱逸和開宗立派海外安身。見廖肇亨，〈隱元禪師詩歌中的兩種聲音：以晚年詩作為中心〉，《忠義菩提：晚明清初空門遺民及其節義論述探析》（台北：中研院文哲所，2013），頁328-345。

[16] 楊儒賓，〈明鄭亡後無中國〉，《中正漢學研究》31期（2018），頁22。

理論展望

曩昔以陸權中心歷史經驗建立的「遺民」論述，在匡復中興的現實條件消失後，遺民逐漸變成無處可去且難以為繼的群體。然而早在孔子時代，就有「道不行，乘桴浮於海」的想法。「渡來遺民」追求在新天地裡，延續其堅持抵抗且拒絕被消失的信念。

對渡來遺民而言，移居的土地因這層「遺民」意識，有了文化上的對抗性格和延續可能。1661年明鄭渡台、1949年國府南渡建立起的「南渡」文化，讓具有「開闢新天地」、「海外新中華」意義的「離散」，註定走出與陸權中心視野建置的遺民論述迥然不同的文化性格。魏月萍在回應《1949禮讚》時，提出楊儒賓筆下的「文化南渡」，和南洋華人移民史中的「南來文人」之文化脈絡，頗有相互借鑑發明處。[17] 在越南亦存在著被稱為「明鄉人」（越南語：người Minh Hương／明鄉）的遺民性族群，雖然已充分與越南主要族群京族在語文、文化上多所融合，但至今仍以明鄉人的會館空間、祭祀神祇、楹聯題匾等形式，展現移居者為文化地景所增添的文化豐富性。[18]「渡來遺民」的構想，正是要在遺民論述的時間主軸外，拉出以空間為主軸的思維向度。「渡來遺民」未必是單一現象，但每個空間脈絡裡的「渡來遺民」，都有其各自落腳生根的風土。以「渡來遺民」這一關鍵詞研究補充台

---

17 魏月萍，〈「南移」和「南來」：《1949禮讚》的延伸思考〉，《思想》30期（2016年5月），頁281-287。

18 關於明鄉人的研究，可參見蔣為文，〈越南的明鄉人與華人移民的族群認同與本土化差異〉，《台灣國際研究季刊》9卷4期（2013年12月），頁63-90。

灣文化歷史上的「遺民遷徙」現象，其許能讓遺民論述產生嶄新向度。

參考書目

華文

甘懷真。2009。〈東北亞古代的移民與王權發展：以樂浪郡成立為中心〉，《成大歷史學報》36期。頁77-100。

林桶法。2009。〈一九四九的迷思與意義〉，《思想》13卷13期。頁97-114。

———。2017。〈禮讚背後的省思——評楊儒賓《1949》禮讚〉，《二十一世紀》159期。頁125-134。

高嘉謙。2016。《遺民、疆界與現代性：漢詩的南方離散與抒情（1895-1945）》。台北：聯經。

黃俊傑。2012。〈東亞文化交流史中的「去脈絡化」與「再脈絡化」〉，《東亞觀念史集刊》3期。頁55-77。

匿名。2015。〈仍然寂寞的新儒家——讀《1949禮讚》有感〉，《祕密讀者》。頁70-79。

楊儒賓。2015。《1949禮讚》。台北：聯經。

———。2023。《思考中華民國》。新北：聯經。

廖肇亨。2013。《忠義菩提：晚明清初空門遺民及其節義論述探析》，台北：中研院文哲所。

趙園。1999。《明清之際士大夫研究》。北京：北京大學出版社。

鄭毓瑜。2014。《文本風景：自我與空間的相互定義》（修訂版）。台北：麥田。

鄭鴻生。2016。〈「民國南渡」的多樣面向：回應楊儒賓教授《1949禮讚》〉，《思想》30期。頁317-332。

顏訥。2016。〈納中華入臺灣的1949創傷癥候，與發明新臺灣的可能：讀《1949禮讚》〉，《文化研究》22期。頁242-251。

魏月萍。2016。〈「南移」和「南來」:《1949禮讚》的延伸思考〉,《思想》30期。2016年5月。頁281-287。

蔣為文。2013。〈越南的明鄉人與華人移民的族群認同與本土化差異〉,《台灣國際研究季刊》9卷4期,頁63-90。

日文

大橋信彌、花田勝廣編。2005。《ヤマト王權と渡來人》。滋賀:サンライズ出版。

平野邦雄。2007。《歸化人と古代國家》。東京:吉川弘文館。

田中史生。2005。《倭國と渡來人:交錯する「內」と「外」》。東京:吉川弘文館。

———。2019。《渡來人と歸化人》。東京:角川。

池橋宏。2008。《稻作渡來民:「日本人」成立の謎迫る》。東京:講談社。

沖浦和光、川上隆志編。2008。《渡來の民と日本文化:歷史の古層から現代を見る》。東京:現代書館。

柳田敏司、森田悌編。1994。《渡來人と仏教信仰:武蔵国寺內廢寺をめぐって》。東京:雄山閣。

跨托邦
(transtopia)

姜學豪

在台灣，當我們討論多元性別時，我們常用的術語包含「酷兒」和「跨性別」。紀大偉在上本的《台灣理論關鍵詞》，討論了英語「queer」一詞翻譯成漢文「酷兒」的跨文化經歷與跨語境政治。[1] 本文透過跨性別的觀點重新思考「酷兒」與「同志」之間的聯繫，從而擴展紀的分析範圍。我認為性別越界是當下探討酷兒研究或同志政治的一個重要環節。為此，我提出一個新的概念：**transtopia**，中譯**跨托邦**。[2] 這篇文章由兩個部分構成：第一個部分進行爬梳「跨托邦」的理論鋪成和貢獻；第二個部分透過一個社會案例探討此關鍵詞的運用與實踐。

跨性別的麻煩

「跨托邦」形容不同程度的性別轉換，而這些尺度並不總是

---

[1] 紀大偉，〈酷兒〉，《台灣理論關鍵詞》，史書美、梅家玲、廖朝陽、陳東升主編，（新北：聯經，2019），頁325–334。

[2] 見姜學豪（Howard Chiang），《跨托邦在華語語系太平洋》（*Transtopia in the Sinophone Pacific*），（New York: Columbia University Press, 2021）。

可以在西方的「跨性別」（transgender）觀念中得以識別。因此，跨托邦是一種使性別變異性具有歷史意義的方法，該方法超越過去因恐懼而對「跨性別」族群的否認；該方法也突破當下對「跨性別」觀念貫通性的假定。類似這樣的恐懼與假定充斥當代學術與政治偏見。這個關鍵詞或許會讓許多讀者聯想到較普遍的「烏托邦」（utopia亦不存在的地方）；其相反的變體「反烏托邦」（dystopia亦錯位的地方）；以及米歇爾・傅柯（Michel Foucault）的「異托邦」概念（heterotopia可譯為「差異地點」或「異質空間」）。在這三種用法中，「地方」觀念起著不可或缺的定義作用。[3]

我提出的關鍵詞建立在這些通用概念的基礎上，特別是它們對權力結構的關注，但「跨托邦」也有脫離這系譜的出處。延伸酷兒論述的宗旨並補充賽菊蔻（Eve Kosofsky Sedgwick）的論點：人類文化的任何方面如果沒包含對跨性別恐懼症（transphobia或恐跨症）和恐同症（homophobia）的結合分析，都必然是不僅不完整的，而且更準確的說其核心實質已嚴重損壞。[4] 由此類推，跨托邦可作為對恐跨症的解毒劑（antidote），能

---

[3] Michael D. Gordin, Helen Tilley, and Gyan Prakash, eds., *Utopia/Dystopia: Conditions of Historical Possibility* (Princeton: Princeton University Press, 2010); Michel Foucault, "Of Other Places," in *Heterotopia and the City: Public Space in a Postcivil Society*, ed. Michiel Dehaene and Lieven De Cauter (New York: Routledge, 2008), pp. 13–30. 關於傅柯所稱的 heterotopia 的翻譯政治，見王志弘，〈傅柯 Heterotopia 翻譯考〉，《地理研究》65期（2016）：75–106。

[4] Eve Kosofsky Sedgwick, *Epistemology of the Closet* (Berkeley: University of California Press, 1990), 1.

透過連續模型（continuum）的構建機制認可酷兒經歷的多樣性，並將這種新詞彙的相關性置於與批判史（critical history）的實踐有關。[5] 站在一個去殖民主義的酷兒思想立場，對時間空間的敏感性是必不可少的，包括抵制任何先入為主對跨性別存在性應有的標準的幻想。換句話說，我們不能也不應該預設所謂的「前跨性別者」（pre-transgender）的目的論及其克服的假設軌跡。

透過如此的描繪，跨托邦詮釋了「跨性」（transness）的發展面貌，超越單一歷史血統／終極點的整體陷阱，從中解構穩定不變的跨性敘事、驗證模板。從「跨性別」擴展至「跨托邦」的詞彙轉換，顛覆跨性體驗論述長期以來對固定的「起源」或「目的地」的迷思。從個體的角度看來，這是一個將跨性酷兒化（queering transness）的舉動，以便其多重的表現形式可以得到承認。雖說賽菊蔻的公理（axiom）首次闡明已是三十多年前，但它仍然是一個不可或缺的提醒：「人們是彼此不同的。」[6] 令人訝異的是，酷兒理論家所開發的概念工具來解開這麼平凡且不言自明的生活事實寥寥無幾。呼應賽菊蔻的公理，跨托邦將跨性別差異視為相互聯繫和相關的，而不是驅散和分層的。

在重構個體立場同時，跨托邦也進行反思更廣泛學科的任務擔憂。正如人類學家大衛・瓦倫丁（David Valentine）所記錄，當一門學科在1990年代開始圍繞「跨性別」這個範疇進行整合時，眾多學者通常將該標題對照於所謂前現代、傳統、老式或

5　關於critical history的討論，見Ethan Kleinberg, Joan Wallach Scott, and Gary Wilder, "Theses on Theory and History" (May 2018), http://theoryrevolt.com/#history.

6　Sedgwick, Epistemology of the Closet, p. 22.

「在地」非西方社群對性別身分的理解,(錯誤)認為「跨性別」一詞含括更多內容。[7]即使近期出現許多透過種族或階級的視角來修改跨性別歷史學的作品,無論多麼引人注目,它們仍繼續繞回西方的範圍,在其中放置抵抗和重新敘述的坩堝。[8]引用周蕾的說法:「大家可以接受某些作者處理特定的文化例如……美國……把書名放上通用標題,[像是《女性陽剛之氣》、《跨性別歷史》、《真性:20世紀交際之跨性男的生活》、《雙面皆為黑色:跨性別身分的種族歷史》、《女丈夫:一個跨性別歷史》等等],但通常又期望處理非西方文化的作者用中國的、日本的、印度的等諸如此類的形容詞標注題目。」[9]後者為周所稱的民族補充(ethnic supplement)模式,透過位置現實主義來修復它們的知識內容。至今,歐美學者仍經常被公認為啟動關於跨性別理論見解的主人翁。如果打破這樣的西方中心主義是必要的,我所討論的

---

7 David Valentine, *Imagining Transgender: An Ethnography of a Category* (Durham: Duke University Press, 2007).

8 Clare Sears, *Arresting Dress: Cross-Dressing, Law, and Fascination in Nineteenth-Century San Francisco* (Durham: Duke University Press, 2015); Emily Skidmore, *True Sex: The Lives of Trans Men at the Turn of the Twentieth Century* (New York: New York University Press, 2017); C. Riley Snorton, *Black on Both Sides: A Racial History of Trans Identity* (Minneapolis: University of Minnesota Press, 2017); Jen Manion, *Female Husbands: A Trans History* (Cambridge: Cambridge University Press, 2020).

9 Rey Chow, Introduction: On Chineseness as a Theoretical Problem, *boundary* 2 25.3 (1998): pp. 4–5. 引句內提到的著作分別是:Jack Halberstam, *Female Masculinity* (Durham: Duke University Press, 1998); Susan Stryker, *Transgender History* (Boston: Seal Press, 2008); Skidmore, *True Sex*; Snorton, *Black on Both Sides*; Manion, *Female Husbands*.

論述鋪成跟歷史案例雖說跟「transgender」文化含義息息相關，但也刻意分歧。正因如此「跨托邦」作為一個新銳的關鍵詞，鞏固華語語系台灣重新定位性別理論源頭的繼往開來。

無論出發點是透過個人還是集體的觀點，我們早就應該質疑通常嵌入跨性別傘狀術語中的片面等級制度，其中決定的標準是「跨性」；或者更準確地說，不同程度的跨性。在這個規範化方案裡，有些人被認為比較跨（more trans），其他人被認為不那麼跨（less trans），跨性有效地變得可評估、可衡量、可量化。跨托邦試圖打破維持以下問題需求的背後權力結構——如研究中世紀學者Gabrielle Bychowski曾在 TSQ 圓桌會議上提問過——「我夠trans嗎？」[10]

在所有的情況裡，跨性別的政治張力莫非是在跨文化語境中最為鮮明。跨托邦的觀念鼓勵放下浪漫化（或誹謗，視情況而定），非西方性別異議作為本體論的靜態，提供一種新的中間立場。一方面，某些學者主張較批判的觀點面對一系列的本土類別——例如南亞的hijra、印度尼西亞的waria、泰國的kathoey、墨西哥的muxe、華語社會的人妖及美洲原住民文化的two spirit——受全球化的歷史力量同質化並重塑為現代「跨性別」身分；另一方面，有些學者認為，像這樣的類型轉換給予難以辨識的在地性別配置一種在全球範圍內清晰易讀即呈現的可能性，從而為爭取普遍承認、接受和團結的跨國運動合法性的條件。嚴

---

[10] *TSQ: Transgender Studies Quarterly* 為全球首創關於跨性別研究的學術季刊，由美國杜克大學出版社發行。這個圓桌出自於 M. W. Bychowski, Howard Chiang, Jack Halberstam, Jacob Lau, Kathleen P. Long, Marcia Ochoa, and C. Riley Snorton, "Trans*historicities," *TSQ: Transgender Studies Quarterly* 5, 4（2018）: 660.

格上來說，這些標籤任何一個都不能輕易地被「跨性別」的框架同化，因為歷史和文化細微差別的豐富性不能被西方當下主義（presentism）的自滿過度主宰。把這些不同身稱融入「跨托邦」的品類，能讓我們的理解範疇跨出少數民族身分政治的僵局，甚至成為一個仲介提供表達差異、後身分主義的相應平台。我們所呼應的當下，已不僅是要考慮性別麻煩（gender trouble）的時刻，而是還須提問跨性別麻煩（transgender trouble）的時機。[11]

想像瀰漫性別異樣的烏托邦是本體存在的寫照，告訴我們跨性別的概念本身就是一種變異能指，不僅僅是一個根植於西方歷史的符號。一個更具全球化分散性和區域性的視角，有助於解析「跨性」存在的差異化層次及其歷史沉澱。透過一種連續統模型的表述，跨性別變異授權多元聯盟的因果不用建立在複製品和原件之間的對抗衝突（這不均秤的角力通常視西方跨性別主體為原物，其他性別轉變現象為舶來品）。換句話說，跨托邦的倫理困境**與其說是關於誰有資格成為跨性別者；不如說是與不同行為者之間的關係有關，透過跨性別概念相互聯繫**。這樣一來，跨托邦改變了包容性的標準，從「一個人是否足夠跨性」延伸到「跨性如何出現在更廣泛的歷史關係網絡中，從中獲得辨識、理解性」。如果我們暫時接受結構僅存在於舉例說明它們的系統中，認知跨托邦分析勾勒出一組共享的符號和物質參數，那麼跨性別主義（transgenderism）的政治貨幣可以沿著更具包容性的集體行動再現，而不是愈來愈擴大個人身分認同的疏遠。

---

11 Judith Butler, *Gender Trouble: Feminism and the Subversion of Identity* (New York: Routledge, 1990).

在跨托邦的框架內，特定類型的性別跨越／過渡（transitioning或transitivity）並不主宰人們與跨性別主體性的關係或本體論的要求。相反的，跨托邦以無限集為軸的相鄰變化作為掌握底層結構的基礎「跨性」存在。不僅僅是一個名義標籤或描述符，它可被理解為一種認識論的工具（epistemological tool），一種歷史構想模式將性別流動性映射到地點和時間的相互超越上。如果「家」、「目的地」的比喻，如同「成為」或「到達」的隱喻，是跨性別體驗敘述長期以來的主要特徵；跨托邦不優先考慮個人理由或單一跨性迭代的參數，而是把重點放在集體、交叉及全球範圍內結成聯盟的案例循環路徑。隨著跨文化和跨時空的交流，跨托邦超越對「誰是跨性別者」的關注，並推動一種協作思考，揣摩類似「跨性別觀念的運用如何穿越時間和空間」的問題。

由於恐跨症在不同的歷史背景下所呈現的形狀和規模不同，跨托邦作為其解毒劑必須對所需參照的「平等」／「公正」範圍不均有所認知，延伸對不同政治角力和武器形式的需求因情況而變。在將跨性別定義為這樣的連續性質同時，跨托邦質疑有些酷兒研究的門徑將跨性別現象視為一種兩個、三個或更多性別配置的零和遊戲。簡而言之，跨托邦光譜逆轉了錨定對二元性別的規範性理解。如果「超陽剛男性」和「超陰柔女性」不是理想化的極點，是否能把這些構造解釋為存在更廣泛的性別層次上的難以捉摸虛構點？在跨托邦的情境裡，跨性別主義不是例外，而是衡量所有主／身體的標準。我們如何開始更多（而不是更少）地關注性別系統的監管如何沿著時空軸且跟隨語境轉移？類似這樣的問題需要落實在社會經驗史。本文下一部分以台灣對性別觀念改

革的演變作為主軸,把跨托邦寫進華語語系的同志政治脈絡裡。

公民正義的重塑

對跨托邦落實的拿捏,可以直接切入一個具體的微觀歷史(microhistory)過程:那就是「同志」如何吸收台灣「酷兒」的知識流動性,經由解釋台灣在地史為「跨托邦」的概念形成提供了至關重要的平台。我的論點是**「同志」與「queer」的接軌,源自於千禧年後台灣跨性別權力的促進和大幅提升的可見度**。如果「同志」在解嚴後初期代表「同性戀」,它在當今的華語語系社會意味著流動性的性別與性欲望。關於「同志」如何在21世紀被酷兒化的過程,我想提出兩個重要的里程碑:

(1) 2000-2003年,台北市政府與台灣同志熱線協會一起組織的「台北同玩節」,這也是台灣同志遊行的先驅,正式把跨性別與雙性戀納入同志運動的一部分;

(2) 2004年「性別平等教育法」的立法,立法過程中女權主義者與同志運動家之間建立前所未有的合作,推翻了女性主義運動長期以來只對婦女權利的狹隘關注,以及同志運動只擴張男同性戀和女同性戀的公民身分。

透過這兩個例子我們可以看到,「同志」一詞的歷史和流通,從社會主義中國的「公民之間互稱」到後殖民香港的「同性戀者」到近期多元主義台灣的「酷兒」,都折射出所謂「Chineseness」(中國性)在不同社區的不正之風。對台灣而言,這不正之風的解釋更令人印象深刻;因為台灣長期以來在國際舞台上沒有正式的民族國家地位,這令人不安的符號,我想建議,

能提供酷兒台灣獨特的理論動能。[12]因篇幅有限,以下對第二個例子進行更深層的討論。[13]

2004年「性別平等教育法」的立法,鞏固了大眾對性別流動性的認識。「同志」概念之後的演變,擴張到包含跨性別主體,就是建立在這樣的反二元性別的觀念基礎上。2002年,「兩性平等教育法」正式改名為「性別平等教育法」,提高大眾對性別光譜的認識,在這方面發揮了關鍵的作用,推動人們超越男性／女性的二分法。值得注意的是,催化了這個重新命名過程,其實是一個受到高度重視的不幸事件:**葉永鋕事件**。

2000年4月20日,屏東高樹國中三年二班葉永鋕同學於下課前約五分鐘,向老師舉手表示想去上廁所,老師許可後,葉卻一直未返教室;之後被發現倒臥在廁所血泊中,腦部受到重創,被同學發現時,身體抖動抽搐,表情痛苦。葉馬上被送醫急救,隔日凌晨卻不幸去世。當日事發後不久,校方在未報案情況下,逕自將廁所血跡洗淨。葉的家屬之後要求死因鑑定,由屏東地方法院檢察署進行偵查。

2000年6月,教育部兩性平等教育委員會,主動以臨時動議方式提案,由紀惠容(召集人)、王麗容、畢恆達、蘇芊玲四位委員組成調查小組。6月底開始,他們多次前往高樹,展開調查訪談行動。訪談內容包含學校對本案的處置方式、校園暴力以及校園性別環境等,並於7月底完成調查報告。報告中強調本案與

---

12 Howard Chiang and Yin Wang (Eds.), *Perverse Taiwan* (New York: Routledge, 2017).
13 關於第一個例子的更深層討論,見Chiang, *Transtopia in the Sinophone Pacific*, pp. 181–187.

校園性別歧視和暴力有關,並針對多重面向提出相關政策性建議。6月同時,屏東地方法院檢察官以業務過失理由對高樹國中校長、總務主任及庶務組長三人提起公訴。

從2000年6月到2006年9月,這個案件的司法訴訟過程,經過屏東地方法院、台灣高等法院高雄分院、台灣最高法院,再撤回高等法院,再上訴到最高法院,又在撤回高等法院高雄分院,這中間校方代表一直被判無罪,法官一直認為葉永鋕的死跟他人無關。直到2006年9月高等法院高雄分院才更二審宣判,三名被告——校長、總務主任、庶務組長——依犯刑法第276條第一項之過失致死,各判處五個月、四個月、三個月有期徒刑(不得上訴),這件事才告一段落。

為什麼葉永鋕事件在台灣性平運動裡那麼重要呢?根據陳惠馨在2005年的說法原因如下:「研究計畫之小組之所以建議將『兩性平等教育法』草案改名為『性別平等教育法』草案,主要緣於在計劃進行過程中,[⋯] 高樹國中發生葉永鋕同學被發現在學校廁所的死亡事件。[⋯] **葉同學的死亡,讓我們了解到學校教育體制內對於不同的性取向的學生應該加以尊重,並保障學生學習的安全環境。也因此提議將『兩性平等教育法』草案改為『性別平等教育法』草案。**我們希望透過性別平等教育法的通過,學校開始注意性別弱勢者的處境,並避免發生類似葉永鋕的死亡悲劇。」[14]

蘇芊玲在一個較近期(2017)的訪談卻有另外一種看法,她

---

14 陳惠馨,〈性別平等教育法:台灣性別教育之繼往與開來〉,《性別平等教育季刊》,30期(2005),頁127。

說:「前期台灣的婦女團體推動所謂婦女權益時,看到的還是男女兩者在各方面權益的落差。可是台灣的同志運動其實也很早就開始,**大概1990年代就有同志運動,所以那個兩性的概念事實上慢慢地已經被豐富**,就是說當我們去想像性別時不會只有生理上的男女兩性,會包含比如說性傾向。[⋯] 事實上很多霸凌不只是男性對女性、不只是對性傾向不同,也包含對不同性別特質,所以我會說一半一半。**並不是說因為葉永鋕事件大家才突然感覺說兩性不足以符合性別的多樣或多元,可是[葉事件]確實扮演一個非常關鍵的推手**,教育部也才推動性別友善校園的概念,這時才把兩性平等教育法草案改成性平教育法草案。」[15] 蘇芊玲在這裡指出一個很有趣的觀察,就是除了葉事件外,同志運動早期對重構性別觀念早就有影響。但是那時的影響還是關注性欲望多元,一直到葉永鋕事件,我們才看到對不同的性別特質有比較明確的關心。

將「兩性平等教育法」草案改名為「性別平等教育法」的過程,顯示婦女運動與同志運動人士漸漸發現他們分歧的政治戰爭是有極限的。立法過程並未點名「跨性別」,當時公眾論述也未將葉永鋕歸類為同志族群,所以要釐清此案件推動華語社群多元性別運動的角色,或許我們需要一個較超然的關鍵詞。我們甚至可以大膽斷言,**當時的性平教育立法,本身就建立在一種跨托邦的想像**。它帶我們從一個未成年少男的意外死亡(未成年青年其實是遊走在一個非常狹窄的法律空間),到台灣法律的改革,讓

---

15 李昀修,〈重讀性平教育法:與蘇芊玲老師的訪談〉,《人本教育札記》,2017年6月1日,https://hefmag.dudaone.com/my-post41。

這個歷史遺產成為台灣人當下生活的一部分。換句話說，一個邊緣人的社會事件，其實跟所有台灣人民的生活息息相關。

華語語系跨托邦

文章結語，我想談談「跨托邦」與華語語系論述的溝通橋梁。首先，經過以上的分析，我們發現西方「transgender」一詞與台灣「同志」一詞的最終聯繫取決於當地緊急並受廣泛宣傳的葉永鋕事件。也就是說，隨著葉事件的催化，由兩性平等轉為性別平等的教育宗旨，不僅是對西方跨性別概念的批評，我認為我們更應該把它看為對應愈來愈普遍認同、合法與批准性別多樣化的全球趨勢裡的一個重要環節。在政治運動的歷史脈絡裡，或許是時候**我們應該把台灣的性別平等教育法解讀為擴充「跨托邦」而非僅僅「跨性別」的權益。**

第二，這種台灣跨性別概念的混血體（creolization）一方面是跟隨華語語系特殊的「酷兒」定義裡拋頭露面，這種「酷兒」打從一開始就不贊成也沒必要對西方的「queer」觀念嚴格忠誠；另一方面，台灣跨托邦的可能性，是建立在華語語系對「同志」的重建，這種「同志」大致上來說是在當代中華人民共和國外圍、非社會主義的環境裡縫合酷兒的不穩定性與反霸權的認識論。台灣的「同志」是透過與中共的「同志」對比下傳達酷兒信號，華語語系的視角讓我們釐清台灣的「同志」**為何**以及**如何**塑造成一個行星性（planetary）的抗壓工具，因為「同志」一詞早已演變為全球（華語圈）的重要術語之一。而對跨性別運動而言，寄託在葉永鋕事件上的跨國族歷史與政治重量，凸顯華語語系台

灣的酷兒性，呼應性平教育法配置的多重去中心模式。一方面突破中共當今女權運動常依賴的二元性別思維；另一方面顛覆在台灣長期以來以男同性戀和女同性戀利益作為中心的同志社運。

我們不確定葉永鋕是否曾保持「同志」或「跨性別」的自我身分認同，延伸這個事實「跨托邦」企圖打破我們對兩個標籤的迷思跟執著。總而言之，我們已知道，而且是知道很久，性別的版圖受時空主宰而不停的演變；這樣的性別變化有個人主體的層面，也有社會的面向，或許可以／或許不能收割在「跨性別」的框架內。總結以上諸論，跨托邦啟發想像一種共存體，重新視性別越界為常態而非例外、多數而非少數的自然現象。

參考書目

西文

Butler, Judith. *Gender Trouble: Feminism and the Subversion of Identity.* New York: Routledge, 1990.

Bychowski, M. W., Howard Chiang, Jack Halberstam, Jacob Lau, Kathleen P. Long, Marcia Ochoa, C. Riley Snorton, Leah DeVun, and Zeb Tortorici. "Trans*Historicities: A Roundtable Discussion." *TSQ: Transgender Studies Quarterly* 5, no. 4 (2018): 658–685.

Howard Chiang, *Transtopia in the Sinophone Pacific.* New York: Columbia University Press, 2021.

Chiang, Howard, and Yin Wang, eds. *Perverse Taiwan.* New York: Routledge, 2017.

Chow, Rey. "Introduction: On Chineseness as a Theoretical Problem." *boundary 2* 25, no. 3 (1998): 1–24.

Foucault, Michel. "Of Other Places." In *Heterotopia and the City: Public Space in a Postcivil Society*, edited by Michiel Dehaene and Lieven De Cauter, 13–30. New York: Routledge, 2008.

Gordin, Michael D., Helen Tilley, and Gyan Prakash, eds. *Utopia/Dystopia: Conditions of Historical Possibility*. Princeton: Princeton University Press, 2010.

Jack Halberstam, *Female Masculinity*. Durham: Duke University Press, 1998.

Kleinberg, Ethan, Joan Wallach Scott, and Gary Wilder. (2018). "Theses on Theory and History," http://theoryrevolt.com/#history.

Manion, Jen. *Female Husbands: A Trans History*. Cambridge: Cambridge University Press, 2020.

Sears, Clare. *Arresting Dress: Cross-Dressing, Law, and Fascination in Nineteenth-Century San Francisco*. Durham: Duke University Press, 2015.

Sedgwick, Eve Kosofsky. *Epistemology of the Closet*. Berkeley: University of California Press, 1990.

Skidmore, Emily. *True Sex: The Lives of Trans Men at the Turn of the Twentieth Century*. New York: New York University Press, 2017.

Snorton, C. Riley. *Black on Both Sides: A Racial History of Trans Identity*. Minneapolis: University of Minnesota Press, 2017.

Stryker, Susan. *Transgender History*. Boston: Seal Press, 2008.

Valentine, David. *Imagining Transgender: An Ethnography of a Category*. Durham: Duke University Press, 2007.

華文

王志弘。2016。〈傅柯 Heterotopia 翻譯考〉,《地理研究》65 期,頁 75–106。

李昀修。〈重讀性平教育法:與蘇芊玲老師的訪談〉,《人本教育札記》,https://hefmag.dudaone.com/my-post41。檢閱日期:2017 年 6 月 1 日。

紀大偉。2019。〈酷兒〉,史書美、梅家玲、廖朝陽、陳東升主編,《台灣理論關鍵詞》(新北:聯經),頁 325-334。

陳惠馨。2005。〈性別平等教育法:台灣性別教育之繼往與開來〉,《性別平等教育季刊》30 期,頁 115-129。

跨物種繞射
（Trans-species Diffraction）

張君玫

前言

在21世紀早期的思想地景裡，共生（symbiosis）和共存（coexistence）早已成為人文批判的核心喻說。[1]透過生命無所不在的共生敘事，我們反思社會的支配與剝削，勾勒共存的理想，尤其在後COVID-19的時代。病毒世和人類世，做為時代的症狀標記，呈現出雙重纏繞：一是當代技術科學（technoscience）構成人類世（Anthropocene）和病毒世（Virocene）得以浮現的知識下層結構；二是當代資本主義的活動製造更多病毒在物種間跳躍的機會，以及全球大流行病的物質條件。[2]我們必須深入認識不同生

---

[1] Janneke Adema and Peter Woodbridge, *Symbiosis: Ecologies, Assemblages and Evolution. Living Books About Life*（London: Open Humanities Press, 2011）；Donna Haraway, *Staying with the Trouble: Making Kin in the Chthulucene*（Durham: Duke University Press, 2016）.

[2] Chun-Mei Chuang, A Note on the Postcolonial Implosion of the Anthropocene and the Virocene, *Critical Asia Archives*, December 2020. Accessed July 07, 2021. https://caarchives.org/a-note-on-the-postcolonial-implosion-of-the-anthropocene-

命形態之間在分子層次上的糾纏，以及其中沉積的非線性演化歷史。唯有如此，才可能從共絕（coextinction）的處境知識中實踐出共決（codetermination）的生命政治。

在本文，我透過討論山椒魚的獨特生態地位，以及其中體現的生態糾纏；並援引當代新物質女性主義的科學視角，提出「跨物種繞射」（trans-species diffraction）的概念。本文主張，台灣這座新生島嶼的立體生態提供了一個絕佳環境，讓我們可以思考與實踐一個多物種的共決政治。

山椒魚

在台灣高海拔且隱蔽棲地的山椒魚，長期飽受生存威脅，並在近年成為凝縮台灣冰河期演化的「國寶」；其迂迴的命運，也體現了存在的倫理性。

「山椒魚」的命名負載了日治時代的殖民與自然史。19世紀是全球帝國在各地大量採集動植物樣本——包括把原住民族當成次人來展示——的高峰期，除了體現博物學的全球化之外，也是各帝國展現殖民地實力和現代化成果的場域。[3] 在清治時期的19世紀，台灣開港，大英帝國駐台領事史溫侯（Robert Swinhoe），漢名郇和，即是熱愛收集標本的博物學家，開啟了台灣的自然史建

---

and-the-virocene/；學名 Andrias japonicus；張君玫，〈共生與批判：一個分子女性主義的探討〉，《中外文學》50卷3期（2021），頁22。

3　胡家瑜，〈博覽會與台灣原住民：殖民時期的展示政治與「他者」意象〉，《國立臺灣大學考古人類學刊》62期（2004），頁3-39。

構。[4] 日治時代之後，日籍學者成為台灣生物調查的主力。在距今約一百年前的1919年，昆蟲學家楚南仁博（Jinhaku Sonan）在阿里山採集到第一隻台灣本土的山椒魚，小鯢屬（Hynobius）生物，陸續又發現數隻；由於長得太像日本人耳熟能詳的大山椒魚（オオサンショウウオ，讀音 Ōsanshōuo；學名 Andrias japonicus），引發驚喜，畢竟福爾摩沙島嶼位處南方。1922年生物學家牧茂市郎（Moichirō Maki）在日本東京《動物學雜誌》發表論文，指出在福爾摩沙島嶼發現了三個小鯢新種。台灣原生小鯢的系統分類始終有爭議，可惜最初採集的樣本在1923年關東大地震中遭毀。直到1980年代師範大學生命科學系團隊投入研究，到各地山區進行生物調查才解決。先是進行棲地區隔和形態學上的比較，比如體色、花紋、骨骼等，然後是遺傳學上的分子生物學比較研究。本世紀初，基因定序的技術更加成熟，賴俊祥和呂光洋在2008年確認，南湖山椒魚（Hynobius glacialis）和觀霧山椒魚（Hynobius fuca）為獨立的物種，和台灣山椒魚（Hynobius formosanus）、阿里山山椒魚（Hynobius arisanensis）與楚南氏山椒魚（Hynobius sonani）在形態和遺傳上都是界線分明的不同物種。[5]

從物種界線釐清的科學史來說，這是一個走向多層次分析與

---

[4] 盧莉茹，〈環境改變與生態惡化：十九世紀英美旅行者筆下的福爾摩沙〉，《國立彰化師範大學文學院學報》22期（2020），頁9-23。

[5] 賴俊祥，《台灣產山椒魚的分類和阿里山山椒魚族群生態與族群遺傳研究》（國立臺灣師範大學生命科學系博士論文，2008）。June-Shiang Lai and Kuang-Yang Lue, "Two New Hynobius (Caudata: Hynobiidae) Salamanders from Taiwan," *Herpetologica* 64, no. 1 (2008): 63–80.

理解的過程。從外在表象的呈現，到內在構成更小層次的，比如粒線體cyt-b基因的784鹼基對，分子層次測量和記錄，標示著山椒魚從深層歷史旅行到這座島嶼；並由於台灣山區獨特的棲地區隔，而逐漸演變形成的物種演化。根據相關的分子資料，不僅可以看出山椒魚的遺傳多樣性，也可以推算演化的分歧點。現在的研究很少採用單一的物種分類，而總是採取多尺度的測量，比如形態和分子的綜合分析。

如同所有的生物，山椒魚並非孤單存在，其「環境」同時必然包含更多生命樣態。比如，賴俊祥關於阿里山山椒魚對微棲地偏好（microhabitat preference）的研究指出，山椒魚喜歡木頭更勝於石頭，喜歡泥土、腐植土更勝於碎石，並偏好有苔蘚草本等附生植物的遮蔽物。在人類活動愈來愈擴張的環境中，這些研究有重要的保育意義。比如，經濟作物山葵，一般認為有害水土；但研究發現，山葵田由於會堆砌石頭或木塊並去除雜草，增加遮蔽選項，而且種植時期較長，就會吸引山椒魚前往居住。因此，增加森林底層遮蔽物是很重要的保育步驟。[6] 而台灣五種山椒魚各有其獨特的棲地分布，不同棲地的山椒魚就會有不同的食物來源。比如，楚南氏山椒魚棲息於高海拔針葉林的落葉底層，鄰近溪流，因此會食用在此活動的節肢動物。[7]

在當代分子化的科學實作和文化思考中，多重尺度的測量也造就了多重尺度的個體性（multiscalar individuality），促使我們

---

[6] 賴俊祥，《台灣產山椒魚的分類和阿里山山椒魚族群生態與族群遺傳研究》（國立臺灣師範大學生命科學系博士論文，2008），頁61-72。

[7] 林春富、葉大詮、吳和瑾，〈以排遺分析探討楚南氏山椒魚的食性〉，《特有種研究》11卷1期（2009），頁21-25。

必須不斷思考重新勾畫的複雜動態。我們需要留心的，不再僅是所謂向他者開放的關係性，更是各種尺度上的生態纏繞與界線重劃。比如，「山椒魚」和「小鯢」的名稱差異，如同所有的命名都並非價值中性。台灣日治時代沿習的名稱，在二戰後的歷史，往往扮演微妙的劃界作用。小鯢科（Hynobiidae）又稱為亞洲蠑螈（Asiatic Salamanders），分布在亞洲北方，包括日、韓和中國東北等，台灣是最南邊的棲地。山椒魚是日本俗稱，而漢字的鯢是從魚形和兒聲。在中國介紹小鯢科動物的相關資料中，絕對不會出現「山椒魚」這類日式用語，也總是把台灣逕自列為中國一省。反之，台灣對山椒魚一詞的擁抱除了習慣，也包含了主體劃界作用，標示台灣島嶼獨特的多重殖民歷史，以及自主選擇的分子雜揉動態。山椒魚在冰河期的遠古遷移；台灣立體的島嶼生態系；近代多重殖民的歷史性；當代技術科學的研究基礎，乃至於晚近保育的溫情呈現，構成一個多重交互指涉與繞射的論述場域。

跨物種繞射

繞射（diffraction）或譯「衍射」是一種常見的物理現象，並在當代視覺化技術中舉足輕重。但其做為女性主義批判的方法，首先由哈洛威（Donna Haraway）在20世紀末提出，經由巴芮德（Karen Barad）深化，勾勒具體內涵，引起許多共鳴。[8] 繞射的現

8　Birgit Mara Kaiser and Kathrin Thiele, "Diffraction: Onto-Epistemology, Quantum Physics and the Critical Humanities," *Parallax* 20,3（2014）: 165-167. 張君玫，

象不僅是關於差異的模式，也是關於所謂差異的關係性（relationality）。差異乃是一種關係的產生，既是一起，也是分開。[9] 物理上來說，只要有波（wave）的現象，無論是聲波、水波、光波與電磁波，就可以發生繞射的作用。繞射在當代量子物理學（quantum physics）中佔有特定地位，不僅限於光的波粒二象（wave-particle duality）；也在於科學家觀察到，不僅是光，電子、中子、原子等物質亦會出現繞射行為。[10] 事實上，晚近研究證實，物質的繞射現象並不限於原子尺度，而包括較大的有機分子。[11] 從更深層次來說，與其說繞射方法論（diffractive methodology）是源自特定理論，不如說是建立在晚近技術科學的分子轉向上，其徹底改變了我們關於「看見」的定義。

人類科學家對其他生命形式的密集研究早已發現，人類絕非行星生命圈中唯一的觀察者。所有的生命形式，無論有多簡單，甚至是不被視為生命，比如病毒，都早已在介質中不斷進行觀察、探索、辨識、記錄、記憶、接合、切斷與複製等行動。不僅有機體，構成有機體的基本單位細胞，都因此具備認知生物學家

《後殖民的賽伯格：哈洛威和史碧華克的批判書寫》（台北：群學，2016），頁133-138。

[9] Karen Barad, "Diffracting 'Diffraction: Cutting Together-Apart,'" *Parallax* 20, no. 3 (2014): 168–187, https://doi.org/10.1080/13534645.2014.927623.

[10] Karen Barad, *Meeting the Universe Halfway: Quantum Physics and the Entanglement of Matter and Meaning* (Durham: Duke University Press Books, 2007), 82.

[11] Christian Brand et al., "Bragg Diffraction of Large Organic Molecules," *Physics Review Letter* 125, 033604（2020）

所說的本體性或存在性（onticity）。[12] 換言之，內動（intra-active）化成的觀點不僅是巴芮德所強調的後人類展演，也不僅是關於技術科學的實踐；更重要的是，必須扣連到行星生命圈的動態思考。

我以一種形象化或想像島嶼的路徑來援引繞射方法論，以便對我們行星上的這座獨特島嶼進行「重新勾畫」，而這同時也是以我們的島嶼重新勾畫了繞射方法論。在地質學上，台灣較晚生成，板塊擠壓而成的隆起結構造就豐富的微棲地，承載了不同時期的多物種演化，連結海洋和陸地的動態介面，形成豐富的生物多樣性與地質景觀。島嶼立體的地質學結構和生物多樣性內涵，從高海拔的山椒魚，到海岸邊緣的潮間帶和藻礁，不僅讓「跨物種繞射」的概念成為可能，也成為必要。為了更充分掌握跨物種繞射的島嶼政治，我們必須先肯定這座行星生命圈非線性演化中的多重體現視角。

在1960年代末提出內共生（endosymbiosis）理論的微生物學家馬古利斯（Lynn Margulis）挑戰學界主流以較大型生物（哺乳類和鳥類）為觀察對象的演化理論；並主張，共生發源（symbiogenesis）才是物種演化的核心機制，亦即，生物的基因組往往是透過和其他生物共生演化而取得。[13] 她以橫向移植的快速演化圖像取代了垂直遺傳但緩慢突變的演化圖像。馬古利斯的理論體現了她身為微生物學家的觀察對象及其能動力，幾乎在無

---

[12] Ladislav Kováč, "Fundamental Principles of Cognitive Biology," *Evolution and Cognition* 6（2000）: 51-69.

[13] Lynn Margulis and Dorion Sagan, *Acquiring Genomes: A Theory of the Origins of Species*（New York: Basic Books, 2001）.

意間驗證了後來巴芮德在闡述波耳時所強調的，理論概念乃是建立在實驗或觀察的物質安排（material arrangement）。[14]不少論者批評馬古利斯過於誇大共生發源的物種化作用。但至少在微生物的世界，以及儘管是較大型生物也必然參與的分子層次動態中，共生發源確實扮演舉足輕重的角色。基因的垂直遺傳和橫向轉移同時以複雜的組構方式，在參與生物演化的多重尺度和複數時間性。生物學並不是命運，而如同文化，承載了種種複雜的歷史性。

在當代基因組監控（genomic surveillance）的時代，我們可以快速掌握Sars-Cov-2的變異情況，知道每一個變異株的基因組，及其產生變異的位置。[15]透過這些技術科學基礎，這個世紀的生命樹圖像早已產生變化，從科學上而非僅是思想上擺脫樹枝狀的世系圖示，更趨近橫向根莖或菌絲連結的意象。[16]當我們發現更多細微連結，也更確認許多界線的分野。比如，當代很多物種的再界定，包括上述關於台灣特有種山椒魚的物種釐清，正是借助基因定序的技術，才得以完成。在連結中區分，產生更多差異的模式，並在差異中彰顯關係性，這正是一種繞射的作用。各種區分，不僅是人類科學家／觀察者的能動切割，也是不同物種，

---

14 Karen Barad, *Meeting the Universe Halfway: Quantum Physics and the Entanglement of Matter and Meaning*（Durham: Duke University Press Books, 2007）, 139, 142-143.

15 David Cyranoski, "Alarming COVID Variants Show Vital Role of Genomic Surveillance," *Nature* 589（2021）: 337-338.

16 David Quammen, *The Tangled Tree: A Radical New History of Life*（New York: Simon & Schuster, 2018）.

不同個體或不同行動單位之間，在彼此遭遇，錯過和交會時，互相參照所發生的繞射作用。

重新勾畫島嶼

在台灣自然生態的保育運動中，「獨特性」和「在地性」都是非常重要的物質符號層面，也往往是政治鬥爭的場域。「可見性」不僅是政治問題，也是科學問題，尤其在分子轉向的技術科學時代。在視覺化的努力中，科學家早已在做政治，為政治生態中原先被忽略或無法現身的行動者打造舞台，將其迎入生態政治的共決場域中。關於山椒魚微棲地和食性等研究，其實都可以被視為山椒魚以自身——亦即從冰河時期移居台灣的演化裝置——去測量和理解棲地，並藉以在此行動與生活的模式。這其中，除了不同物種之間，包括山椒魚、山葵等經濟作物、苔蘚等附生植物、森林底層落葉與節肢動物等；也包括了不同樣態的人類行動者，諸如開發者、農民、科學家、登山客等，以及山林中綿延的地景。

為台灣山椒魚的系統分類及其生態政治現身做出重大貢獻的賴俊祥，2016年為了研究楚南氏山椒魚的族群分布，在海拔約3400公尺的奇萊山北峰磐墜谷身亡。奇萊山是一座充滿美麗與幽暗傳說的高山，也是台灣山難最頻繁的區域。而每逢山難，就會有許多關於山林安全以及山屋興建的討論。台灣獨特的政治背景，使得山林成為政治治理的重要環節，以往的《戒嚴法》和後來的《國家安全法》都要求入山登記。這項規定在2019年正式解禁，政府編列大幅預算準備在四年中興建35座山屋。這固然讓台

灣山友感到振奮，卻也帶來保育者的憂心。其中一個山屋預定地位於大禹嶺合歡山的820林道盡頭，其根據賴俊祥、呂光洋、朱有田等學者的研究，乃是屬於山椒魚的棲地範圍。倘若不是臺灣大學動物科學技術學系朱有田團隊在政府標案公布後一個月內就發現，並緊急進行溝通，恐怕早已造成巨大傷害。[17]山林開放的問題還不僅於此，現代人類的生活方式並不會因為去登山而產生改變，而往往不經意把都市生活中的垃圾和汙染帶到山林，比如衛生紙。山的生命，如同行星、島嶼和海岸的生命，皆繫於其所包容涵養的生物多樣性，原本並不棲居於此的人類登山者在整個山林生態系中扮演的角色是什麼，應該負起的回應和說明責任是什麼；在山椒魚、登山者以及山林之間，存在著怎樣的跨物種繞射關係，都是非常迫切的生態政治議題。

　　山椒魚雖非微觀層次的存在，但其生活方式需要潮濕與遮蔽，如同每種生命樣態都有其獨特的微棲地。「看見」山椒魚，或讓山椒魚「現身」，其中充滿了倫理性和政治性。在21世紀初的生態意識中，我們已經有所覺察，山椒魚的「棲息地」要有一定程度的保密性，一般人平常也不應該「看見」實體的山椒魚，除非你是有任務在身的研究者。然而，在人類和山林的關係，或人類和特定非人類自然的關係，尤其是透過這類二元性的架構方式，我們是否可以看見並理解更多非人類生物的體現視角；亦即

---

17 林慧貞，〈山林解禁，然後呢？缺乏生態監測，山椒魚棲地險變山屋〉，《報導者》（2020年1月23日），https://www.twreporter.org/a/human-interference-on-wildlife-impact。檢索日期：2021年1月27日。朱有田，《太魯閣國家公園山椒魚棲地調查與族群遺傳結構研究（107-108）》，太魯閣國家公園委託辦理報告，2019。

讓多樣化的生命實踐在島嶼乃至於行星的生態政治共同體中現身，將是所謂後人類轉向中愈來愈無可迴避的挑戰。

人類是對自身足印極度迷戀的物種，沙灘上的足跡被浪漫化；遠古時期留下的足印化石，更引發許多回溯的敘事，以及歷史的勾連。[18] 然而，從生態纏繞的體現觀點來看，人類足印的踩踏本身，尤其透過當代資本主義的觀光產業，就足以對生物棲地造成傷害。比如屏東外海離島小琉球的肚仔坪潮間帶，近年來由於遊客太多，已經造成生物個體密度和生物多樣性都大幅下降八成，食物鏈失衡，形成「海膽荒礁」現象。[19] 從山林到海岸，生命一直在越界，也在劃界。而人類，也一直在越界，以及重新劃界，卻往往會為其他生物造成災難性的後果。近年來的藻礁生態系保育和非核家園綠色能源之間的拉扯，就是一個持續鬥爭並有待釐清的重要政治生態議題。[20]

當人類仍以自身形象去衡量世界，面對瀕臨絕種的一級保育

---

[18] Mathew Stewart, Richard Clark-Wilson, Paul S. Breeze, et al., "Human Footprints Provide Snapshot of Last Interglacial Ecology in the Arabian Interior," *Science Advances* 6, no. 38 (2020): eaba8940, https://doi.org/10.1126/sciadv.aba8940.

[19] 屏東縣海洋及漁業事務管理所。〈小琉球肚仔坪潮間帶成海膽荒礁，縣府與中山大學團隊共同研議解決方案〉。屏東縣政府網頁，2021年1月25日，https://www.pthg.gov.tw/News_Content.aspx?n=EC690F93E81FF22D&s=001BAF702453E84B。檢索日期：2021年1月27日。

[20] 林君諭，〈搶救大潭藻礁事件的社會觀察〉，《巷子口社會學》（2017年7月17日），https://twstreetcorner.org/2018/07/17/linchunyu/。檢索日期：2021年1月27日。Chao-Yang Kuo, Shashank Keshavmurthy, Aichi Chung *et al.* "Demographic Census Confirms a Stable Population of the Critically-Endangered Caryophyllid Coral *Polycyathus chaishanensis*（Scleractinia; Caryophyllidae）in the Datan Algal Reef, Taiwan," *Scientific Report* 10.10585（2020）.

類動物山椒魚,以及在第六次大滅絕中往往首當其衝的兩棲類生物;或在行星生命圈中建造海岸棲地生態的藻礁,乃至於陸海介面充滿生命微棲地的潮間帶,都似乎很難真正予以平等的道德考量。不同生命樣態遭遇彼此時,所產生的跨物種繞射,亦即彼此的相互參照和反饋迴路,並不是均衡的。這些力量的不對等和傾斜,正是我們在人類世困局中需要去承接的。在當代技術科學和資本主義共同促成的病毒世中,我們學習到,病毒是這座行星上最有力量的微型機器,最善於扣連、傳達和翻譯的分子訊息與行動裝置。在此之際,疫情不僅提醒我們去反思或繞射資本主義生產與生活方式的非理性;或許,病毒的能動力也正在教導我們,如何在不同個體、物種和類別之間的遭遇中,進行更有效的偵查、接合、抵抗、穿透、轉化和翻譯,以及,更重要的,去重新勾畫秩序和雜音,在非線性纏繞中建立新的秩序邊界。我們確實應該可以有這樣的能力,畢竟人類才是這座行星的寄生者。既然如此,轉向比我們更傑出的寄生者病毒,進行更負責任並具倫理性的學習,可以說是一項義務。

　　台灣島嶼的立體生態不僅在於島嶼擁抱著山林,也在於海洋擁抱著島嶼,而所有的擁抱都是生態纏繞的多重系統與演化。台灣這座島嶼有著頻繁交互的地質作用,以及豐富的地貌和生物多樣性,恰如多重的殖民歷史帶來時而雜揉時而拉扯的文化多樣性。開展物種的概念,涵蓋動態的差異線,透過學習更多非線性演化的體現視角,我們可以把這座島嶼重新勾畫為一個跨物種繞射的歷史場域。

參考書目

西文

Adema, Janneke and Peter Woodbridge. *Symbiosis: Ecologies, Assemblages and Evolution. Living Books About Life*. London: Open Humanities Press, 2011.

Barad, Karen. Anna Lowenhaupt Tsing et al (Eds), No Small Matter: Mushroom Clouds, Ecologies of Nothingness, and Strange Topologies of Spacetimemattering, *Arts of Living on a Damaged Planet: Ghosts and Monsters of the Anthropocene*, Minneapolis: University of Minnesota Press, 2017. pp. 103-120.

———. Diffracting Diffraction: Cutting Together-Apart, *Parallax* 20.3（2014）: pp. 168-187.

———. *Meeting the Universe Halfway: Quantum Physics and the Entanglement of Matter and Meaning*. Durham: Duke University Press Books, 2007.

Brand, Christian et al., "Bragg Diffraction of Large Organic Molecules." *Physics Review Letter* 125, 033604（2020）.

Chuang, Chun-Mei. A Note on the Postcolonial Implosion of the Anthropocene and the Virocene. Critical Asia Archives. December 2020. Accessed July 07, 2021. https://caarchives.org/a-note-on-the-postcolonial-implosion-of-the-anthropocene-and-the-virocene/.

Cyranoski, David. Alarming COVID Variants Show Vital Role of Genomic Surveillance, *Nature* 589（2021）: pp. 337-338.

Haraway, Donna. *Staying with the Trouble: Making Kin in the Chthulucene*. Durham: Duke University Press, 2016.

Kaiser, Birgit Mara, and Kathrin Thiele. Diffraction: Onto-Epistemology, Quantum Physics and the Critical Humanities, *Parallax* 20.3（2014）: pp. 165-167. doi: 10.1080/13534645.2014.927621

Kováč, Ladislav. Fundamental Principles of Cognitive Biology. *Evolution and Cognition* 6（2000）: pp. 51-69.

Kuo, Chao-Yang, Shashank Keshavmurthy, Aichi Chung *et al*. Demographic Census Confirms a Stable Population of the Critically-Endangered Caryophyllid Coral *Polycyathus chaishanensis*（Scleractinia; Caryophyllidae） in the Datan Algal Reef, Taiwan," *Scientific Report* 10.0585（2020）.

Lai, June-Shiang, and Kuang-Yang Lue. Two new Hynobius（Caudata: Hynobiidae）Salamanders from Taiwan. *Herpetologica* 64.1（2008）: pp. 63-80.

Margulis, Lynn and Dorion Sagan. *Acquiring Genomes: A Theory of the Origins of Species.* New York: Basic Books, 2001.

Quammen, David. *The Tangled Tree: A Radical New History of Life*. New York: Simon & Schuster, 2018.

Stewart, Mathew, Richard Clark-Wilson, Paul S. Breeze et al. Human Footprints Provide Snapshot of Last Interglacial Ecology in the Arabian Interior. *Science Advances,* 6.38（2020）: pp. eaba8940.

華文

朱有田。2019。《太魯閣國家公園山椒魚棲地調查與族群遺傳結構研究（107-108）》。花蓮：太魯閣國家公園委託辦理報告。

林君諭。2017。〈搶救大潭藻礁事件的社會觀察〉。《巷子口社會學》。https://twstreetcorner.org/2018/07/17/linchunyu/。檢索日期：2021年1月27日。

林春富、葉大詮、吳和瑾。2009。〈以排遺分析探討楚南氏山椒魚的食性〉。《特有種研究》11卷1期，頁21-25。

林慧貞。2020。〈山林解禁，然後呢？缺乏生態監測，山椒魚棲地險變山屋〉。《報導者》（2020年1月23日）。https://www.twreporter.org/a/human-interference-on-wildlife-impact。檢索日期：2021年1月27日。

屏東縣海洋及漁業事務管理所。2021。〈小琉球肚仔坪潮間帶成海膽荒礁，縣府與中山大學團隊共同研議解決方案〉。屏東縣政府網頁，2021年1月25日。https://www.pthg.gov.tw/News_Content.aspx?n=EC690F93E81FF22D&s=001BAF702453E84B。檢索日期：2021年1月27日。

胡家瑜。2004。〈博覽會與台灣原住民：殖民時期的展示政治與「他者」意象〉。《國立臺灣大學考古人類學刊》62期。頁3-39。

張君玫。2016。《後殖民的賽伯格：哈洛威和史碧華克的批判書寫》。台北：群學。

賴俊祥。2008。《台灣產山椒魚的分類和阿里山山椒魚族群生態與族群遺傳研究》。國立臺灣師範大學生命科學系博士論文。

盧莉茹。2020。〈環境改變與生態惡化：十九世紀英美旅行者筆下的福爾摩沙〉。《國立彰化師範大學文學院學報》22期。頁9-23。

價值動力學[1]
（Value Dynamics）

王梅霞

　　台灣作為南島民族、歐洲、東亞與漢人等不同文明薈萃之地，在豐富的族群與文化互動中開展出台灣社會的獨特性；「價值動力學」一詞可以凸顯台灣南島民族和外在社會互動之動態過程。它強調實踐擁有自身的動力學（dynamics），當地人以原有的價值系統理解外來事物，但這個實踐過程也同時影響原有價值系統。實踐承載了行動主體間前所未有的關係和對範疇前所未有的客體化，賦予行為者與行為在傳統上沒有的意義。

　　本文以筆者長期從事研究的泰雅族、太魯閣族及賽德克族為例。一方面關心其文化觀念在不同歷史脈絡下如何具有不同的內涵與實踐方式；另一方面則關心地方社會文化在殖民統治、國家、資本主義與世界宗教的影響下，不同秩序相互轉化的過程，亦即：當地人如何透過原有觀念理解外來力量，但是在這過程中也重新創造了當地文化。因此，歷史是主觀與客觀之間、傳統與現代之間和地方與全球之間不斷辯證的過程，透過此視野，有助

---

[1] 此關鍵詞改寫自王梅霞，《轉化、交織與再創造：泰雅族、太魯閣族、賽德克族社會文化變遷》專書導論（2023）。

於重新思考台灣文化的主體性這個切身的議題。

　　結合歷史文獻與深入田野工作，不僅呈現地方社會文化如何在不同歷史脈絡之下被形塑與重新創造的可能，與外界不斷的互動過程中當地人的主體性；更有助於透過不同文化反思當代西方觀念，探索「解殖」的可能。例如以「社會性人觀」反思「個人主義」觀念，以多元與流動認同反思本質性及邊界清楚的「族群」界定，以及重新建構「家」、「經濟」、「宗教」的範疇及內涵；並且探究各種結構原則、文化觀念之間，競爭、轉化、交織與再創造的動態過程。

　　殖民過程建構新的人觀、時間與空間等新的「分類學」架構。例如：殖民政府為了追求合理性，解讀當地的文獻、慣習，進行土地制度的分析，及以相片上的視覺資訊進行種族分類，將膚色、性別差異與年齡的差異都成為雕刻在肉體上的知識，才使殖民統治的權力得以可能。後殖民時代有尋找「非西方」或「替代現代性」等要素的必要。強調「我們的現代性」裡的文化特徵的同時，挑戰現代性具有的單一血統以及單一實踐的觀念。有許多形式的現代性，它們隨著不同情況和社會背景而變化，現代性必須理解為多元文化的產物。台灣南島研究如何連接宏觀的世界殖民及解殖脈絡，具有理論和實務的重要性。

　　透過對於南島民族的深入探索，呈現了台灣做為各種複雜階序結構（包括歐美帝國主義、日本帝國主義、近年來的中國新殖民主義與各種原住民的「社會」形成）競爭、交會的場域。過去我們處理台灣的歷史發展或者當代的文化現象，經常是從漢人移民的觀點，以及現代國族的敘事結構來理解能動性的位置與事件的效果。然而當我們將視野放到世界南島，就必須面對各種國族

與帝國歷史書寫所遺漏的移民、流動、貿易、交流、採借與融合，重新省思過去以國族為主的論述方式，正視南島民族各地具有創造性與動態性的接觸區，書寫出具有真正全球性視野的後殖民史。

泰雅族

以泰雅族為例，當地人最重要的文化核心觀念——*gaga*（祖先流傳下來的話）與 *lyutux*（或稱*utux*，泛稱所有超自然存在，並無神、鬼、祖先之別）具有多重意涵。筆者研究透過*gaga*的多義性，重新思考泰雅族社會範疇的多元性與動態性；更進一步指出：泰雅人的自我認同及社會關係是具有流動性地，這種社會性的人觀（sociality）不同於西方個人主義（individualism）的觀點，能夠凸顯人類學知識對於西方現代文化的反省。[2]

泰雅族*gaga*的字面意義是「祖先流傳下來的話」，透過儀式及日常生活的實踐，它也成為泰雅人重要的文化觀念與社會範疇。*Gaga*包含了戒律、儀式的規則及禁忌、個人內在能力或好運等多重意涵，每個人可以從不同來源交換、分享或學習到不同的*gaga*，包括：聚落成員透過共同遵循儀式規則來分享或交換*gaga*靈力；也可以從父親或同祖群成員學習儀式祭詞；而若數年收穫不佳，也可能跟隨其他的聚落成員或非聚落成員學習；還有可以從非聚落成員，甚至是漢人學習技術性知識。透過學習*gaga*

---

[2] 王梅霞，〈從gaga的多義性看泰雅族的社會性質〉，《臺灣人類學刊》1卷1期（2003）。頁77-104。

的過程，個人的 gaga 特質包含異質性（heterogeneous）的成分，亦即包含了他人的特質，並因此負載了社會關係。社會關係是透過個人交換其內在特質而建立，而非孤立的個人所建立的外在關係，而且在分享、學習或教導 gaga 的過程中被重新界定。

因此泰雅人不僅透過儀式過程來界定其社群成員身分，也在同樣過程中建構了自我認同。「社群」本身透過社會活動、儀式及重新詮釋的過程而再創造及再建構；「個人」也在成長過程中不斷與他人交換及分享彼此特質，並且透過特質的分享，「個人」本身就是社會關係的縮影。對於泰雅人而言，「社會」或「個人」並非兩個預先存在的、範疇固定的，或甚至對立的概念；相對的，泰雅人透過社會互動的過程，創造及界定了社會關係及自我認同。這種透過社會互動過程及社會關係來建構自我認同的方式，宜以「社會性」（sociality）的概念加以理解，以避免「社會」（society）或「個人」（individual）等概念背後所隱含的西方文化的偏見。

對於泰雅族「交換」與「社會性人觀」的探討，不僅有助於反思當代西方文化概念，也有助於從更深的歷史脈絡及更廣的地域範圍，探討台灣族群互動的多元面貌；以及從當地人對於「交換物」的理解，及使用方式來呈現傳統與現代之間相互轉化的過程，凸顯「價值動力學」的動態過程，如下述。

泰雅人透過不同交換方式建立了不同性質的社會關係，包括：*mpbay*（分享）、*m'iyu*（以物易物）和 *mtbazi*（買賣）。*M'iyu*（「以物易物」）是部落成員之間，或者不同部落之間經常進行的交換；也是泰雅人剛開始與漢人、日本人接觸時所進行的交換方式，是雙方「談」過後再以等值物相互交換，有時還必須舉行儀

式來確立彼此的社會關係,因此並非純粹的禮物交換或商品交換。清朝和日本殖民時期,漢人或日本人進入山林製腦、伐木、開墾時必須提供泰雅人牛、豬與銀元來建立「和親盈約」的關係,符合泰雅部落之間借用土地,或訂立盟約的方式;泰雅人以山產物與漢人或日本人交換外來物資時,也必須以 sbalay(和解)的方式處理過去糾紛,以打青、埋石的方式訂立盟約,由 lyutux 見證了雙方關係,而過程中所獲得的物資,必須由部落成員分享,具有界定部落成員的意涵。可見「以物易物」的交換也必須透過泰雅人的宇宙觀中才能理解。還有,與外界 m'iyu(以物易物)交換而來的貝珠、紅布與刀子在泰雅社會被附予新的意義,而成為 mpbay(分享)交換過程中的物;甚至,當貨幣進入當地社會而開啟了 mtbazi(買賣)的交換方式,「錢」也成為婚姻交換過程與治病儀式中的重要象徵物,具有轉換社會關係及重新建構宇宙秩序的意義。上述面向均揭露了不同交換方式之間的轉換;當地人作為歷史過程中的行動者,在歷史脈絡中重新詮釋外來的政治經濟秩序,並且開展出泰雅社會文化更動態的意涵。[3]

泰雅人除了以其原有的交換方式與漢人、日人建立交換關係,更透過「交換」建立了不同範疇的「生活圈」及動態性的「族群」關係。例如:從大安溪流域北勢群各社的口述歷史中,[4] 發現從清代以來各社就各自有其交換網絡,甚至個人也可能建立起超越族群的交換關係。在日本的討伐戰役中,北勢群也未完全

---

[3] 王梅霞,〈從「交換」看族群互動與文化再創造:日治初期苗栗地區泰雅族的研究〉,《考古人類學刊》71期(2009)。頁1-53。

[4] 北勢八社乃日本人為治理需要的分類方式,指稱分布在大安溪流域各社,相對於分布在大甲溪流域的南勢群。

整合為地域同盟。因此,對於泰雅人「生活圈」的分析,必須超越移川子之藏以「起源」為主的泰雅族內部分類、及馬淵東一以「地域」為標準的分類方式;而必須透過更多重的面向、更動態的觀點來凸顯「生活圈」的多樣性,以及當地人多重、流動的認同。

前述討論結合史料、歷史文獻及筆者長期田野工作,嘗試凸顯泰雅文化的主體性與動態性。然而,殖民主義本身是相當複雜的議題,如《台灣理論關鍵詞》一書中關注台灣歷史過程中不同力量複雜交錯的相遇過程,殖民者與被殖民者的文化「事實上是互相摹仿的,也是互相滲透和混合的,不是單向的,而是雙向的來往。他們之間的摩擦,雖然是殘酷的,卻也可以是有創造力的⋯⋯也就是不同語言文化的混成創造出嶄新的語言文化的過程」。[5]

人類學對於統治階級的治理方式、霸權與抵抗的定義與形式已累積了相當多討論,更具有理論視野的,是重新地試圖去定義後殖民研究的範圍與理論。例如Mignolo強調殖民或後殖民主義理論的歷史深度不足,也未能突破西方為中心的理論建構模式。他特別提出一種後西方主義思考的可能,主張在帝國的邊緣有種新的知識形式,他稱為邊界思考(border thinking)的可能。[6]這些討論不斷拉長了殖民主義的歷史深度,而且檢討了當前的全球化概念;並對文明過程中那種單一來源與二元對立的框架,用長期

---

5 史書美,〈摹仿(Imitation)〉,史書美、梅家玲、廖朝陽、陳東升主編,《台灣理論關鍵詞》。新北:聯經,2019。

6 Walter Mignolo, *Local Histories/Global Designs* (Princeton: Princeton University Press, 2012).

殖民經驗的細緻研究來進行批判。在這些反省之下，人類學對殖民主義的研究，重新思考知識建構的權力意涵與歷史脈絡，挑戰了傳統社會文化理論的研究單位、概念與對象，更動搖了學科界限、學術分工與常用知識範疇的合理性。這樣的反省與詰問，開啟了我們新的視野，過去被忽視的領域與角度（如物質文化、情感、親密性等），重新取得其理論上的意義與重要性。[7]殖民、國家治理與當地文化之間涉及多重論述與實踐相互交織的過程，接著以太魯閣族族群與認同、家的多義性兩個面向凸顯此複雜糾結之關係。

太魯閣族

在日本殖民政府時期被歸類為「泰雅族」的太魯閣族與賽德克族，分別在2004年、2008年從泰雅族獨立出來，成為新的族群。對於「族群」這個議題，筆者曾經討論日本殖民政府如何為了統治需要，而建立一套有關泰雅族的客觀知識，包括「泰雅族」作為一個「族群」的建構過程；不同學者又如何使用不同標準來建構泰雅族的族群內部分類系統；殖民政府逐步建構起來的統治制度如何改變當地「社會」的性質；以及上述客觀建構的知識如何仍然為後來許多學者所沿用，也因此面對若干限制與問題。[8]

---

[7] 在筆者主持科技部「南島跨領域研究規劃案」（2018-2019）期間，與共同主持人林開世討論所提出之論點。

[8] 王梅霞，《泰雅族》。台北：三民書局，2006。

在「太魯閣族」正名運動的發展過程中運動領導者所提出來的「族群」界定標準,包括:起源神話、祖居地、族名、語言、文化與生活經驗與歷史記憶等,反映了當代治理者界定「族群」的方式,因此當地人有不同論述或爭議,顯示出族群認同是由許多聲音和許多不同層次的了解和誤解、不斷溝通的過程。而整個運動必須放在南島民族的文化認同理論、日本殖民統治及漢人國族主義之歷史脈絡、台灣整體政治經濟環境下,以及正名運動者在當代治理邏輯下尋找出路的努力才能進一步理解。[9]

　　南島民族的文化認同理論與奠基在族群典範的理論不同,其根本差異在於知識論上,對於人如何被組成,以及個體發生學(ontogeny)的不同看法。前者強調社會界線的流動性,以及個人擁有多重的、嵌合的聯繫,在個體發生層次上父母親的經驗、個人的行為、與他人的互動、環境中的植物或土壤等環境因素均影響個人的組成;當代西方族群概念則認為個人的認同取決於遺傳。然而,在殖民主義和國族主義的歷史條件下受到西方式的族群定義所影響,認同被重新界定,「過去」更被選擇性的使用、被記憶、被遺忘或是被創造,當代脈絡下認同更是一個競爭性的場域,是在階級、性別、宗教和遷徙等因素的影響下所形塑出來的持續進行的過程。

　　在不同歷史脈絡下,泰雅族的 *gaga* 與太魯閣族 *gaya* 等文化核心觀念也具有不同內涵及實踐方式。[10]相對於西部泰雅族,太魯

9　王梅霞,The Reinvention of Ethnicity and Culture: A Comparative Study on the Atayal and the Truku in Taiwan.《考古人類學刊》68期(2008),頁1-44。

10　泰雅族的 *gaga*,太魯閣族稱為 *gaya*,賽德克族稱為 *waya* 或 *gaya*。

閣社會經歷了急遽的社會變遷，日治時期的集團移住政策，造成立霧部落成員來自於大約10個不同的部落；[11] 國民政府於1966年實施保留地分配政策，引發部落成員之間的衝突；1971年亞洲水泥廠的建廠工程透過政府徵收立霧部落土地，當地人成為薪資勞工，並且因應工作之需要而經常遷移。這些歷史過程造成了當今部落之複雜化、個人化及流動性。在一個社會變遷如此快速、流動性高的社會，*gaya* 並未如前述泰雅社會一般制度化；當地人以 *gaya* 指涉個人內在心理狀態，以及人與人之間、人與 *utux* 之間互動的關係，更經常被用以指涉一種不潔、罪責的狀態。[12]

「家」也呈現了多元複雜的形貌。對於太魯閣人而言，「家」是一個連續體，父母子女之間、兄弟姊妹之間、同居共食者、共作共獵者等按照關係的遠近而被界定為不同層次的家，也依序而具有「傳染 *gaya*」的關係而成為共負罪責的社會範疇。進而，「家」的意義除了透過血緣、同居共食、共作共獵等關係而「共負 *gaya* 罪責」之外，當地人強調的是「透過互動過程或情感交流而發展出來的認同關係」，尤其對於寄居者、共作者是否為一家人有不同詮釋，牽涉各人實際經驗過程中與寄居者、共作者所發展出來的關係各有不同，也影響其對於這些關係的界定方式，凸顯了家的彈性，以及實踐過程的重要性。

因此，如何從情緒的主動性出發，探討社會關係的建立或分裂過程，乃理解流動性社會關係的重要切入點。太魯閣人強調人

---

11 筆者在太魯閣族從事田野的部落，顧及當地人隱私使用化名。
12 王梅霞，〈「人的感情像流動的水」：太魯閣人的家與情感〉，黃應貴主編，《21世紀的家：台灣的家何去何從？研討會論文集》（台北：群學，2014），頁249-310。

與人之間的「愛」、「同情」與「憐憫」（*mgalu*），是夫妻關係、父母子女關係、兄弟姊妹關係、朋友關係的重要基礎；西方宗教傳入之後，當地人也以*mgalu*指涉「神對人的愛」。當「愛」無法建立相互同情與愛憐時，會有恐懼、憤怒等情緒產生，也造成了社會關係的緊張或破裂。上述這些情緒在過去與當代的太魯閣社會生活中均有其重要性，但情緒的內涵及表現方式已有所改變；尤其，過去社會對於人和人之間因憤怒而引發的衝突有一套處理機制，當代社會則面臨此機制弱化而衝突不斷之情境。

太魯閣人透過實踐*gaya*，或各種處理衝突的機制，轉化了人和*utux*之間、人和人之間、人的內心中，存在的憤怒、忌妒、恐懼等情緒，重新建立*mgalu*（同情、憐憫）情感，或恢復*mgaras*或*tkgaras*（歡樂、喜樂）之關係。實踐*gaya*過程、及形塑「家」的過程所涉及的情緒轉化方式，不僅運作在人與*utux*之間；也涉及了人與人之間的關係界定方式，這些面向透露了太魯閣人的*gaya*與「家」更底層的情緒內涵。[13] 從「情緒轉化」這個視野更能提供不同於傳統人類學對於「社會秩序」假設的另一種可能。尤其有助於進一步思考「文化是什麼」這個根本問題，從底層的情緒內涵和日常生活互動過程呈現「文化」的內涵，超越對於結構原則和象徵秩序的討論。

---

[13] 王梅霞，〈從治病儀式看泰雅族與太魯閣族的情緒展演〉，胡台麗、劉璧榛主編，《台灣原住民巫師與儀式展演論文集》（台北：中央研究院民族學研究所，2010），頁383-429。

賽德克族

繼太魯閣族正名之後,賽德克族也於2008年從泰雅族中獨立出來。雖然受到日本殖民政府遷村、部落重組的影響;不過,在賽德克部落的經濟變遷過程中,土地、勞力、產品均未完全脫離個人或家,反而呈現了當地社會文化與資本主義之間相互結合、衝突及轉化的過程。在台灣和全球政經變遷脈絡中,賽德克族以其不同的社會網絡與文化能動性中介,回應各種外力對地方社會所造成的衝擊,並且創造出新的社會文化。[14]

首先,在當地種植不同作物期間,「家戶生產模式」在傳統社會及經濟變遷過程中均扮演重要角色。尤其茶葉種植需要龐大的資金、勞力及新的知識、技術,在面對這些新的情境時,「家」仍然作為當地人適應變遷及發展新的產業的重要機制,而且「家」的意涵在新的脈絡下有不同界定方式。其次,賽德克人的 *waya* 不僅指涉和諧的社會關係,當地人更強調「每個人的 *waya* 都不一樣」,包括每個人有自己的獵區,而且每個人所傳承的獵咒袋(*lubuy*)不同;因此狩獵過程中遵守的禁忌、夢占(*sepi*)的內容及詮釋、放第一個陷阱時的儀式及咒語等的 *waya* 每個人都不一樣,甚至每個人從其傳承者身上所傳承的狩獵能力(*beyax*,可以指涉狩獵能力或工作能力)也不一樣。因此,賽德克族 *waya* 所強調的「個人能力」與資本主義文化中的「個人主義」之間,具有相互轉化的面向。不過,個人的 *waya* 與資本主

---

[14] 王梅霞,〈從 *waya* 看資本主義的轉化過程:一個賽德克部落的經濟變遷〉,《考古人類學刊》80期(2014),頁53-102。

義精神之間也有相互衝突之處。除此之外，經濟變遷還涉及技術、知識與資金等新的生產要素形成過程，以及新的社會秩序或文化觀念，且這些都觸及更基本的議題——「經濟是什麼」。「經濟」與「文化」的結合方式，在文化產業的發展過程中更加複雜。

台灣從1995年開始推動文化產業，資本並不僅限於過去的工業資本、商業資本、社會資本，更包括了文化資本與虛幻資本。「經濟」以各種不同的面貌運作，尤其是與文化相結合；但是文化也被重新建構，被標準化、客體化為儀式、節慶、運動、服飾或食物等。在這過程中，文化也被拆解、重組，以新的面貌再現，意義也被競爭或重新詮釋，當地人在外在需求及內在轉化過程中，重新界定其文化。在賽德克社會，織布是女性實踐 *waya*，以及與 *utux* 溝通的場域，或許可以被視為女性的儀式，女性透過織布而參與了宇宙秩序的再生產；尤其「布」作為「纏繞的物」（entangled objects），具有多重意象（image），在不同情境下可以和新的意義結合在一起；另一方面，「文化產業」作為當代資本主義的一環，人與人的競爭，及人與物的物化也不可避免地進行著。[15]

上述對於資本主義的討論，更涉及當地「人觀」改變的過程，以及基督宗教在其中扮演的重要角色。「轉宗」作為長期的過程，不僅是透過儀式、組織與教義逐步進行，宇宙觀層面意義的競爭、社會層面教派之間的衝突，不同層面之間的協商是一個

---

[15] 王梅霞、伊婉・貝林合著，〈「文化動起來」：賽德克族文化產業的研究〉，《民俗曲藝》176期（2012），頁233-286。

正在進行的過程。進而，透過賽德克核心文化觀念的轉化過程，有助於深入探討社會變遷過程中宗教、社會與個人之間的多元關係。[16]

首先，教會在地化的過程，牽涉到教會儀式、組織與教義如何逐步被當地人理解、接受，發展出賽德克族的獨特風貌。如傳統儀式強調儀式語言的重要性，轉宗的過程中，當地人認為基督教的聖歌及禱告也具有力量；甚至在治病儀式、祈雨儀式、狩獵儀式中也結合傳統與教會儀式語言。更重要的是，當傳統「精靈」（$utux$）遇上基督教的「神」，可能有融合、吸納、並置與競爭等各種不同的力量展現方式。轉宗這個複雜過程中，各人有不同的方式來結合傳統與現代，也有新的概念重新建構中，呈現出社會文化變遷過程中多種詮釋的可能性。

其次，「轉宗」過程也與社會變遷的情境息息相關，賽德克部落從日治時期就面對集團移住，國民政府時期受到資本主義的影響，社會衝突日益頻繁，西方宗教「心的轉換」或「悔改」之論述，有助於消弭人與人之間忌妒與衝突；另一方面，不同教派賽德克人仍然強調在日常生活中實踐「宗教」，繼續遵守許多 $waya$ 的規範、強調 $waya$ 與 $lnlungan$（心）的結合，以及維持人和 $utux$ 的和諧關係。因此，賽德克族人對於 $utux$、$waya$、$lnlungan$ 觀念的論述，結合了傳統信仰與基督宗教；在西方宗教的影響下，對於「心」的論述更顯示個人意識內化的過程。

這些討論顯示賽德克族 $waya$、$lnlungan$、$utux$ 等觀念具有多

---

[16] 王梅霞，〈轉化、交織與再創造：賽德克族的宗教變遷〉，《考古人類學刊》89期（2018），頁1-56。

重意涵,在資本主義、基督宗教的影響等不同情境之下,如何和不同意義結合,呈現文化動態的性質;另一方面,新的觀念和社會秩序也重新在塑模當地社會。

透過「價值動力學」的理論架構,有助於探究南島民族的歷史發展中,不同結構原則與價值相交會、衝突和激盪而生的新概念與實踐方式,包括:關係主體的建立與轉化、文化概念的彈性與創造性、資本主義的異質性與動態性等。進而,透過當地人的觀念重新思考「經濟」、「親屬」、「政治」和「宗教」的範疇和內涵,凸顯人類學知識對於西方現代文化的反省,以及當地人在這些場域與權力競爭、協商與再創造意義的過程。本文所討論之人觀、交換、族群、家與資本主義等議題,在理論上及實踐上均具有重要性及開展性,這些面向也與當代台灣原住民「文化資產」及「傳統領域」的論辯息息相關。如何從歷史脈絡及文化視野反思當代概念,提供了不同視野來面對爭議,也提供學術工作者結合理論關懷和社會實踐的可能方式。[17]

參考書目

西文

Mignolo, Walter D. *Local Histories/Global Designs: Coloniality, Subaltern Knowledges, and Border Thinking*. Princeton, NJ: Princeton University Press, 2012.

---

[17] 王梅霞,《轉化、交織與再創造:泰雅族、太魯閣族、賽德克族社會文化變遷》(台北,臺灣大學出版中心,2003)。

華文

王梅霞。2003。〈從 gaga 的多義性看泰雅族的社會性質〉,《台灣人類學刊》1(1))期。頁 77-104。

———。2006。《泰雅族》。台北:三民書局。

———。2008。The Reinvention of Ethnicity and Culture: A Comparative Study on the Atayal and the Truku in Taiwan.《考古人類學刊》68 期。頁 1-44。

———。2009。〈從「交換」看族群互動與文化再創造:日治初期苗栗地區泰雅族的研究〉,《考古人類學刊》71 期。頁 1-53。

———。2010。〈從治病儀式看泰雅族與太魯閣族的情緒展演〉,胡台麗、劉璧榛主編《台灣原住民巫師與儀式展演論文集》。台北:中央研究院民族學研究所。頁 383-429。

———。2014。〈「人的感情像流動的水」:太魯閣人的家與情感〉,黃應貴主編,《21 世紀的家:台灣的家何去何從?研討會論文集》。台北:群學。頁 249-310。

———。2014。〈從 waya 看資本主義的轉化過程:一個賽德克部落的經濟變遷〉,《考古人類學刊》80 期。頁 53-102。

———。2017。The Atayal Cultural File. In *Human Relations Area Files*. New Haven: Yale University.

———。2018。〈轉化、交織與再創造:賽德克族的宗教變遷〉,《考古人類學刊》89 期。頁 1-56。

———。2023。《轉化、交織與再創造:泰雅族、太魯閣族、賽德克族社會文化變遷》。台北:臺灣大學出版中心。

王梅霞與伊婉・貝林合著。2012。〈「文化動起來」:賽德克族文化產業的研究〉,《民俗曲藝》176 期。頁 233-286。

史書美。2019。〈摹仿(Imitation)〉,史書美、梅家玲、廖朝陽、陳東升主編,《台灣理論關鍵詞》。新北:聯經。

史書美、梅家玲、廖朝陽、陳東升主編。2019。《台灣理論關鍵詞》。新北:聯經。

影像乩身
（Tâng ki-mage）

史惟筑

　　乩，是與靈界溝通的方法。乩身在台灣民間信仰中，又有尪姨、法師與王祿等不同稱呼；而童乩（tâng-ki）作為最普遍的通稱，則是因為他們都在進行一種「降神」或「牽亡」的儀式。[1] 童乩以自己的身體作為媒介，將本我意識讓位給神明、亡魂進入恍惚（trance）、狂喜（ecstatic）狀態，藉以傳遞訊息到人界。於是，乩身形象上的呈現，除了外顯形貌外，還寄身了一股外來力量（以聲音或姿態展現），是不可見、卻可被辨識的它者形象，並在起乩狀態中取代了乩身原本的身分。接收者於是在視覺、聽覺的陌異經驗中進行重組、建構它者形象。「影像乩身」一詞的提出，則是將影像視為乩身試圖溝通主體的存在狀態，同時回應源於台灣政治與文化經驗的影像身分及特色。

　　電影在日治時期傳入台灣，動態影像很快地成為殖民者與被殖民者兩方，作為政宣教化、反殖抵抗的競逐場域。筆者曾將

---

[1] 林富士，〈醫者或病人：童乩在台灣社會中的角色或形象〉，《中央研究院歷史語言研究所集刊》76本3分（2005），頁512。

「台灣文化協會」與「美台團」辯士做為台灣電影起源的思考，[2] 本文則進一步從辯士的聲畫配置特色發展「影像乩身」概念，作為論辯台灣視覺文化再現涉及主體、身分與認同時的特色之一。影像乩身指的是辯士身體與銀幕影像間組成的影音範式。換句話說，「美台團」辯士藉由台語進行影像意義的曲解，以話語作為支軸，讓台人觀眾認同具有反殖意識的敘事想像，彷彿正在觀賞三澤真美惠教授所言的「我們的電影」。這部在「現場」產製的「我們的電影」則藉由辯士的話語讓影像經歷「臨場式本土化」。從美學範式的角度來看，則是藉由話語從（畫）外向（畫）內的干擾，創造讓符號重整、干擾既有影片象徵秩序的驅力。在可見與不可見的影像與聲音兩個想像界域交互作用下，影像彷如進入起乩狀態與觀眾溝通，原本的影像再現主體變異為他者文化得以認同的中介物。辯士的形象雖不出現在銀幕上，其話語卻能讓影像異軌，生產新的影像意義。

辯士身體與話語的畫外性（在銀幕畫框外）做為干擾影像意義的「噪音」，強化了聲音的空間化特質。事實上，聲音本身具有歷時性特質，並能持續性延展為「時延」（duration）。如果對柏格森而言時延是可塑性的，那是因為它是以空間作為表現的時間型態。音樂學者瑪莉—艾美・勒布爾東（Marie-Aimée Lebreton）則藉由聲音認為時延是「聲音的模組過程，也就是聲音多樣化、變形、以立即性或延展性的方式改變……是成為空間

---

[2] 史惟筑。2019。〈辯士何以成為台灣電影「起源」？〉，《動態影像的足跡：早期臺灣與東亞電影史》（台北：國立臺北藝術大學，2019），頁129-143。

的時間團塊之影像,時間的領土化」。[3] 勒布爾東也從這裡出發去論述何謂「聲音的形象」(sound image)。由此,我們可以試圖進一步理解辯士口白與童乩天語之聲音形象的模組過程,二者都是在「起乩」狀態的時延中,於「此處」及「他方」間不斷地刺激、碰撞與偶發下創造新事物;以聽覺視覺化的方式湧現,撼動可見影像／形象的存在型態,來完成聲音的空間化,也就是所謂的聲音形象。從這個角度來看,辯士與童乩提供了相似的感知經驗,也分別在政治與精神層面訴諸拆解主體、增幅再構路徑的可能,並能在政治行動與民間信仰、公共與私人場域雙重向度下,印證台灣文化身分的特殊狀態。如果試圖將辯士與童乩並置建構系譜,進行台灣影像作品的圖像學考察,辯士並非如童乩在聲音再空間化的過程中,作為聲畫共存的載體立即可見,作為電影影像上不可見的畫外之源,卻也如童乩一般作為影像元素有能力去添增、修改影像,並賦予影像新的意義。換句話說,影像乩身並非只是將辯士或童乩的形象作為一種圖像挪用,更是反射二者如何從解構到再述主體的影像徵兆。辯士以畫外之聲／源作為影像外力,童乩則在影像畫內進行時空裂解、復／複生,創造反身性向度。這兩者都是作為先行解構再試圖重新佔據主體建構路徑的形象,無論可見或不可見,二者都聚焦在如何擾動閱聽者視聽經驗並將主體問題化的美學方法,而不以主體建構為單一目的。從這個向度著眼,會發現在台灣不同媒介的動、靜態影像作品中,都可以找到以影像乩身作為美學政治策略的範例,更經常出現在

---

[3] Marie-Aimée Lebreton, Qu'est-ce qu'une image sonore?, *Image-Re-vues*, Hors-Série 5(2016), pp. 5.

以身分、認同作為問題意識的作品當中。透過指認，能彰顯這條美學路徑所洗鍊出跨越政體的迂迴抵抗，作為文化與政治上的身分印記，並梳理出一條影像乩身的圖像學系譜。於是，影像乩身可初步藉由兩種型態進行指認：口白與童乩形象的轉譯。

在動態影像中，口白是位於畫外音位置向畫框內互動、介入與干擾影像，並導引平面空間異軌出複音複影的時空景深。如黃明川《從西部來的人》以影音錯位創造內省視角，呈現主體身分的無名狀態：每當影像旁白出現耆老以泰雅語訴說古老傳說時，畫面中顯現的是在城市謀生失敗而回到部落的泰雅青年阿明。如果龔卓軍以「去頭風景」來說明片中的自然景色如何成為阿明內在的精神狀態，影音配置則體現了阿明身分雜揉在傳說與當代間無可就地之所。這種揉雜傳說與經歷作為彰顯身分閾限狀態的敘事方法，也在當代錄像作品中獲得體現。許家維的《廢墟情報局》邀請曾在泰國回莫村進行情報工作的老情報員為影片擔任口白。《廢墟情報局》套層密藏兩個影像空間，一是泰國傳統偶戲表演影像，二是老情報員在錄音間望著偶戲影像配音的畫面。於是，口白原本講述著泰國偶戲所演出的哈努曼傳說，卻從鏡頭對準身處錄音間的老情報員開始，話語從傳說逐漸轉為自身經歷的講述，同時也開創了反身性空間向度。然而，口白並不真正以兩種影像空間來區分話語內容，老情報員自述的經歷也逐漸轉為搭配偶戲影片之旁白。此外，在聲音處理上，傳說與經歷話語的均一性並不具有空間之別的聽覺差異，因此口白彷如不專屬任何畫面的獨自存在，隨機地佔據影像或於兩種影像之間流動。作為主要鋪展劇情的敘事脈絡，傳說與自傳話語在虛實間互為因果，影像空間所套層祕藏一層又一層影像的域外空間，更在最後一場戲

裡，無以肯認口白之源的存在：偶戲影像仍持續於銀幕上播放，但錄音間卻已空無一人。口白既不依附傳說英雄哈努曼而存在，也不為曾被指派暗殺工作的情報員定錨，而是在二者之間來回撼動兩主體的真確性，讓身分在記憶、虛構、想像與紀錄的時空間竄流、交織與殘響。

　　作為不可見畫外之源介入影像的口白，也能轉譯為可見文字，並如口白一般以聲響來騷動畫框內的影音配置，進入意義重新組態的過程。藝術家蘇育賢在《花山牆》展現了字幕創造無聲可聽、無形卻可見的能力來拓張影像的域外空間；在《工寮》作品中，字幕更進一步用來指涉難以接近的主體狀態，並作為溝通與理解屏障的政治寓意。片首字幕先執行翻譯功能，向觀眾傳達畫面裡印尼移工的對話，這也是字幕一般在影片中最重要、最基本的職責。隨著劇中人物交流愈趨熱切，藝術家為了能跟上人物話語便加快了字幕速度。然而當畫面中交談的對象愈來愈多，將每句話語都能轉譯在銀幕上的企圖使得字幕最後因上字過速，一方面失去了字幕的溝通功能，另一方面，字幕背後所代表的話語及對象，也被沖刷在形象閃逝的串流之中。在影片鋪展的過程中，字幕逐漸成為動搖主體身分的速度、聲響，在立即性、持續性的運動中，聲響節奏替主體創造了無可企及的局勢，文字再也無法定義圖像、無法乘載身分。事實上，這種以文字聲響破壞主體穩定性的策略，早在李俊賢的畫作中，便借重文字背後的聲調介入圖像，生產影音重新配置的動能。

　　李俊賢將口白話語轉為文字形態置入畫面，製造影像內部空間的異質效果，讓話語成為影像內在「外力」，與線條、色彩、團塊產生張力，在彼此匯聚為整體之前；先在不斷重新整飭的狀

態中,探勘視聽向度的諸種可能。如《斗六大埔的回憶》一作,畫作中心以綠色線條勾勒一砲台,再以黃、黑色塊製造煙霧、砲響效果;「威武」、「雄壯」、「剛直」的文字則分別置入畫面右、中、左的空間中。一方面,文字與圖像並置製造了話語在混沌、爆裂場景中所加強的異音與聲響效果;另一方面,話語與情境的從屬分際並不明確,是話語在先造成混沌局勢?還是在爆裂之中需要軍訓話語重新整飭秩序?圖像與聲響在前景與景深間相互拉鋸,造成敘事因果的懸置。線條、團塊與文字各據一方;但聲響更讓圖像逃逸在視覺之外,在記憶的向度徘徊。2000年李俊賢所創作的《消高應》更試圖以話語擾動文字意義階序。「消高應」台語文寫做「痟狗湧」(siáu-káu-íng),也就是俗稱的瘋狗浪。李俊賢先繪製波濤洶湧的海景,再於浪濤上以「消高應」三字為基礎構造新字;但沿著筆畫細細閱讀,仍可找到「消高應」三字的字體結構。《消高應》先將文字進行解域化,透過文字重組在視覺上抹消字詞意涵,再透過發音重新掌握變形文字的閱讀路徑。新造字體在視覺上所產生的陌異感,讓字義讓位給聲響,讓聲調與圖像情境構成一共感體系,以視聽借位之挪用手法迴盪出台語文化潛體。

「辯士話語」無論轉化為口白或文字,都於視覺再現體系中,創造主體與他者互動的變動情境,由影像乩身映照「去—主體」的波動狀態。這個狀態回應了林欣怡所提出的「哪吒體」一詞。在2014年〈哪吒體——諸種主體詮釋學〉一文中,她以該詞作為台灣當代藝術經常以缺席主體為命題的觀察。這個由神話人物——哪吒所發展出來的概念,主要借重於哪吒割除肉身、歸還(給雙親)、死亡與再生的過程,藉由這個過程,才能重新佔有自

己。因此，哪吒體也是林欣怡筆下的「劃線主體」，強調主體的刪除、空缺以及缺席的過程。如果直接以哪吒體的主體形象呼籲無名、尋找自我的過程，那麼80、90年代將「我」置入多重殖民史向度思索身分認同的台灣電影裡，蔡明亮的《青少年哪吒》與張作驥的《忠仔》則直接將神明形象與青少年角色疊置，並作為少年們從迷失自我到意圖重構的借喻。值得注意的是，哪吒體從割除到再生的過程並非座落在第一人稱的主體視域，而是如影像乩身映照著一段糾纏、牽扯與無法定向的去─主體化階段。於是，在影像作品中，哪吒或其他神明形象的挪用，更強調人與神明間的溝通與對峙，也就是起乩的狂喜狀態。

童乩起乩過程是藉由話語與姿態進行「裂解」來重新佔據身體。而在靜態影像作品中，重新佔據的方式經常以自我分身創造「空間的聲響」。在吳天章的《排山倒海術》、《夢魂術》與陳界仁的《魂魄暴亂系列》裡，乩身被轉譯為虛實交界的攝像場域，藝術家數個分身置入在無論是虛構場景或歷史檔案中，以出神、狂喜狀態回應文本（詩籤或歷史）。洪政任的《憂鬱場域》攝影系列則將背景設在高雄紅毛港拆遷脈絡，以人工方式重新裁切、皺摺、黏貼來重塑拍攝場景；藝術家再裝扮為不同角色，將自身影像複製、拆解、重構並黏入場景之中。人與空間以「剪黏」手法作為精神化的指涉物，成為互為因果的連身形體。簇現的分裂之身座落於複數時空疊置的縫隙，不為回返過去，也未邁步將來。在閾限之處複/附身，撐開不同時空分層瞬間。影像沒有話語：聲響卻於剪斷、黏回之所迴盪，尋回王柏偉所言的「經驗」。在身聲時空相互介入、侵擾之際，創造去主體到再主體間的經驗軌跡。

影像乩身作為台灣圖像學考察的問題意識。這裡的圖像不單指視覺上的圖像，也是在聲畫（voice-image）層面上，完成「立即性地雙向解域」的影音範式。影像乩身是話語與形象（image）變異的場域，兩者在交會過程中，會先動搖各自原生的意義形象，接著進入聲畫重新組態的過程。在不斷相互干擾、變異的立即性狀態中，經歷聽覺視覺化／視覺聽覺化的異軌（diversion）作用。由此，以主體作為問題意識的前提之下，影像乩身指的是「去主體」或「再主體」的過渡狀態（transition）。而辯士話語的指認是由外向內干擾的運動，而由童乩所轉化而來的形象則收束、內化（internalized）圖像與話語的配置，在影像內部進行由內向外的併裂。如果哪吒體可以視為影像乩身潛在指涉的終途之一，影像乩身則透過異質性所開創的反身性視角，無論是間接或直接的指涉，讓「我」的建構多重且複雜：可以是尚未成為「我」的去主體狀態；也可以是林芳玫所言「透過自他互動形成自我」（self-other-in-the-self）的形貌；[4] 或連結至梁廷毓強調人類學、民俗學與泛靈論的「巫藝」，作為跨域、跨科重塑「文化主體性」的在地思索。[5] 最後，觀者視角也在影像乩身中作為外來之源，在封閉迴圈內以視聽路徑作為啟動潛在主體於局勢之中的可能型態，受眾與影像乩身間能生產有距離的實驗之眼，在一次次的閱聽路徑試驗後，檢閱、判讀文化身分的諸種樣貌。

4　林芳玫，〈鬧鬼〉，《台灣理論關鍵詞》（新北：聯經，2019），338頁。
5　梁廷毓，〈巫藝〉，收入本書。

參考書目

西文

Marie-Aimée Lebreton, «Qu' est-ce qu' une image sonore?», *Image-Re-vues*, Hors-Série 5, 2016.

華文

三澤真美惠。2012。《在帝國與祖國的夾縫間：日治時期台灣電影人的交涉與跨境》。台北：國立臺灣大學出版中心。

王柏偉。2017。〈如何把生命從圖象的廢墟中搶救回來？——洪政任「憂鬱場域」中的攝影者經驗問題〉。《藝術家》，N°506，7月號。

史書美、梅家玲、廖朝陽、陳東升主編。2019。《台灣理論關鍵詞》。新北：聯經。

林芳玫。2019。〈鬧鬼〉，史書美、梅家玲、廖朝陽、陳東升主編，《台灣理論關鍵詞》。新北：聯經。

林欣怡。2014。〈哪吒體——諸種主體詮釋學〉，《典藏今藝術》。N°256，1月號。

林富士。2005。〈醫者或病人：童乩在台灣社會中的角色或形象〉，《中央研究院歷史語言研究所集刊》。

梁廷毓。2024。〈巫藝〉。《台灣理論關鍵詞II》。新北：聯經。

史惟筑。2019。〈辯士何以成為台灣電影「起源」？〉李道明主編，《動態影像的足跡：早期臺灣與東亞電影史》。台北：國立臺北藝術大學。

鋩角[1]
(Mê-kak)

鄭芳婷

　　台灣藝人王彩樺於2010年推出專輯《有唱有保庇》，所收錄歌曲皆一時爆紅，不僅播放於國內大街小巷，更流行於中國、香港、新加坡、馬來西亞等地，躍登美國有線電視網CNN報導，從中促發台語電音樂種的產業結構與製作模型。[2]專輯當中〈鋩鋩角角〉一曲如此唱道：「不通嫌阮雜唸／我只是卡活潑……莫想空想縫／笑看世界……鋩鋩角角／卡拉／唱我的愛／妹妹腳腳／跳甲／自由自在」。[3]歌詞以第一人稱自述闖蕩藝界心境，並強調從腳踏實地的細節實踐中放眼世界的視野；也映照王彩樺長期深耕在地，並於近年來將台語電音推上於國際舞台的經驗。歌名源

1　「鋩角」最先於「理論關鍵詞會議」口頭發表，而後於作者論文〈打造台灣酷兒敘事學：楊双子《花開時節》作為鋩角行動〉（《女學學誌》47期，2020）正式出版。本篇部分段落保留、改寫自論文。

2　吳永佳，〈我夢過、試過、爽過，一片歌手又何妨？〉。《Cheers》。2011年5月1日。https://www.cheers.com.tw/article/article.action?id=5021489。檢索日期：2020年3月17日。

3　王彩樺演唱，徐偉銘作詞，林冠權作曲，〈鋩鋩角角〉，《有唱有保庇》。台北：環球唱片，2010。

起台灣十分常見的台語詞彙「鋩角」,除擷取其讀音上的節奏感,亦挪用其字義所指的在地文化脈絡中的竅門、細節與技藝。雖只是一首單曲,〈鋩鋩角角〉卻體現了一種由日常枝微末節參與、介入、干擾甚至衝擊世界局勢的在地實踐與視角。

根據教育部臺灣台語常用詞辭典,「鋩角」釋義原指「物品的銳角或轉角部分」或「文字筆畫的勾折處」,因而引申為事物原則、範圍與關鍵處,即「細小且緊要的部分」。[4] 一般而言,台語使用者多以「鋩角」或「鋩鋩角角」來強調某件事物當中近乎口傳、心領神會的在地、行家式的細節關鍵,而此細節關鍵多半影響此事物之最終成效。由此可見,「鋩角」一詞聚焦於在地、內行、幽微、口傳、節骨眼與人情味等屬性。如此屬性乃受哺於台灣在地文化脈絡,有其不等同於既有歐美理論對於微小抵抗的強調。

對於微小抵抗的當代研究論述迄今汗牛充棟,在解構主義與全球視野的影響之下,相關討論乃在強調體制收編之無可避免的前提下聚焦微小主體仍可游移、戲耍、來回滲透於邊界的有限性能動,並由此來揭示人之積極政治行動的可能性。賽杜(Michel de Certeau)自資本主義消費市場的向度而論,以「策略」(strategy)與「戰術」(tactics)此組概念來強調消費主體在日常生活中的自主性:主體藉由消費行為,得以叛離原先官方單位所制定之遊戲規則,進而創造無限之消費路徑。[5] 雖然在這套模型

---

[4] 教育部臺灣台語常用詞辭典,見「鋩角」。https://sutian.moe.edu.tw/und-hani/tshiau/?lui=tai_su&tsha=%E9%8B%A9%E8%A7%92。檢索日期:2020年3月17日。

[5] Michel de Certeau, *The Practice of Everyday Life, Vol. II: Living and Cooking*, trans. Timothy J. Tomasik (Minneapolis: University of Minnesota Press, 1998).

中,主體乃同時作為消費者(consumer)與製造者(producer),模糊化原先消費與製造兩端的二元結構,然而「策略」與「戰術」的概念仍然將官方與在野視作本質上迥異的兩個端點,由此反而增強了各自對立的場域屬性。旨在打破官方與在野二元結構者,則可見於李歐涅(Françoise Lionnet)與史書美所發展的「微跨國主義」(minor transnationalism),以及安清(Anna Lowenhaupt Tsing)所倡議之「複音聚合」(polyphonic assemblage)。前者在不強調主流霸權與弱勢抵抗二元對立性的前提下,聚焦於小眾團體之間具創造性的聯盟方式,以此發展弱勢抵抗的能量與彈性。[6]他們指出:「不同弱勢族群之間不斷滋長的關係性長久地遭受忽略……,弱勢族群的認同過程總是以主流族群為媒介。」[7]二人因此建議,與其著墨於霸權與弱勢之間的對立關係,不如強調不同弱勢團體之間的相互多元關係。安清則援用轉譯與感染的概念,描述被褫奪者(the dispossessed)之間具創造性與有機性的區域鏈共生關係,藉此以批判當代(後)資本主義單音、單向、短視近利、進步論取向的規模治理結構。[8]誠然,講究在野之間多元生存節奏的論述揭示了資本主義與異性戀正典(heteronormativity)之間的危險共謀,然而異質性的在野群體之間依然存在位階結構與利益分配的陳舊議題:何以有些個體必然處於比其他個體更具風

---

[6] Françoise Lionnet and Shu-mei Shih, *Minor Transnationalism*, (Durham: Duke Univ. Press, 2005), 2-5.

[7] 同上,頁2。

[8] Anna Tsing, *The Mushroom at the End of the World: On the Possibility of Life in Capitalist Ruins* (Princeton: Princeton University Press, 2015).

險的狀態？何以有些生命僅僅被視為戰爭數據而遭到遺忘？[9]安清指出當代主體的「受弱性」(vulnerability)，即個體之間極為容易相互傷害、侵擾、影響的向度，由此來推展以變動為本的生態學，試圖海納更為豐富的世界創制韻律。[10]然而，當代世界的創制韻律確實能夠如此簡易地達到異質與和諧嗎？

有關個（群）體之間受弱狀態的討論，在911事件後達到極大化的討論。巴特勒（Judith Butler）、甘白帝（Zeynep Gambetti）及賽柏賽伊（Leticia Sabsay）從社會遊行、抗爭行動與前衛藝術的文化脈絡中，將「受弱性」定義為有效抵抗工具。他們指出，瓜達希（Félix Guattari）所稱許的「政治左派」(political left)與列寧式（Leninist）鬥爭完全無視「弱」(weakness)的力量。[11]此「受弱性」具雙重性，一方面引發敵意，另方面則可化身抵抗力量：「受弱」、無武裝的身體相對於官方軍警，既弱勢卻又難以侵犯。「受弱」因此誘發「極端開放性」(radical openness)，使得原有的社會架構與運作模式出現裂縫及改變的契機。然而，受弱理論雖聚焦受弱主體的抗爭屬性，卻陷入將受弱主體與壓迫他者二元對立的視角，更忽略其雙方可能出現的身分互換與滲透。一則，受弱屬性的相互轉換與滲透，實際上映照權力關係運作的繁複景況，故唯有正視此流動性，方可能避免將雙方貶抑至本質對立結構；二則，受弱屬性的相互性，指出雙方持續自省己身與批

---

[9] 這些提問亦可見於巴特勒 *Precarious Life: The Powers of Mourning and Violence* 及阿岡本（Giorgio Agamben）*State of Exception*。

[10] 同註8。

[11] Judith Butler, Zeynep Gambetti, and Leticia Sabsay, *Vulnerability in Resistance*, (Durham: Duke Univ. Press, 2016).

判他者的狀態。巴特勒而後以「非暴力的勁道」（force of nonviolence）概念，挑戰過去原子式的社會結構理念，揭示眾主體之間的相互依存（interdependence），由此強調人際關係的黏稠與糾纏：自我與他者並無絕對的分野疆界，而是交互建構的能量與脈動。[12]如此說來，穆諾茲（José Esteban Muñoz）所提出的「抵認同」（disidentification）所強調的雙方滲透與流動，或許早已提供了一種更為彈性、游擊且深耕大眾日常的方式：弱勢個（群）體藉由挪用、編排、重組主流資源的方式以形構暫時性的認同。[13]作為一種生存戰略，「抵認同」不針對主流霸權進行對決式的抵抗或杯葛，而是講究在無法獨立於體制外的條件下借力使力、反轉情勢的技術伎倆。[14]然而，「抵認同」理論同樣受到近乎老調重彈的收編質疑，即挪用主流資源的抵抗主體，如何能確保其挪用不受到收編？

針對收編議題，目前難有完備方案：無論是站在樂觀或悲觀的角度，抵抗論述終究難以逃脫這個亙古的兩難。那麼，如若在野弱勢的行動，並非採取針對官方主流，亦非聚焦弱勢者之間的聯盟，而是根本上專注其自身的運作邏輯，持續地生產、傳承與變異呢？在這個立場上，泰勒（Diana Taylor）的「身體記憶／技藝」（repertoire）即強調不受正統文獻所記錄的抵抗、脫軌、超

---

[12] Judith Butler, *The Force of Nonviolence: An Ethico-Political Bind*, (New York: Verso, 2020).

[13] José Esteban Muñoz, *Disidentification: Queers of Color and the Performance of Politics* (Minneapolis: University of Minnesota Press, 1999).

[14] 同上。

溢、齟齬痕跡。[15]她以「書寫文獻」（archive）與「身體記憶／技藝」作為一組相對的概念，前者指涉官方敘事所包含的書寫資料與正統紀錄，後者則海納被排斥於「書寫文獻」之外的所有銘刻文化脈絡的肉身記憶與行動技藝。[16]這些肉身記憶與行動技藝包括表演藝術、風俗文化、枝微末節的日常互動、處事交接與世代之間口傳的鋩鋩角角。值得注意的是，「書寫文獻」看似主掌大寫敘事的霸權，但在野的「身體記憶／技藝」卻並非毫無作為，而是以非文字性的技藝與記憶傳承並生產文化，二者因此相輔相成。[17]然而，泰勒雖指出「身體記憶／技藝」的積極能動，卻仍然是以並列的視角來詮釋歷史敘事。自成生態系譜的「身體記憶／技藝」，是否可能藉由細微縫角的視野與立場震盪「書寫文獻」呢？

接合以上抵抗論述的各方思考向度，「鋩角」即試圖重思在野、裸命且弱勢的「身體記憶／技藝」衝擊甚至影響官方、合法且主流的「書寫文獻」的戰術模型：由細微軟小、一般而言難登大雅之堂的雕蟲小技、飲食遊藝、私密情感來解殖、重構、再組甚而參與宏大敘事的形構與運作。「鋩角」既是在地內行的竅門、細節與技藝，故並不直接與資本霸權相衝，亦不追求市佔、壟斷或接管，而是肯認人、物、事件與時空之間的偶然性，並進一步強調永續發展式的「身體記憶／技藝」支援與分享。支援與分享的過程講究門道，故亦涉及人際關係的布署運作，然而此中

---

15 Diana Taylor, *The Archive and the Repertoire: Performing Cultural Memory in the Americas* (Durham: Duke University Press, 2003).

16 同上。

17 同上。

不必然與權利（力）掛勾，反而著重人與人之間情感與技藝的交融、編織、虹吸與合體。

誠然，「鋩角」並不專屬於特定在野群（個）體，然而，近年來台灣酷兒文學場域卻出現一股強調日常細節、飲食遊藝、生態萬物與民間風俗的創作能量，對於時空脈絡與枝微末節往往有著更加厚重的自覺、感知與反思。舉例而言，張亦絢於2015年推出之《永別書：在我不在的時代》，以第一人稱描述一名女同志所經歷之成長、幻滅與永難癒合的創傷，過程雖夾雜台灣民主運動與大型歷史事件，然而主角賀殷殷與其他一眾角色所真正切身體會者，卻是彼此之間私密，甚至是微不足道的恩怨與彆扭。[18] 小說中所逐步揭露的「爆炸」，幼年時遭受外省父親的強暴、妹妹小惠以欺瞞方式近乎得逞的性雜交事件，以及情人萱瑄長年編織的巨大謊言，使賀殷殷最終計劃消滅自己的所有記憶。由此，所謂國族寓言實際上只是表面框架與表意象徵，反而是諸如賀殷殷與萱瑄之間的欺瞞與哄騙、與冬樹之間的意識形態隔閡、與小朱之間的性愛折磨、與父親之間的亂倫性侵、與母親之間的情緒勒索、與妹妹之間的齟齬決裂等日常事件，才是真正撐起整個生命敘事的原動力。換言之，外省與客家血統的身分認同、同志運動的意識啟蒙與台灣眾歷史事件皆不再具關鍵意義，毋寧是賀殷殷生命中被視為不足為外人道的小事件群，啟動著整個宏大敘事的推進與演化。賀殷殷生命中不斷遭遇到的謊言，致使她決意與宏大記憶分道揚鑣，她投身書寫，致力於成為小說家，期盼透過書寫小說將所有殘忍的個人記憶轉為公眾，由此不再獨自擔負苦

---

18 張亦絢，《永別書：在我不在的時代》（台北：木馬，2015）。

痛。作為小說家的書寫「鋩角」，成就賀殷殷抵抗其殘酷人生的戰術。

不同於《永別書：在我不在的時代》的沉重負荷，楊双子於2017年出版之《花開時節》，則是首部以日治時期台灣作為穿越對象時空的輕快歷史百合小說。[19]叛離線性邏輯時空與正統歷史論述的「穿越」行動，本就受斥於官方文獻之外，而穿越者得以順利生存，則有賴於對於所處時空相關「鋩角」的吸收與海納。主角楊馨儀穿越至日治時期台中楊家大宅知如堂後，悉心觀察周遭事物運作鋩鋩角角，在待人接物中逐步學習，進而最終掌權。小說海量描寫彼時台灣的雕梁畫棟、節氣風俗、飲食遊藝及人情傳統，反而對殖民政府的官方政策或大型歷史事件未有過多著墨。其中琳琅滿目的飲食描寫細節，比如知如堂飲食文化，從台式的燉泥鰍與鱉湯，乃至於西式的牛奶咖啡等，不啻成為情節轉折的關鍵：透過飲食的安排、調度與想像，角色由此做出影響整體環境的決定，或是建構自己與他人之間的聯盟。又，故事不斷強調女性角色之間綿密、幽微且曖昧的情誼，甚至以這些情誼的運作來推動情節發展：春子與雪泥之夜半談心促成雪泥日後的掌權，恩子與好子的雙胞胎合作無間參與知如堂改朝換代，早季子與雪泥之百合情感動搖兩人生涯規劃，吳翠與雪泥的姑嫂交流減緩了知如堂潛在的家族衝突。正是這些日常紋理的幽微運作與諸女性角色之間的情誼默契，根本地帶動知如堂及其連帶王田車站，乃至於日治時期台中的整體發展，可謂釜底抽薪式地影響整體敘事。

---

[19] 楊双子，《花開時節》（台北：奇異果文創，2017）。

陳怡如於2018年推出之《泥地漬虹》呼應上述諸作的台灣濃厚色彩，卻以偏向生態女性主義（ecofeminism）及新物質主義（new materialism）的視角織就一張張女人之間相互糾纏、拉扯、擁抱與推拒的土地網絡。作者自述人生，從懵懂初戀、摸索並掙扎於女同志認同、參與社會運動並最終決定卸甲歸鄉，於山水田園務農麴漬，並於身體與土地的互動過程中，不斷反思自我認同的可能性。此作大量描寫農事瑣碎細節，諸如插秧、種苗、施肥、除草、煎炒炸煮、麴漬醃晒，皆是作者在實質務農後透過與當地女人們之間的交往交陪、祕傳分享所學。務農甚至如巫作法，作者描述自己於月事來潮之際抄寫〈祝麴文〉、燃燒白色鼠尾草、發明阿納絲塔夏種法以祝禱耕作黑豆、參與女人聖殿聚會摩挲彼此魂舒。如作者所言：「我的發酵世界，是女人陪同我掌握了留種、育種的技藝；是女人引領我採集用作接菌的植物；也是女人為我揭開發酵的奧義，在那肉眼不見的領域，以女人的身體和感官領略稻米的生、稻米的滅。」[20]農事耕種、發酵漬物的關鍵技藝與酷兒成長經驗中的創傷記憶交織共構，長出在地獨有的「銍角」。作者細膩描寫冬日滿月時的生理期農事創作，從挑選東北品種的大白菜與蘿蔔、鹽漬瀝乾、選切韭蔥蒜薑、果梨磨泥、酌佐魚露椒粉直至最終置入發酵糯米，在過程中持續回想過去做愛的記憶並感受當下自身高漲的身體欲望。這些瑣碎技藝、祕訣心思、情愛肉欲不僅直接影響農田的收成，亦透過文學出版的形式，跨域性地建構起在地新世代的務農經驗與「銍角」。[21]

---

20 陳怡如，《女同志×務農×成家：泥地漬虹》（台北：大塊，2018），頁148。
21 阿桂，〈我的生活就是我的社運場域：冬山女農陳怡如的半農半×與性別運

呼應《泥地漬虹》的萬物網絡，何玟珒於2022年出版之短篇小說集《那一天我們跟在雞屁股後面尋路》則是思索著民俗儀典與酷兒抵抗之間的休戚與共。[22]九篇故事雖無明顯連貫，但盡皆指向對身體與認同的共感與共情。包括人、神明、動物與物件等角色之間的共感卻不再肇因於悲情的家國歷史或激情的社會運動，而是看似隨機地建立在日常生活的「銼角」之中。比如，在〈那一天我們跟在雞屁股後面尋路〉同名短篇中，本名楊振剛的咩咩因乳癌過世，咩咩的姊姊與友人小臻為成全其結婚心願，騎車閒晃，四處尋找放置紅包袋的位置，途中偶遇經歷神明開光儀式的白鳳雞浪流連（lōng-liú-liân）。姊姊回憶過往，原來咩咩出生前曾被卜算為女，因重男輕女風俗而被「換斗」為男，也因此一生允為夫人媽差用。母親而後流產崩潰之夜，僅僅國中年紀的咩咩竟瞬忽改面，莊嚴悲憫如同夫人媽。咩咩對母親所說的那句「妳莫執訣」，也成為對自己死亡的跨時空點化。難以言喻的神幻場景，使悲劇不再耽溺，反以黑色喜劇布局上陣，幽默輕巧之中性別流轉、體感解放、情動交融。故事最終，紅包袋被一陣風吹落河中，白鳳雞也遠遁不知所蹤，姊姊與友人只能放棄冥婚任務，揭示了世間萬物強大的即興與失控：原來推動歷史的並非任何體制計畫或宏偉宣言，而是日常最不起眼的偶然。

「銼角」既是吉光片羽與瑣碎祕密，便往往不在筆墨之間。本篇「銼角」概念的論述，目的亦不在框限定義，因為以「書寫

動〉，《人文創新與社會實踐電子報》27期（2016/02）。https://www.hisp.ntu.edu.tw/news/epapers/37/articles/123。檢索日期：2020年3月17日。
22 何玟珒，《那一天我們跟在雞屁股後面尋路》（台北：九歌，2022）。

文獻」為「身體記憶／技藝」發聲，本就是矛盾修辭。「鋩角」毋寧是一種行動銩議，在坦露其自身悖論的同時，指向台灣這個「瘡痍、機動、拚搏之島」（the strafed, tactical, pugnacious island）所展現的理論質地。[23] 尤其2019年新冠肺炎爆發迄今，台灣向世界展示一系列因長期裸命自覺而發展出來的生存「鋩角」，比如口罩資源與醫療技術輸出、班機國名辨識度調整、《紐約時報》台灣公開信連署、晶圓與AI產業創化、以穿山甲護育牽起的生態外交、奧運觀眾席中游擊戰式的台灣辨識小物、裴洛西（Nancy Pelosi）抵台之夜社群平台的「清宮迷因」創作潮等等深具創造與想像的形式。[24] 或者正是在如此閾限狀態之中，台灣即便面對著歷史創傷、鏖戰現況與惶惑未來，仍然能持續挪用、收編、重新部署在地資源與情動，以「鋩角」氣口（khuì-kháu），於「鋩角」施力，成「鋩角」之勁，結「鋩角」彼此依存、永續互援的果實。

---

[23] Fan-Ting Cheng, *A Strafed, Tactical, Pugnacious Island: Political Performances in Taiwan from 2000 to 2013*, Doctoral dissertation, (Univ. of California, Los Angeles, 2014).

[24] 鄭芳婷，〈影子戰術：台灣當代數位創作的修復性幽默〉，《中外文學》53卷2期（2024），頁17-54。

參考書目

西文

Cheng, Fan-Ting. *A Strafed, Tactical, Pugnacious Island: Political Performances in Taiwan from 2000 to 2013.* PhD diss., University of California, Los Angeles, 2014.

Taylor, Diana. *The Archive and the Repertoire: Performing Cultural Memory in the Americas.* Durham: Duke University Press, 2003.

Cheng, Fan-Ting. *A Strafed, Tactical, Pugnacious Island: Political Performances in Taiwan from 2000 to 2013.* PhD diss., University of California, Los Angeles, 2014. ProQuest.

Muñoz, José Esteban. *Disidentification: Queers of Color and the Performance of Politics.* Minneapolis: University of Minnesota Press, 1999.

Butler, Judith, Zeynep Gambetti, and Leticia Sabsay. *Vulnerability in Resistance.* Durham: Duke University Press, 2016.

Butler, Judith. *The Force of Nonviolence: An Ethico-Political Bind.* New York: Verso, 2020.

de Certeau, Michel. *The Practice of Everyday Life.* Minnesota: University of Minnesota Press, 1998.

Lionnet, Françoise, and Shu-mei Shih. *Minor Transnationalism.* Durham: Duke University Press, 2005.

華文

王彩樺演唱,徐偉銘作詞,林冠權作曲。2010。〈鏗鏗角角〉,《有唱有保庇》。台北:環球唱片。

阿桂。2016。〈我的生活就是我的社運場域:冬山女農陳怡如的半農半×與性別運動〉,《人文創新與社會實踐電子報》27期。2016年2月。https://www.hisp.ntu.edu.tw/news/epapers/37/articles/123。檢索日期:2020年3月17日。

何玟琍。2022。《那一天我們跟在雞屁股後面尋路》。台北:九歌。

吳永佳。2011。〈我夢過、試過、爽過,一片歌手又何妨?〉,《Cheers》。2011年5月1日。https://www.cheers.com.tw/article/article.action?id=5021489。檢索日期:2020年3月17日。

張亦絢。2015。《永別書:在我不在的時代》。台北:木馬。

陳怡如。2018。《女同志╳務農╳成家:泥地漬虹》。台北:大塊。

楊双子。2017。《花開時節》。台北:奇異果文創。

鄭芳婷。2020。〈打造台灣酷兒敘事學:楊双子《花開時節》作為鋩角行動〉,《女學學誌》47期,頁93-126。

———。2024。〈影子戰術:台灣當代數位創作的修復性幽默〉,《中外文學》53卷2期,頁17-54。

「鋩角」。《臺灣台語常用詞辭典》。https://sutian.moe.edu.tw/und-hani/tshiau/?lui=tai_su&tsha=%E9%8B%A9%E8%A7%92。檢索日期:2020年3月17日。

縫
（Seam）

蘇榕

　　台灣位於太平洋邊緣西北側，以台灣海峽與中國大陸相隔；島嶼的地緣性使中國歷代治理的長鞭莫及於傳說中葡萄牙水手讚嘆的「伊拉・福爾摩沙！」此偏踞中國一隅，林木翁鬱的蒼翠之島，自17世紀原住民建立「大肚王國」以來，歷經荷蘭、西班牙分據殖民城；明鄭驅逐荷蘭人；滿清管轄、日本殖民、國民政府統治等「連續殖民」[1]，以至二戰後美國之為保護勢力，在摹仿（imitation）、刮除覆寫（palimpsest）與翻譯中邁入21世紀。台灣文化的發展進程在地理、歷史、文化與現代化層面上，分受不同主流文化衝擊而產生「縫」。本文以「縫」（seam）作為隱喻，[2]據以析論台灣文化現象，開發文化策略。由隔而縫具現了台灣位於邊緣的處境：「隔」是物質的阻隔（insulation），也是心理的隔絕（isolation）；「縫」（seam）是缺口、裂縫；「縫」（seam）也是縫合的行動。隔／縫互為演化。

---

[1] 史書美，《反離散：華語語系研究論》（台北：聯經，2017），頁72。
[2] 本文採用seam作為「縫」英譯，以含納「縫」作為名詞和動詞的諸多含意，例如接縫、縫邊、縫紉，甚至岩層之間的礦脈等。

以漢字的象形和音義而言,「縫」的篆文寫作:繍絲線(糸)＋相遇(逢)。許慎《說文解字》卷十三糸部釋義:「縫」乃「以鍼紩衣也。从糸逢聲」。段玉裁《說文解字注》注解:「鍼下曰所縫也。《召南》羔羊之縫。《傳》曰縫言縫殺之。大小得其宜。引申之意也。從糸。逢聲。符身切。九部」。故「縫」指用針線將兩塊布縫合,是動詞,讀作「逢」(féng),指縫補、縫合、縫綴,有往返穿梭的運動性。《康熙字典》收錄了「縫」的另一讀法:「《廣韻》扶用切《集韻》房用切,夶音俸。衣縫也。」據此「縫」亦可讀作「俸」(fèng),指衣縫、需連合彌補的開口、縫隙等,是名詞。由上可知,「縫」若讀作「逢」,可指縫合、縫補。「縫」若讀作「奉」,可指「裂縫、隙縫、衣縫」。因此「縫」既是行動也是存在,具有物質性(如織品的縫紉、傷口縫合等),也有情感性(如創傷的彌補等)。

「縫」具現了台灣在後殖民／後現代情境下形成的混生特質。「縫」是距離,也是實存。台灣文化除了國民政府黨國體系保存的傳統中華文化外;也在20世紀後半大量吸收了西方現代性以及批判理論思想,西方思潮透過物質與意識形態的滲透,不斷以翻譯形式和力量滲入政治、經濟、社會、文化、學術建制和日常生活。形成(後)殖民國家無可避免的殖民銘刻與再銘刻。台灣文化在斷裂中生成,也在裂縫下接縫。在以圖象為主的中文書寫系統中,隱藏於文字下的「雜腔異調」(史書美以「華語語系」統稱之)僅能閃爍於語言的接縫以求掙脫文字束縛;其多音歧義的異質性或地域性,若非輔以口語讀出,很難呈現眾聲喧嘩的本

質。[3]當代中文吸納諸多外國語、非漢族語彙、新創辭彙、混生語等,即興縫入日常生活語言的表達形式,使文化產品,例如文學作品的語言形式,展現了「皇袍上的縐褶」般的接縫,不僅翻譯,更來回穿梭地縫合了主流語言和弱勢語言,以「接縫」方式表現不同語言形式的衝突。[4]下文析論的黃春明小說,即是一個顯例。本文以「縫」作為視覺隱喻,在於具現台灣文化歷經撕裂、分隔、縫合、癒合、再生的韌性、生命力和創造力。

以上現況,受到西方理論,特別是弱勢族裔論述的推波助瀾,使台灣文化的「縫」現象日益明顯,不斷演化。近代西方文化論述中,班雅明(Walter Benjamin)、巴巴(Homi K. Bhabha)、德勒茲(Gilles Deleuze)在譯作的語言互補性、純粹語言、文化翻譯、縐折等概念促成了文化越界、互補、解疆域、重劃疆域等概念的普及。「縫」也可視為吸納這些概念後的演化。首先,「縫」是類似但不等同於翻譯的行動。因為「縫」具象化了台灣文化在地理、歷史、文化、政治上的特殊性,更標示了台灣的位置性和行動力。

讓我們回到班雅明在〈譯者天職〉(The Task of the Translator)一文中的論點,以說明翻譯與「縫」的關連和差異。班雅明以《聖經》隱喻比擬翻譯。[5]主張翻譯的轉換永不完全,只

---

[3] 此處是以德勒茲「少數文學」(minor literature)的概念解讀這些文字表達不出的語音。

[4] 附圖一以一件織品說明語言形式的衝突和縫合。

[5] 此處指的是他將原作的內容與語言形式比喻為果子和果皮組成的有機體,內核則是不可翻譯的成分,見 Walter Benjamin, "The Task of the Translator," in *Illuminations: Essays and Reflections*, ed. Hannah Arendt, trans. Harry Zohn (New

有能超越主題傳遞的內在成分(「不可翻譯」的內核),才能達成語言間的和解,因不同語言即便皆有字辭指向同一意指,意向模式的不同,卻使辭彙相互衝突而不能互換,僅以互補方式並存。[6]他用「果皮和果實組成的有機體」、「內含不可翻譯的果核」比喻原作語言形式和表達內容之間渾然天成的有機關係;用「多褶皇袍」形容譯作「用翻譯語言包裹著表達內容」的形式衝突、協商和後來性;[7]這兩個比喻說明翻譯的過程需要語言在各自的意指中相互補充、妥協以趨近和諧。[8]在班雅明的理論中,翻譯扮演媒介的角色,在趨近、觸及原作的瞬間,讓語言發揮創造力,透過外國語言擴充本國語言,使純粹語言浮現。[9]從生命的觀點,他賦予翻譯生長力,認為所有生命形式都有特殊、高尚的目的,唯有透過生命本質的表現和意義再現才能分析理解。他更以《聖經》逐行對照本作為純粹語言的典範,認為翻譯能表現語言間主要的相互關係。[10]語言形式的衝突,可以透過縐折(翻譯語言所顯

York: Schocken Books, 1968), 72。請參考〈創世紀〉第1章第11、12節:「神說:『地要發生青草和結種子的菜蔬,並結果子的樹木,各從其類,果子都包著核。』事就這樣成了。於是地發生了青草和結種子的菜蔬,各從其類;並結果子的樹木,各從其類,果子都包著核。神看著是好的。」(《聖經》和合本)。https://springbible.fhl.net/read5.cgi?ot1_1。檢索日期:2020年8月10日。

6 Benjamin, *"The Task of the Translator,"* 74-75.
7 關於英文fold或法文pli的中文譯法,請參考張小虹《時尚的縐折》,《中外文學》。42卷4期(2013),頁18,註1。The Fold在本文則根據文脈分別譯為縐褶、縐折、折線。
8 Benjamin, *"The Task of the Translator,"* 77.
9 Benjamin, *"The Task of the Translator,"* 79.
10 Benjamin, *"The Task of the Translator,"* 72.

現的非母語、外來特質）達成和解。[11]由此看來，我們亦可將語言的縐折視為語言邊界的縫合運動，在協商中產生的詭奇異國情調就是折痕和縫邊。這樣的運動性為「縫」注入相當啟發。

班雅明瓦器黏合的隱喻也開啟了「縫」的中介和創造性。他認為「不同語言彼此間並非陌生人，先驗且無涉歷史關係，關乎表達企圖」。[12]翻譯恰似重新黏合一件器皿，碎片的形狀不必相似，卻須在細節處縝密吻合。雖不必與原作全然相仿，卻得深情地將原作的表意模式吸納進來，使兩者像同一偉大語言裡可辨認出的不同碎片，彷彿本就從同一器皿迸裂出一般。[13]而意圖不應被語言形式所遮蔽：「句子是原作語言的高牆」、「逐字直譯卻是[透明的]拱廊」，原作的企圖得以穿透而彰顯。翻譯藉由折疊運動，似回音般折疊原作發出的聲音，以切線趨近原作前行。[14]

由班雅明的觀點看來，翻譯可視作語言的折疊，必須來回貼近邊界崎嶇的罅隙，往復縫綴語言的裂縫，織造關係以呈現互補的和諧，終至於傳達純粹的話語。在這層意義上，班雅明的翻譯理論啟迪了「縫」的概念。但班雅明似乎並未進一步演繹翻譯的創造性，而以「互補」和「純粹語言」解決語言形式衝突的問題。「縫」不等同於翻譯之處，在於加入了曖昧性和創造力。強調在隨機、一體多面、不定形定性，多價中產生各種可能。正如台灣情境在多重的「隔」中生成多樣的「縫」。「縫」不像翻譯般

---

11 此處從張小虹的譯法，將縐折用做動詞，請參考張小虹，〈時尚的縐折〉，《中外文學》。42卷4期（2013），頁18。

12 Benjamin, "*The Task of the Translator*," 72.

13 Benjamin, "*The Task of the Translator*," 78-79.

14 Benjamin, "*The Task of the Translator*," 79.

侷限於語言層面,而可延伸至文化、物質、心理、思維層面。

巴巴《文化的所在》(*The Location of Culture*)的〈新意如何面世〉(How Newness Came to the World)篇曾以班雅明的翻譯理念連結後殖民邊界而主張「文化翻譯」,企圖使翻譯越過語言的侷限展現創造力。他將翻譯連結雜種性、遷移和移民,主張翻譯「生存於邊界」、是「初始的裂縫」,也是再銘刻(reinscription)與再描述(redescription),具有「嘲諷」與「反叛」力。[15] 他認為翻譯為文化差異提供了展演舞台,內容和表意形式被分裂疏離「如多褶的皇袍」,新意就在複製的模擬中產生。[16] 巴巴挪用了班雅明的翻譯理論,但強調後殖民文化雜種性的顛覆力量,因為「文化翻譯消除了文化霸權的透明假設」。[17]「縫」的概念也吸納了文化翻譯的嘲諷與顛覆力,並加上了感情成分。

當代台灣文化揉合了原住民文化、中華傳統漢文化、日本殖民文化、美式文化、西方現代性,和東南亞移民文化等多重文化元素,表意模式不斷衝撞縫合。有翻譯、演繹、延異/沿易,也有演化;有撕裂、折衝、協商,也有縫合;有傷痛、癒合、結痂,也有新生,不斷變化。「縫」的隱喻即以此展現台灣文化特有的創造力與韌性,以居間穿梭的運動性跳脫「翻譯←顛覆→霸權」的二元對立,並補充班雅明翻譯理論較少著墨於語言形式和內容的情感成分之空缺。「縫」具有破壞力、裂解性、衝突性,和傷痛感;「縫」也具有中介性、運動性、癒合力和創造力。

---

[15] Homi K. Bhabha, *The Location of Culture* (New York: Routledge, 1994; repr., 2004), 324.

[16] Bhabha, *The Location of Culture*, 325.

[17] Bhabha, *The Location of Culture*, 327.

「縫」（讀為「奉」）是撕裂、衝撞、分離、演化；「縫」（讀為「逢」）可縫紉、黏合、編織、銅釘、重組文化的碎瓷殘片為新器皿，縫隙即存在。「縫」從空無至往復運動「拆／合」，蓄積能量，在運動中完成社會實踐。

「縫」的折疊往復，可以借用德勒茲的縐折概念加以理解。德勒茲在《折線：萊布尼茲和巴洛克》（*The Fold: Leibniz and the Baroque*）中以縐折析論萊布尼茲的《單子論》（*Monadology*）和巴洛克。縐折是德勒茲閱讀萊布尼茲和巴洛克發展出來的（勢）力操作方式。他認為「世界是曲線觸及無盡的點和無盡的曲線，曲線具有獨一變數，是所有連續系列的匯聚」。[18] 而巴洛克則具有扭轉各色縐折的操作功能，「將這些縐折推向無盡，縐折疊覆縐折，一個疊著一個」。[19] 在此縐折的運動被視為一種（勢）力的操作，以「折合、攤開、再折」（explication-implication-complication）的方式形成折疊運動的三連組，遵行「一多」關係變化。[20] 德勒茲以此打破「靈魂—身體」的二元對立論；他引述萊布尼茲，認為力如靈魂，像兩層樓房的上層，功能異於下層，卻不能分開；力是在場而非行動（*"Force is presence and not action."* 〔原文為斜體字〕）；靈魂和身體就像樓房的上層折覆了下層，無法區分開端和結束，更難以分辨感覺和超感覺的理智從何處起始和結束。[21] 簡言之，德勒茲的縐折理論主張連綿不斷的縐折推動了

---

18 Gilles Deleuze, *The Fold: Leibniz and the Baroque*, trans. Tom Conley, with a foreword by Tom Conley (Minneapolis: University of Minnesota Press, 1993), 25.

19 Deleuze, *The Fold: Leibniz and the Baroque*, 3.

20 Deleuze, *The Fold: Leibniz and the Baroque*, 24.

21 Deleuze, *The Fold: Leibniz and the Baroque*, 119.

世界的演變。

　　德勒茲的縐折概念有助於理解「縫」往復運動的動能，但「縫」並不等於縐折。「縫」由空間佔有到往復運動，可被視為台灣文化與主流文化衝撞演化的模式。「縫」的多音歧義在華語文學與文化中展現了文字和口語的隙縫和複雜性。「縫」由衝撞產生裂縫，以「虛」為起始，進行往復折疊運動，在穿梭中縫紉出互補／變化關係，以在地經驗折疊現代主義的形式，於在地／外來衝突之間形成辯證的力場，以反抗力進行批判，演化為「實」存，創造新意。這是「縫」以有限空間超越內／外區隔（非內非外）、黏合不同碎片，彷若出自同一器皿的生存法則和操作策略。由此至彼，反覆折疊，無限的點構成無盡往復的曲線，有如太極武術的勁力運行：「往復需有折疊，進退需有轉換」，[22] 以無數移動的點構成的曲線進行「外形—內勁」相應互援的運動，在往復中調整邊界關係。宛如兩手相粘「往復」，兩手相沾翻覆「折疊」，輾轉循環不已；[23] 己粘附於彼，感受力點，依循力的來向，順勢在曲線運動中吸納／發放／彼／己之勁。在彼勁將盡時予以牽撥轉化。「觸其一點，則萬點皆同，萬點皆應」，掌握時間與空間，速度與效能，如紙片沿力而流，順勢而發，[24] 以極小力借極大力，在歷史辯證的力場中尋求瞬間的爆破演化。若以此角度理解「縫」，則「縫」具有批判性與反抗力。因「縫」的往復亦可以折疊運動法則操作，以最小力達最大效。以下分別以藝術作

22　熊養和編著，〈十三勢行功心解〉《太極拳釋義》（宜蘭：熊廼祺督印，2017[1963]），頁137。

23　同註22。

24　鄭曼青，《鄭子太極拳十三篇》（台北：大展，1992），頁16-23。

品和文學作品為例,說明「縫」展現於台灣藝術和文學作品的特性。

首先,本文以台灣藝術家運用「金繼」工藝補綴的茶碗(附圖二),[25]作為「縫」的實例。金繼工藝為日本禪學「侘寂」的展現,[26]蘊藏生命「不完美,無常,不完整」的禪學於修復美學,[27]相傳源自15世紀幕府將軍足利義政送茶碗至中國以鋦釘技術修復,日後發展為金繼工藝。金繼以生漆固胎,麥漆黏合裂縫,歷經蒔繪(灑上金銀粉)、固粉(加固金銀粉)、呂色(推光修補處),凝固成金縫黏合瓷器為藝品。由附圖可見,「縫」在黏合邊界的往復中,化空無裂隙為實體,綴補出碎片間的關係,將過去的破碎折進當下的接合,化殘缺為金紋。「縫」成為折線,與茶碗碎片共存,非內非外,彰顯裂缺生長的韌性,呈現互補的和諧:一種新的不完整美。金「縫」記錄了裂解(勢)力的運動軌跡,也實顯了縫合張力,將時間和速度的行進視覺化,在靜寂中,凝結碎裂的瞬間於新生的茶碗,化損失為「侘寂」。

如果金繼茶碗能以視覺形象說明「縫」之為縫隙的積極意義和本質,文學作品更能以語言形式闡析「縫隙」和「縫合」。黃春明、王禎和等台灣小說家的作品,就大量運用了現代主義形式和鄉土經驗,語言裂縫和縫合現象十分明顯。[28]限於篇幅,此處以

---

25 (金継ぎ kintsugi)(或稱「金繕」;金繕い)。

26 (侘寂 wabi and sabi)(指「儉樸、無求」和「隔絕、退隱、衰老」)。

27 Herbert F. Johnson Museum of Art, *Flickwerk: The Aesthetics of Mended Japanese Ceramics* (Ithaca, NY: Museum für Lackkunst, 2008), 20.

28 例如黃春明的〈莎喲拉娜‧再見〉、〈我愛瑪麗〉,王禎和的《玫瑰玫瑰我愛你》,都可看到英語、日語、「國語」、閩南語等語言的衝突、翻譯、縫合現象。

黃春明的短篇小說〈蘋果的滋味〉為例，說明小說中多元語言的衝突如何戲劇化1970年代的美台權力關係。語言的裂縫與縫合在此小說中可被視為諷刺美國政經優勢和霸權主義的文化策略。黃春明採用當時的主流語言（「國語」／白話文）書寫這個故事；但在他的筆下，小說的敘述語言產生了裂縫、縐折、接縫──台語、英語不時浮現於「國語」的罅隙，成為閃爍於主流語言縫隙的弱勢語言，經過折疊縫合，構成國台英語交織的流暢對話，諷喻了美台強／弱、主／從地位，精準捕捉了「純正國語」難以傳達的庶民情感和後殖民文化情境，反映出70年代美國新殖民主義下台灣底層階級日常生活的現實。「縫」使這篇小說成為語言衝撞抗爭的文化場域。

〈蘋果的滋味〉寫於1972年，黃春明以工人江阿發騎腳踏車被美國上校的賓士車撞斷腿住院為起點，用喜劇的諷刺口吻，縫合江阿發一家（台灣底層階級）、美國上校格雷和他的二等祕書（美國官方）、外事警察（台灣統治階級）三方的觀點，以台灣工人初嚐（美國）「蘋果」的滋味，[29] 對照1960、70年代台灣接受美國物資援助和軍事協防，由農業社會過渡至工商社會的後現代／後殖民情境。就題目而言，〈蘋果的滋味〉不像〈莎喲拉娜・再見〉那般明顯縫合中／日語，卻從感官角度（吃蘋果的滋味）戲劇化美台文化的相遇、衝撞、斷裂、協商和縫合：台灣底層階級

---

29 1970年代，蘋果在台灣是高級進口水果，多半做為探病時的禮品。在此成為美國政經強勢的隱喻，台灣平民買不起。蘋果的滋味，就是接觸美國文化的滋味。〈蘋果的滋味〉的故事結局安排江阿發一家在外國醫院頭一次吃到這種作夢也沾不到邊的高級水果，竟是因為「運氣好，被美國車撞到」，諷刺感特別尖銳。見黃春明，《兒子的大玩偶》（台北：聯合文學，2009），頁66。

（工人阿發）被美國文化（格雷上校）衝撞（腳踏車被賓士車撞翻）→產生斷裂（阿發的雙腿被撞斷─接合）→協商（透過格雷的二等祕書、外事警察、外國修女的翻譯，格雷表達歉意並賠償阿發一家）→縫合（送阿發的啞巴女兒到美國讀書，和江家作朋友）。這個衝撞→斷裂→協商（翻譯）→縫合的過程，在故事結尾被黃春明用「初嚐蘋果的滋味」（味覺／觸覺／聽覺）和定價方式表達：「總覺得沒有想像那麼甜美，酸酸澀澀，嚼起來泡泡的有點假假的感覺」、「一只蘋果可以買四斤米」、「噗喳噗喳的聲音」，[30]精準地諷喻了小說家欲批判的「美國經濟文化對台灣的支配與控制」。[31]在黃春明精心的安排下，讀者體會到格雷上校的歉意和友善（「他說非常非常的對不起，請你原諒。他說他願意負一切責任，並且希望和你的家庭作朋友」）就像天上掉下來的蘋果，吃起來「有點假假的」，因為小說家一開頭就讓二等祕書說出美方的立場：「是工人！所以說嘛，我們惹不起……美國不想雙腳都陷入泥淖裡！」[32]

在形式設計上，〈蘋果的滋味〉採用現代主義形式表達鄉土經驗（住在農村的江阿發一家到城市打工），以類似戲劇分幕的方式，用標題分出不同場景，製造出電影分鏡的效果。除首尾小節以全知觀點描述事件的起點和結束外，每一個標題都透露出某一個角色內心對車禍事件的反應，串接拼湊出江阿發一家和年輕

---

30 黃春明，《兒子的大玩偶》（台北：聯合文學，2009），頁70。
31 黃冠儀，〈想像國族與原鄉圖像──黃春明小說與台灣新電影之改編與再現〉，江寶釵、林鎮山主編，《泥土的滋味：黃春明文學論集》（台北：聯合文學，2009），頁103。
32 黃春明，《兒子的大玩偶》（台北：聯合文學，2009），頁41。

外事警察對整個事件的感受。在結構形式上令人聯想到福克納（William Faulkner）的《出殯現形記》（*As I Lay Dying*）。整個故事用電影劇本的方式書寫，人物對話佔了主要的比例，不同文化、階級、身分人物間的對話使文化衝撞的力道變得更為強烈。這些人物使用的英、國、台語之間的翻譯和縫合是〈蘋果的滋味〉精確捕捉現實的功臣，因為這些對話以從屬階級觀點鮮活地反映了當時的台灣情境。

黃春明所使用的語言策略，可以被視為一種縫合「國語白話文」、台、英語轉譯成的「國語」，和受外國文學影響的翻譯語言的藝術創作行動。這必須從他早年的文學教育說起。黃春明曾多次提到他最初的文學「爺爺」來自沈從文和契可夫（Anton Chekhov）。此外還有約翰·克里斯多夫（John Christopher）、海明威（Ernest Miller Hemingway）、馬克·吐溫（Mark Twain）、福克納，和電影的影響。[33]這使他的書寫採用了結合白話文與外國文學翻譯語言的中文寫作，但是產生了裂縫，就是中文與他的母語間的裂隙。我們不妨用黃春明自己舉的一個例子具體說明。當

---

33 關於黃春明的文學影響，請參見黃春明。〈文學路迢迢——黃春明談他的寫作歷程〉。頁20，22，24；和〈文學回到大眾——黃春明談小說創作的目的與意義〉。頁220註13，438。另並參見Huang Chun-ming, Howard Goldblatt (Preface&Trans.), in Huang Chun-ming, *The Taste of Apples*, (New York: Columbia UP, 2001), pp. xiv。在這篇序文中，他提到滿足他「文學的飢渴」的外國文學作品包括：海明威的《老人與海》（*The Old Man and the Sea*）、〈兩名殺手〉（The Killers）、馬克·吐溫的《湯姆歷險記》（*Tom Sawyer*）、《哈克歷險記》（*Huckleberry Finn*）、《卡拉維拉斯縣著名的跳蛙》（*The Celebrated Jumping Frog of Calaveras County*）、福克納的《獻給愛彌麗的一朵玫瑰》（*A Rose for Emily*）、《熊》（*The Bear*）、《野棕櫚》（*The Wild Palms*）等。

他把第一篇小說〈城仔落車〉投到聯副時,曾寫信給主編林海音:「這個『落』字不能給我改成『下』,我知道是『下』,但是我聽到有一個祖母用生命吶喊『城仔落車、城仔落車』,很慌張,那個聲音不能改」。[34] 由「下」改回「落」,就是在書寫間露出口說閩南語[35]的裂縫。黃春明採用主流語言書寫,這並非他日常生活口說的閩南語,因此在寫作過程中產生了他所說的「翻譯」。

在析論黃春明的「翻譯」寫作策略之前,不妨先談〈蘋果的滋味〉在文學形式上的折疊現象。如前所述,黃春明採取將台灣底層人物的日常生活,疊貼在現代主義的小說形式上,這個擠貼動作使美／台歷史演化的時間性裂縫(已現代化／剛要現代化)和台灣的「後殖民遲來性」(postcolonial belatedness)立刻呈現。這樣的歷史折疊和馬克思在《路易・波拿巴的霧月十八日》(*The Eighteenth Brumaire of Louis Bonaparte*)對法國革命召喚／折疊歷史以凝聚革命力量的觀察很類似,但效果不同:

> 人類創造歷史……但僅在過去存在、知曉、傳播的情勢下為之……特別是處於革命危機時代,他們[當代生存者]急於召喚過去的精魂為一己服務,從過去那裡借來名字、戰鬥標語,和服飾,用古老的偽裝和借來的語言在世界歷史上呈現新場景。於是路德戴上使徒保羅的面具,1789-1814的法國革命得輪番披上羅馬共和國和羅馬帝國的袍子;1848法國

---

[34] 黃春明,〈文學路迢迢──黃春明談他的寫作歷程〉,頁23。
[35] 此處用「閩南語」乃依循黃春明的書寫情境,以下分析則依據文脈沿用黃春明稱的「閩南語」,其餘筆者行文則稱台語。

二月革命則須時而拙劣地模仿1789年法國大革命，時而模仿1793-1795法國革命傳統。同樣地，初學一種新語言的人，往往將之譯回母語，但若要達到吸收新語言的精魂並以母語自由表達的境界，必須具備使用新語言時不會想起母語且忘了母語的能力。……故而從這些革命中喚醒死者，僅為了榮耀新的爭鬥，而非戲仿舊傳統；只為了放大想像賦予的重責大任，而非躲避現實的解決之道；只為了再次尋找革命的精神，而非讓革命的幽靈復活。[36]

此處歷史折疊的重點在於召喚反抗力和凝聚動能；折疊則以戲仿（parody）、翻譯等形式達成目的。班雅明在〈論歷史哲學〉（These on the Philosophy of History）中演繹了馬克思的歷史折疊論，不過強調以「當下」爆破歷史結構和歷史的跳躍：

對霍勃斯皮耶（Robespierre）而言，古羅馬是充滿當下時刻的過往，此當下經他爆破歷史的連續方得以迸出。法國大革命自視為羅馬轉世。法國大革命召喚古羅馬的方式，正如時尚召喚昔日的服裝。時尚對當前時事具有敏銳的鑑察力，不論這時事是在何處驚擾過往的灌木叢。時尚是猛虎朝過往之縱躍。然而，此跳躍只發生在統治階級號令的場域。在歷史開放空間的相同跳躍，則是辯證的跳躍，那是馬克思對革

---

[36] Karl Marx, *The Eighteenth Brumaire of Louis Bonaparte* (1852), 5–6, accessed April 6, 2021, https://www.marxists.org/archive/marx/works/1852/18th-brumaire/.

命的理解。[37]

　　以上的歷史折疊論都不脫歐洲文化脈絡，未納入殖民歷史。黃春明小說的縫貼則多了後殖民面向，以現在的遲來折疊先行的過往，從縫隙爆出荒謬，彰顯後現代／後殖民台灣「當下」的張力：以工人階級到城市打工的窘境（遲來的現代化／進行中的當下）折疊擠貼美國官方的政經優勢（已發展的現代性／已存在的過去）。這樣的折疊不但呈現出後／殖民歷史的斷裂和時差，更以現代主義形式架構（電影場景的分鏡寫法、不同事件由不同觀點敘述、以現代主義小說《出殯現形記》的過往〔1929〕，擠貼台灣庶民經驗的當下〔1972〕等）疊縫本土庶民經驗和直白對話，使整個事件的敘述散發出黑色喜劇的氛圍；不同語言間的翻譯，和語言、形式的衝撞，產生詭誕的疏離和諷刺感。這些裂縫和不協調經折疊、縫合後，產生尖銳批判力，既凸顯「當下」後殖民情境，又創造新語言刻畫庶民生命力。宛如班雅明「爆破歷史的連續性使當下迸發」，[38] 卻又有不同——以諷刺的戲劇張力批判殖民勢力。

　　此番折疊若無語言接縫技巧，小說敘述將黯淡無光。這全靠黃春明的翻譯策略。如前所述，黃春明的書寫縫合了白話文、外國文學翻譯語言、翻譯成白話文的台、日、英語等，依據角色身分和口吻交織運用。以這種方式，他將「鄉土語言，翻譯成主流

---

[37] 見 Walter Benjamin, "Theses on the Philosophy of History," in *Illuminations*, ed. Hannah Arendt, trans. Harry Zohn (New York: Schocken Books, 1968), 261.
[38] 同註37。

的書面語」,「讓這些文本可以進入主流場域中,被閱讀及理解」。[39] 黃春明在〈羅東來的文學青年〉中曾自述:

> ……我在這個起頭的階段,真正碰到小說寫作的難題是,小說中的對話語言。我的小說人物是鄉親裡面的農民和其他小人物,在經驗世界裡,這個時候的臺灣,這些人只會一種語言,即是我們的母語,並且在生活中,他們對母語的掌握都十分生動。可是用國語寫到小說中的對話語言時,不但失去生動性,有時候連語言的恰當,和準確性都有問題。如果我就用我的母語閩南話來寫,縱然能找到適當的文字,而這也使許多不識閩南語的人看不懂,不要說外省人,連本省的客家人都有問題。……這個時候我個人的做法是,「使用翻譯的方式,將母語翻成國語」,如果可能的話,必要時,保留母語,自己唸一唸,看看通不通,或是部分的修改,讓懂母語的人嚐到原味,而國語也讀得懂。

由上可知,他考慮用主流語言寫作,以進入主流文化市場。因此他採取折衷辦法,把母語和其他語言翻譯成「國語」,依據說話角色的身分和發話情境,把對話技巧地縫在一起。這種翻譯策略在〈蘋果的滋味〉的人物對話中運用得相當成功。語言的障礙和溝通成為衝突和協商的主要場域,不同語言則透過翻譯縫成

---

[39] 陳國偉,〈借火攻火——黃春明小說中的現代主義與民族主義的位移〉,江寶釵、林鎮山主編。《泥土的滋味:黃春明文學論集》(台北:聯合文學,2009),頁329。

有聲有色的畫面，有時刻意露出縫綴褶縫，藉以營造詼諧諷刺的效果。以下用兩個例子說明。

首先是起頭的場景。年輕外事警察帶洋人到江家住的違章建築。敘述事件時，作者使用簡潔流暢的白話文：「密密的雨點打在鐵皮上，造成屋裡很大的噪音，警察不得不叫嚷似的翻譯洋人的話」，[40] 之後作者用翻譯和語言縫合來表現阿桂和警察無法以語言溝通的情境：

〔阿桂〕驚慌地問：「阿珠，什麼事？」
「媽──」緊緊抿閉的嘴，一開口禁不住就哭起來。
「什麼事？快說！」
「爸、爸爸，被汽車壓了──」
「啊！爸爸──？在哪裡？在哪裡？……」阿桂的臉一下被扭曲得變形，「在哪裡？……」接著就喃喃唸個不停。
警察用很彆腳的本地話安慰著說：「**莫緊啦，免驚啦。**」〔斜體字為筆者所加〕他又改用國語向小女孩說：「叫你媽媽不要難過，你也不要哭，他們已經把你爸爸送到醫院急救去了。」洋人在旁很歉疚地說了些話，並且要求警察替他轉告她們。
「這位美國人說他們會負責的，叫你媽媽不要哭。」當他說的時候，洋人走過去把手放在阿珠的頭上，自己頻頻點頭示意，希望她能明白。這時候，那個揹著嬰兒的啞巴女孩，淋了一身雨從外面闖進來。她不知道裡面發生了什麼事，一進

---

40 黃春明，《兒子的大玩偶》（台北，聯合文學，2009），頁44。

門看到剛才遇見的警察和洋人，驚奇地睜大眼睛大聲地連著手勢，咿咿啞啞地叫嚷起來。

......

「噢！上帝。」洋人又一次輕輕地呼叫起來。[41]

這段對話巧妙呈現出美國官方／台灣官方／台灣底層的三角權力關係，以「國語」／閩南語／英語／啞巴的咿啞／肢體語言縫接出彼此無法溝通的困境。在絕大部分的對話都翻譯成「國語」的情況下，黃春明刻意露出主流語言的裂縫（或語言的接縫）——「**莫緊啦，免驚啦**」——凸顯警察努力說出有限閩南語安慰阿桂，以強化語言不通的臨場感和戲劇效果。警察和阿珠在此扮演了譯者的角色，因為洋人、阿桂、啞巴都聽不懂對方的語言，需要靠這兩枚敘述之針穿針引線，細細密縫。

其次，阿桂帶著五個孩子搭上格雷的賓士車抵達「白宮」（潔白醫院），被醫院肅穆氣氛震懾住了，拉住咿呀作聲的啞巴，「用手勢在嘴邊比著用針線縫嘴的樣子，啞巴嚇得猛搖頭」。[42]這時警察告訴阿桂，阿發沒生命危險，只是雙腿斷了。「阿桂從警察的表情，和聽他的語氣，再猜上幾句，也概略知道意思。」。[43]此處黃春明借助啞巴的咿呀聲和肢體語言，營造了諷刺味濃厚的「喜劇式抒解」（comic relief）：洋人「很努力地一邊說，一邊彎下腰在左腿上比一比，在右腿上比一比，然後點點頭，這時很出

---

41 黃春明，《兒子的大玩偶》（台北，聯合文學，2009），頁44-45。
42 同註41，頁55。
43 同註41，頁55。

乎大家的意外,啞巴女孩似乎聽懂了什麼,走到洋人面前,拍拍洋人的腿,咿呀地比手畫腳起來。洋人微笑向著她點頭」。[44] 喪失話語權的啞巴,居然變成江家最能與洋人用肢體直接溝通的人,這一方面鋪陳了她未來與美國的連結(被格雷送到美國讀書),另一方面諷刺了雙方認知的落差(其實阿桂還不知道阿發的雙腿斷了),因此啞巴和洋人的互動,只是一個虛假的「喜劇式抒解」,暫時遮蔽住阿發斷腿的殘酷現實。接下來的另一段對話則以「國語」夾雜閩南語,黃春明故意露出閩南語,使阿桂和阿珠初到外國醫院,對洋人優渥物質條件流露喜悅和興奮的橋段充滿諷刺:

　　……阿珠問阿桂說:
　　「媽媽,爸爸要住在這裡是不是?」
　　「我不知道」
　　「要住多久?」阿珠有點興奮地說。
　　「死丫頭咧!你在高興什麼?」她自己差些要笑出來。
　　阿珠也看出媽媽不是真正在生氣,所以她放膽地說:
　　「我要小便。」
　　阿珠沒料到,阿桂竟然笑著說:
　　「我也是,從早禁到現在。糟糕!這裡要到哪裡去**便尿**呢!」〔斜體字為筆者所加〕[45]

---

44 同註41,頁55-56。
45 同註41,頁56。

引文最後一句出現的「***便尿***」，是黃春明刻意露出的閩南語，一方面深化了阿桂這樣的小人物的直白語言；另一方面製造「笑果」，使阿發車禍住院的嚴重性被洋人醫院的嚴肅氣氛沖淡到無足輕重，能住洋人醫院反而讓他們感到興奮又謙卑，技巧表現了窮人的悲哀。語言的穿梭織縫在此扮演了關鍵角色。若拿掉語言的穿梭縫紉，用「純正」「國語」書寫，「蘋果的滋味」就少了辛辣而平淡無味。這就是「縫」的文化策略成功之處。

　　金繼茶碗和黃春明小說的例子說明了以下：「縫」可視為缺裂、罅隙、缺陷，「縫」也可做為運動、行動、實踐。「縫」是在場、佔有、存在。「縫」也是縫合、修補、創造。「縫」是虛實變換／幻的在地文化策略。

縫（Seam） 349

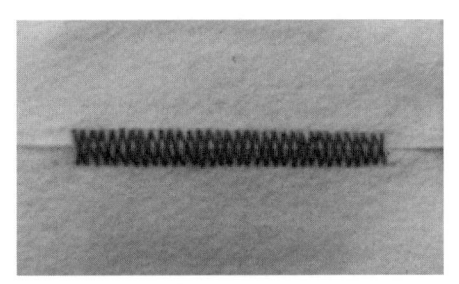

附圖一：縫。（蘇榕 設計）46

附圖二：以金繼修補的茶碗。（林彥良 提供）47

---

46 感謝師大英語所碩士班李依恩協助縫紉。
47 感謝師大美術所博士班林彥良提供作品照片和金繼解說。

參考書目

西文

Benjamin, Walter, and Hannah Arendt, eds. *Illuminations*. Translated by Harry Zohn. New York: Schocken Books, 1968/1969.

—— "The Task of the Translater." *Illuminations*, 69-82.

—— "These on the Philosophy of History." *Illuminations*, 253-264.

Bhabha, Homi K. *The Location of Culture*. New York: Routledge, 1994/2004.

Deleuze, Gilles. *The Fold: Leibniz and the Baroque*. Translated by Tom Conley, with a foreword by Tom Conley. Minneapolis, MN: University of Minnesota Press, 1993.

Herbert F. Johnson Museum of Art. *Flickwerk: The Aesthetics of Mended Japanese Ceramics*. Ithaca, NY: Museum für Lackkunst, 2008.

Huang, Chunming, and Howard Goldblatt, preface and trans. *The Taste of Apples*. New York: Columbia University Press, 2001.

Marx, Karl. *The Eighteenth Brumaire of Louis Bonaparte*. 1851–1852. Retrieved April 6, 2021. https://www.marxists.org/archive/marx/works/1852/18th-brumaire/.

中文

史書美。2017。《反離散:華語語系研究論》。台北:聯經。

江寶釵、林鎮山主編。2009。《泥土的滋味:黃春明文學論集》。台北:聯合文學。

段玉裁。《說文解字注》。中國哲學書電子化計劃。https://ctext.org/library.pl?if=gb&file=93012&page=2633#%E7%B8%AB。檢索日期:2021年4月6日。

許慎。《說文解字》。中國哲學書電子化計劃。https://ctext.org/shuo-wen-jie-zi/zh?searchu=%E7%B8%AB。檢索日期:2021年4月6日。

陳國偉。2009。〈借火攻火——黃春明小說中的現代主義與民族主義的位移〉,江寶釵、林鎮山主編,《泥土的滋味:黃春明文學論集》。台

北：聯合文學。頁320-351。

《康熙字典》。古今文字集成。http://www.ccamc.co/cjkv.php?cjkv=%E7%B8%AB。檢索日期：2021年4月6日。

張小虹。2013。〈時尚的縐折〉，《中外文學》。42卷4期。頁15-50。

黃春明。1994。〈羅東來的文學青年〉，《中國時報》。1994年1月6日。版39。

———。2009a。〈文學路迢迢——黃春明談他的寫作歷程〉，江寶釵、林鎮山主編，《泥土的滋味：黃春明文學論集》。台北：聯合文學。頁16-26。

———。2009b。〈文學回到大眾——黃春明談小說創作的目的與意義〉，江寶釵、林鎮山主編，《泥土的滋味：黃春明文學論集》。台北：聯合文學。頁438-443。

———。2009c。《兒子的大玩偶》。台北：聯合文學。

黃冠儀。2009年。〈想像國族與原鄉圖像——黃春明小說與臺灣新電影之改編與再現〉，江寶釵、林鎮山主編，《泥土的滋味：黃春明文學論集》。台北：聯合文學。頁73-112。

《聖經》（和合本）。中文和合本聖經查詢系統。https://springbible.fhl.net/read5.cgi?ot1_1。檢索日期：2020年8月10日。

熊養和編著。2017[1963]。《太極拳釋義》。宜蘭：熊廼祺督印。

鄭曼青。1992。《鄭子太極拳十三篇》。台北：大展。

「縫」。許慎。《說文解字》。中國哲學書電子化計劃。https://ctext.org/shuo-wen-jie-zi/zh?searchu=%E7%B8%AB。檢索日期：2021年3月31日。

作者簡介

（依作者姓氏筆畫排序）

巴代

台東卑南族小說家。短篇小說主要關懷原住民族在現代社會的適應，長篇小說則以族群歷史、文化作為創作素材，作品的特色具濃厚的歷史現場感，豐富的文化意象與細膩的戰爭情緒，作品有極高的辨識度。作品譯有蒙古文、英文、日文、捷克文、韓文。研究領域：卑南族巫覡文化、台灣原住民文學。著有研究專書《Daramaw：卑南族大巴六九部落的巫覡文化》及《吟唱‧祭儀：卑南族大巴六九部落的祭儀歌謠》兩冊、短篇小說《薑路》一冊、長篇小說《笛鸛》、《斯卡羅人》、《走過》、《馬鐵路》、《巫旅》、《白鹿之愛》、《最後女王》、《暗礁》、《浪濤》、《野韻》、《月津》等十一冊。曾獲金鼎獎、台灣文學金典獎、吳三連文學獎、吳濁流小說獎、高雄文藝獎。

方偉達

國立臺灣師範大學特聘教授、理學院副院長兼永續所所長，國際濕地科學家學會亞洲主席，全球前2%頂尖科學家。曾任公職十三年，為亞洲首位獲SWS領袖服務獎及PWS授證之濕地專家。獲金鼎獎、福特保育獎等多項殊榮，擔任多本國際期刊與組織要職，著有專書二十餘本、學術與報章專欄文章逾六百篇，致力永

續發展與環境教育。

王敏而

牛津大學聖凱瑟琳學院音樂學博士，研究興趣為東亞國家如何回應十九世紀末西方古典音樂傳入後造成的衝擊。博士論文以殖民主義、冷戰意識形態和資本主義三個面向來重新檢視西班牙大提琴家帕布羅·卡薩爾斯的東亞接受史。研究曾在《國際台灣研究期刊》的論文競賽中獲獎，並獲得刊登，也被收錄在紀念貝多芬逝世兩百五十週年的《貝多芬之後的音樂學》研討會論文集中。

王梅霞

英國劍橋大學社會人類學系博士，現任國立臺灣大學人類學系教授兼系主任、原住民族研究中心主任等。專長領域為社會人類學、宗教人類學、經濟人類學、台灣南島民族研究。專著有《泰雅族》（2007）、《轉化、交織與再創造：泰雅族、太魯閣族、賽德克族社會文化變遷》（2023）。期待透過比較研究，深入探討「不同形式的資本主義」此當代重要議題，提供社會變遷、經濟發展多元的視野，以及對於思考台灣文化的主體性這個切身的議題有所貢獻。

王智明

台灣中研院歐美所研究員，現任亞際文化研究學會（Inter-Asia Cultural Studies Society）理事長（2023-），曾任《文化研究》學刊主編（2017-2023）。研究曾獲得國科會傑出研究獎（2023）、中研院人文社會學術專書獎（2022）。著有專書《落地轉譯：臺

灣外文研究的百年軌跡》（聯經，2021）與 *Transpacific Articulations: Student Migration and the Remaking of Asian America* (University of Hawaii Press, 2013)；另編有《善惡朦朧的邊界：夏濟安選集》（臺大出版中心，2025）；*Precarious Belongings: Affect and Nationalism*（與吳佩松合編，Rowman and Littlefield International, 2017）、《啟蒙・狂飆・反思：保釣運動四十年》（與謝小芩、劉容生合編，清華大學出版社，2010）等。研究領域為亞裔美國文學、文化研究以及學科史，目前的關懷為「當代」觀念的構成以及後／冷戰的歷史敘述與地緣政治。

史書美

美國加州大學洛杉磯分校 Irving & Jean Stone 人文講座教授，國立臺灣師範大學臺文系榮譽講座教授。合編《知識臺灣：臺灣理論的可能性》以及《台灣理論關鍵詞》第一冊，為「知識台灣」學群發起人之一。著作大部分以英文出版，為華語語系研究的創建人。與華語語系研究相關的華文專著有《視覺與認同：華語語系表述・呈現》、《反離散：華語語系研究論》，英文相關合編有 *Sinophone Studies: A Critical Reader* 以及 *Sinophone Studies across Disciplines*。2023年出版華文專書《跨界理論》，關注理論問題，如跨界與在地理論生成、比較方法、弱勢跨國主義、世界研究等。

史惟筑

法國里昂盧米埃第二大學文學與藝術博士，現任國立中央大學法國語文學系副教授、台灣女性影像學會理事。研究專長涵蓋動態

影像歷史與文化、小規格電影史、電影美學及影像教育。2024年協同策劃台灣國際紀錄片影展「台灣切片」單元之〈無題之卷：小規格業餘電影，還有其他〉，擔任《Fa電影欣賞》199期〈大寫歷史之外：日治時期小型電影的文化與隱跡〉專題規劃。曾任中央大學台灣電影研究中心主任（2020-2003），歷年參與多項影展、補助評審工作。

甘偵蓉

東海大學哲學系助理教授，專長是AI倫理、研究倫理、人權哲學與國際正義理論。在從事AI倫理研究之前，曾有協助成功大學建立人類研究倫理治理架構、南區研究倫理聯盟、學術誠信推動辦公室之多年經驗，並擔任該校人類研究倫理審查委員會委員與執行祕書、教育部大專院校研究倫理審查組織查核辦公室之查核委員。爾後亦曾擔任原住民族委員會人體研究計畫諮詢取得原住民族同意推動計畫協同主持人及諮詢核心專家學者。

利文祺

瑞士伯恩大學博士後研究員。蘇黎世大學漢學博士，曾任愛丁堡大學和牛津大學博士後研究員。與Colin Bramwell翻譯楊牧詩作〈出發，給名名的十四行詩〉並贏得英國比較學會的John Dryden翻譯首獎，翻譯陳克華《欠砍頭》詩集並獲得美國翻譯學會Lucien Stryk 翻譯獎。合編有《同在一個屋簷下：同志詩選》、《台灣文學作為世界文學》（*Taiwanese Literature as World Literature*）、《台灣詩中的身分認同、多元和抵抗》（*Identity, Multiplicity, and Resistance in Taiwanese Poetry*）。

邱怡瑄

臺大中文系博士,現任國立彰化師範大學國文學系專任助理教授。研究及授課領域包括古典詩詞、東亞漢文學、古籍文獻及華人社會文化。對於古今之際、華夷之辨、文白之間、詩史之分……等具辨證性的「邊際」與「分類」問題有長期關注。始終嘗試渡越其間,存異求同,希望由此開展理論性的討論視野。專著有《史識與詩心:近現代舊體詩「詩史」的觀念遞變與戰爭書寫(1840-1945)》。

姜學豪

現任美國加州大學聖塔芭芭拉分校賴和吳濁流臺灣研究講座教授、東亞語言與文化研究教授、臺灣研究中心主任。著作包含2018年出版的《閹人之後:近代中國的科學、醫療與性的轉變》和2021年出版的《跨托邦在華語語系太平洋》。

高俊宏

1973年生於台灣,2017畢業於臺南藝術大學藝術創作理論研究所博士班,獲博士學位,現任高雄師範大學跨領域藝術研究所助理教授。創作媒介以計畫性創作、身體、錄像、非虛構書寫為主。研究主題為原民文化、藝術知識、研究型創作為主。作品曾入選與獲得數屆台新藝術獎。撰有《Bubble Love》、《家計畫》、《公路計畫》、《群島藝術三面鏡》、《拉流斗霸:尋找大豹社事件隘勇線與餘族》等書,獲2016年金鼎獎年度最佳圖書獎、2021年Openbook好書獎等。

高嘉勵

美國印第安那大學比較文學博士,現任於國立中興大學台灣文學與跨國文化研究所副教授。曾獲中興大學產學績優教師(2020.8-2021.7)和優聘教師(2018.8-2020.7、2024/8-2027.7)。主要研究領域包括比較文學、戰前台灣與日本文學、後殖民文學、加勒比海文學等。著作有專書《書寫熱帶島嶼:帝國、旅行與想像》(2016)、合編專書《縱橫東南亞:跨域流動與文化鏈結》(2021)及〈黑木謳子詩集中台灣自然書寫的斷裂與現代重組〉(2022)等多篇期刊論文。

張君玫

東吳大學社會學系教授,專長包括女性主義理論、科學與技術研究,以及多物種生態關係的跨學科研究。著有三本後殖民中文專書,包括《後殖民人類世:生命的展演政治》(2023)。近年來關於跨物種政治和行星想像的期刊論文包括〈人類世中的女性主義:立足點、地方與實踐〉(2020)、〈共生與批判:一個分子女性主義的探討〉(2021)、"Planetary Memory and Trans-species Immunity"(2023)、〈繞射物質化:論免疫記憶的多重時間性〉(2023)、"Affective Politics of Magnetism: A Trans-species Reflection on Theoretical Affect"(2024)等。

梁廷毓

藝術家,現為國立臺北藝術大學美術學系博士候選人。創作及研究主要關注當代藝術實踐與美學、非人轉向趨勢中的泛靈論與原住民歷史書寫之問題。相關研究散見於《中外文學》、《文化研

究》、《臺灣文學研究學報》、《臺灣東亞文明研究學刊》與《漢學研究》等學術刊物，著有《亡魂之眼：鬼魅、影像的論述形構與視覺思辨》。創作亦曾獲「金穗獎」（2023）、「臺北美術獎」與「臺灣文學獎」（2024）。

陳張培倫

布農族人，族名 Tunkan Tansikian。國立臺灣大學哲學所博士，現任教於國立東華大學民族發展與社會工作學系。曾借調至原住民族委員會擔任政務副主任委員，參與政策規劃及執行工作。學術研究領域主要為政治哲學、倫理學、原住民族權利及原住民族教育。近年主要專注於原住民族哲學、原住民族知識及原住民族主義相關主題之研究，並協助教育主管機關於中小學推廣原住民族歷史、文化及當代權利議題相關課程。

曾秀萍

國立臺灣師範大學臺灣語文學系副教授，國立政治大學中國文學系博士。專長為女性小說、同志／跨性別文學與電影、台灣電影、紀錄片、酷兒研究、性別研究、性別平等教育。著有《孤臣‧孽子‧臺北人：白先勇同志小說論》（台北：爾雅出版），及多篇台灣女性文學、酷兒文學、台灣電影、紀錄片研究期刊論文。近年致力於跨性別論述及跨性別影像研究計畫、本土女同志電影研究、性平教育等，思考學院論述與社會實踐結合的種種方法。

黃厚銘

政治大學社會學系特聘教授。專長為社會學理論、資訊社會學、文化社會學，除了理論性質的著作之外，也經常結合理論與參與觀察，分析當代的社會文化現象。著作發表於《政大哲學學報》、《政治與社會哲學評論》、《新聞學研究》、《考古人類學刊》、《傳播與社會學刊》等。

蔡志彥

國立臺灣師範大學臺灣語文學系文學博士、臺灣師範大學環境教育研究所理學碩士。關注土地與自然，亦關注台灣研究裡知識與理論的多重向度；因而嘗試以土地與自然為主題，建構台灣知識學的方法論，亦即「土地無意識」與「批判自然」之論述，並盼於環境與人文知識間搭橋。曾任國立臺灣大學、空中大學兼任助理教授、台灣文學學會祕書長（第四屆）、台灣生態檢核環境教育協會監事。

鄭芳婷／臺灣大學臺灣文學研究所副教授

加州大學洛杉磯分校劇場表演博士，臺灣大學臺灣文學研究所副教授。研究領域包括：當代劇場、酷兒批判、生態思考、島海論述。論著發表於 TDR/The Drama Review、Asian Theatre Journal、《戲劇研究》、《中外文學》等國內外期刊及各藝術評論雜誌。

謝世宗／清華大學臺文所教授

美國耶魯大學東亞語文研究所博士，現任國立清華大學台灣文學研究所教授，主要研究領域為台灣戰後小說、台灣新電影與文化

研究理論，論文散見國內外中英文期刊，著有教科書《電影與視覺文化：閱讀台灣經典電影》（2015）、專書《階級攸關：國族論述、性別政治與資本主義的文學再現》（2019）和《侯孝賢的凝視：抒情傳統、文本互涉與文化政治》（2020）。

鍾秩維
現任清華大學台文所助理教授。研究興趣為台灣文學、文學理論、全球現代主義與抒情傳統論述。研究論著發表於國內外重要期刊，編有數本史料文獻選輯，目前正寫作一本重探台灣現代派文學／政治的專書。臺大政治系畢業，臺文所碩、博士。曾任美國哈佛大學侯氏訪問學者，臺大「趨勢人文與科技講座」博士後研究員，輔大中文系助理教授。曾獲臺灣中文學會四賢博士論文獎、臺灣文學館傑出博碩士論文獎。

蘇榕
國立臺灣師範大學英美文學博士。現任國立臺灣師範大學英語系副教授。曾任《同心圓：文學與文化研究》主編、科技部人社中心訪問學者、美國加州大學洛杉磯校區訪問學者。研究領域包括後殖民研究、當代英語小說研究、城市文學、離散文學、亞美文學、醫療人文等。學術論文發表於《同心圓：文學與文化研究》、《英美文學評論》、《中外文學》、《臺大文史哲學報》、《歐美研究》等刊物，以及收錄於國內外出版之中英文專書。

聯經文庫
台灣理論關鍵詞II

2025年7月初版　　　　　　　　　　　　　　　　　定價：新臺幣450元
有著作權・翻印必究
Printed in Taiwan.

著　　者	巴　　代	等
編　　者	史書美、梅家玲	
	廖朝陽、陳東升	

著者：
巴　代、方偉達、王敏而、王梅霞、王智明、史書美、史惟筑
甘偵蓉、利文祺、邱怡瑄、姜學豪、高俊宏、高嘉勵、張君玫
梁廷毓、陳張培倫Tunkan Tansikian、曾秀萍、黃厚銘、蔡志彥
鄭芳婷、謝世宗、鍾秩維、蘇　榕

叢書主編	王　盈　婷	
副總編輯	蕭　遠　芬	
特約編輯	顏　詩　庭	
內文排版	菩　薩　蠻	
封面設計	兒	日

出　版　者	聯經出版事業股份有限公司	
地　　　址	新北市汐止區大同路一段369號1樓	
叢書主編電話	(02)86925588轉5316	
台北聯經書房	台 北 市 新 生 南 路 三 段 9 4 號	
電　　　話	(0 2) 2 3 6 2 0 3 0 8	
郵 政 劃 撥 帳 戶 第 0 1 0 0 5 5 9 - 3 號		
郵 撥 電 話	(0 2) 2 3 6 2 0 3 0 8	
印　刷　者	世和印製企業有限公司	
總　經　銷	聯合發行股份有限公司	
發　行　所	新北市新店區寶橋路235巷6弄6號2樓	
電　　　話	(0 2) 2 9 1 7 8 0 2 2	

編務總監	陳　逸　華	
副總經理	王　聰　威	
總　經　理	陳　芝　宇	
社　　長	羅　國　俊	
發　行　人	林　載　爵	

行政院新聞局出版事業登記證局版臺業字第0130號

本書如有缺頁，破損，倒裝請寄回台北聯經書房更換。　ISBN 978-957-08-7728-1 (平裝)
聯經網址：www.linkingbooks.com.tw
電子信箱：linking@udngroup.com

國家圖書館出版品預行編目資料

台灣理論關鍵詞II/史書美等編．巴代等著．初版．
新北市．聯經．2025年7月．368面．14.8×21公分
（聯經文庫）
ISBN 978-957-08-7728-1（平裝）

1.CST：關鍵詞　2.CST：台灣研究

733　　　　　　　　　　　　　　　　　114007750